民族体育的生态与发展

ECOLOGY AND DEVELOPMENT OF

NATIONAL SPORTS

李延超　著

重庆大学出版社

图书在版编目（CIP）数据

民族体育的生态与发展／李延超著. -- 重庆：重
庆大学出版社，2023.4
ISBN 978-7-5689-3704-7

Ⅰ.①民… Ⅱ.①李… Ⅲ.①民族形式体育—研究
Ⅳ.①G85

中国国家版本馆 CIP 数据核字（2023）第 003285 号

民族体育的生态与发展
MINZU TIYU DE SHENGTAI YU FAZHAN

李延超　著
策划编辑：唐启秀

责任编辑：李桂英　　版式设计：唐启秀
责任校对：谢　芳　　责任印制：张　策
＊
重庆大学出版社出版发行
出版人：饶帮华
社址：重庆市沙坪坝区大学城西路 21 号
邮编：401331
电话：（023）88617190　88617185（中小学）
传真：（023）88617186　88617166
网址：http://www.cqup.com.cn
邮箱：fxk@cqup.com.cn（营销中心）
全国新华书店经销
重庆市升光电力印务有限公司印刷
＊
开本：720mm×1020mm　1/16　印张：16.5　字数：230 千
2023 年 4 月第 1 版　　2023 年 4 月第 1 次印刷
ISBN 978-7-5689-3704-7　定价：88.00 元

前　言

　　文化是民族的血脉与灵魂，是人民的精神家园。优秀传统文化是中华民族的精神命脉，是最深厚的文化软实力。党的二十大报告指出，推进文化自信自强，铸就社会主义文化新辉煌。推进文化自信自强需要大力弘扬和传承中华优秀传统文化。优秀传统文化是中华的瑰宝，我们要让中华优秀传统文化生根发芽，得到传承与发扬。习近平总书记指出，不忘历史才能开辟未来，善于继承才能善于创新。优秀传统文化是一个国家、一个民族传承和发展的根本，如果丢掉了，就割断了精神命脉。我们要善于把弘扬优秀传统文化和发展现实文化有机统一起来，紧密结合起来，在继承中发展，在发展中继承，民族体育文化绵延数千年，有其独特的价值体系，成为民族基因的一部分，植根在人们内心，潜移默化地影响着人们的思维方式和行为方式。

　　民族体育，一般是指少数民族体育。民族体育是传统文化的重要组成部分，是重要的非物质文化遗产，深受各民族群众的喜爱，在传承发展优秀传统文化，促进各民族交往、交流、交融，提升各民族群众体质健康水平，丰富各民族群众精神文化生活等方面都发挥着重要的作用。随着世界经济全球化和中国社会的变迁，以及现代体育事业的发展，民族体育出现了走向世界的趋势。生态是生物的生境和状态，发展是自然、经济、社会、文化多种生态的协调与进步。在全球化发展的今天，如何实现民族体育的继承和发展，如何实现民族体育的生态维护和高质量发展,是本书研究的一项基本任务。

基于此,本书研究的缘起如下。

第一,民族体育文化生态研究源于文化生态学对人地共生关系研究的启发,文化生态学主张从人、自然、社会、文化的各种变量的交互作用中研究文化产生、发展的规律,用以寻求不同民族文化发展的特殊形貌和模式。"人绝非环境的奴隶,环境亦绝非人之附庸",文化是一定环境中总生命网的一部分,在整个生命网中,生物层与文化层交互作用、互相影响,彼此存在一定的共生关系。这种共生关系不仅影响人类一般的生存和发展,而且也影响文化的产生和形成,进而促使其发展为不同的文化类型或文化模式。受文化生态学研究的启发,研究民族体育文化也要将之放在一定区域的整体生态环境中去探究它的生长规律,即如何适应环境而创造了具有特殊形貌的民族体育文化模式。

第二,选择、适应与创造机理是特定地域民族体育文化发生、发展规律深入研究的必要性。"一方水土养一方人",一定地域民族体育文化的发生和发展,是一个对生态环境选择、适应和创造的过程。因此,对选择、适应和创造机理的研究,就成为揭示民族体育文化产生、发展规律的必然要求。众多存在的与自然环境关系密切的地域民族体育文化形貌启示人们,只有与环境相适应的地方体育文化才能得到最优的持续发展路径。由此本书有必要突破对体育项目、文化内涵、特征和功能的单向度介绍和解释,以南方喀斯特地貌区域民族体育的调查为基础,以生态与民族体育发展的矛盾、交互、共生为研究主线,揭示与生态环境共生、发展关系中的民族传统体育的发生、发展规律。

第三,探讨生态维护与现代发展的关系是民族体育文化现代化发展中面临的现实课题。世界的存在、发展是一个充满矛盾斗争的过程。民族文化的发展过程中同样存在众多的冲突和矛盾,这些冲突与矛盾的本质问题就是围绕传统与现代、民族性与世界性、全球化与本土化、同一性与多样性、乡土与城市化、守土与离土、原生态保持与现代化发展、生态维护和现代发展而展开的。对于人类文明的发展进程而言,现代化既是一种历史必然,也是一种世界潮流,代表了人类文明前进的一个方向;对于不同国家的民族文化而言,现代化既是一种社会选择,也是一种历史责任。民族传统文化现代化发展的根基在乡土,更在于对其生态意义的肯定。民族传统文化的现代化,体现在以传统为基础进行新的创造,是指对精华部分进行合理的吸收,使之成为新型文化的积极因素,成为体现民族文化的根。传统是民族的"根",是"活"在人们头脑中的东西,是深入民族灵魂的东西,是一个民族进行新的文化创造的根基。因此,处理好少数民族文化的生态维护与现代发展的矛盾关系,实现生态、社会与经济效益的和谐发展,是当前民族传统文化振兴和发展需要解决的新课题。

第四,研究动因的直接诱发因素,是中国南方喀斯特地貌区域丰富的民族体育文化资源的地缘优势。中国是世界上喀斯特地貌分布面积最广,景观特征最出色、最漂亮、最典型的国家之一。喀斯特地貌约占中国国土总面积的14%,主要出露在以贵州高原为中心的贵州、云南、重庆、广西等地,这为喀斯特发育的多样性、复杂性提供了物质前提。2007年6月27日,由云南石林喀斯特、贵州荔波喀斯特、重庆武隆喀斯特共同申报的中国"南方喀斯特"世界自然遗产项目,顺利通过第31届世界遗产大会表决,进入了世界遗产名录。中国"南方喀斯特"世界自然遗产地内以少数民族人口居多,主要有彝族、苗族、布依族、侗族、仡佬族、水族、瑶族等。三个遗产地都富有少数民族文化特色:石林遗产地主要是彝族文化;荔波遗产地内90%的人口是少数民族,文化底蕴丰富,主要包括水族、瑶族和布依族等文化独特又丰富多彩的少数民族;武隆遗产地所在的武隆区是渝东南少数民族地区,具有典型的土家族文化特征。封闭的喀斯特环境形成了独特的"文化孤岛",同时也使大量的珍贵民族体育文化得到完好的保存,喀斯特成为世界和中国罕见的"活的"人类体育文化遗产地区,少数民族众多,民族风情千姿百态,民族体育项目丰富多彩,民族体育发展形态各异。可以说,南方喀斯特地区具有研究民族体育文化的地缘优势。

为此,本书研究的目的界定如下。

第一,揭示民族传统体育与生态环境的共生关系。地域性和民族性两者互相依存、互为表现。民族体育文化也因民族之间不同的地理分布而具有明显的喀斯特内涵:局部呈垂直分布、整体呈片状分布;民族多种、文化多样;与外来文化的交流少,其原生态文化特征明显且稳定性较强。生态环境对少数民族体育文化形成所产生的影响,包括当地民族体育文化深深地植根并依赖于当地环境。民族体育文化对生态环境的作用,包括民族体育文化中蕴涵着对生态环境的保护和敬畏,民族体育文化对生态环境的影响,生态环境与民族体育文化之间的衍生互动关系。

第二,探讨民族传统体育文化的乡土归属。费孝通认为,乡土不是一个具体社会的描写,而是从具体社会里提炼出的一些概念,是包含在中国基层传统社会里的一种特具的体系,支配着社会生活的各个方面。本书旨在揭示少数民族体育的乡土特征,探讨民族体育在乡土社会中存在、发生和发展的规律;探讨民族体育得以存在和发展的自然环境、社会环境和文化环境条件;揭示民族体育在少数民族历史发展过程中与社会、政治、经济、文化等要素的相互关系和相互作用;深入挖掘民族体育资源,并探讨如何发挥其社会价值,为当代社会发展服务的有效途径。

第三,研究人与生态环境共生关系中的民族传统体育文化的发生、发展规律。文化与环境是一种互动关系。关于文化的产生,自然环境说的影响较为广泛,这里并非赞同文化的地理环境决定论,而是认同文化形成过程中地理环境的影响作用。民族分布具有很强的地域性,各民族有其特有的生存环境,特定环境是民族传统文化生成和保持的土壤。其文化可说是该民族人民利用自然环境、改造自然环境的结果,这实际上是民族文化与环境的关系。环境影响该民族文化,而该民族人民又运用文化来改造利用自然,形成良性互动。因此,文化是人类对环境的一种适应过程,其中的文化因子不可避免地被打上自然环境的烙印。由于种种原因,少数民族在文化上对自然环境依赖性较大,自然环境对其文化的影响较明显。

第四,探讨维护生态与促进发展的关系。民族体育的发展必然要解决生态维护和促进发展的关系,维护生态和促进发展涉及传统文化与现代化、民族性与世界性、全球化与本土化、地域性与整体性、多样性与共同性、城镇化与乡土、守土与离土、原生态保持与现代化发展等多个方面。民族传统体育现代化发展的根基在乡土,在生态。因此,处理好少数民族体育的乡土归属和现代发展的矛盾关系,实现维护生态与发展的和谐发展,是当前民族传统体育振兴和发展需要解决的新课题。

就研究意义而言,一方面通过对喀斯特地区环境与民族体育关系的研究,能够丰富地域体育文化理论。1949 年后尤其是 1978 年以来,我国区域少数民族体育研究取得了可喜的成绩,涉及诸多少数民族的体育文化。但目前对喀斯特地貌区域民族体育的研究还比较少。因此,本书通过对喀斯特地貌地区环境与民族体育关系的研究,可以弥补目前民族体育文化与喀斯特环境关系研究的空白,从而丰富我国的地域体育文化理论。这对助推我国民族体育理论的基础性研究,促进民族体育文化研究理论的全面、协调、可持续发展具有较为重要的意义。另一方面,本书探讨和揭示民族体育的生态与发展的关系,为民族体育发展提供思路和决策建议。民族体育的生态和发展的关系,是一个必须要回答的问题,只有深层次探究民族体育的生态和发展,找到民族体育生态维护和发展的关系所在,才能从民族体育与其他因素的良性互动中找到正确的生态发展之路,为民族体育的可持续发展提供对策和建议。本书旨在找到民族体育文化与其外部环境以及自身内部各种价值体系之间的关系性存在,探求一种良性的状态和关系存在,从而寻求自然、经济、社会、文化多种生态的协调与进步,探求多元的、多层面的和多维度的发展。因此,本书支持按照各地、各民族发展的整体布局,全面推进经济建设、政治建设、文化建设、社会建设,促进现代化建设各个环节、各个方面相协调;强调在生态基础上调整发展方式,实现公平与效率的"质"的统一,赋予人民群众更多的实质性的民族体育文化权利,实现个人、社会和国家在公平、正义、平等与效率基础上的和平与发展、参与和共享。

本书将中国"南方喀斯特"作为研究的调查区域。"南方喀斯特"在一统连片的地区前提下又形成了独特的喀斯特多样性,既具有喀斯特的共性特征,又各具文化特色。三地在喀斯特特征和地貌景观方面的独特性与多样性是无与伦比的,具有面积大、地貌多样、生物生态丰富和民族文化特色鲜明等特点。石林被称为"世界喀斯特的精华""阿诗玛的故乡",彝族文化底蕴深厚;荔波是布依族、水族、仡佬族、苗族和瑶族等少数民族的聚集处,被誉为"地球腰带上的一颗绿宝石";武隆遗产地归属古老的巴文化区,巴人文化悠久,土家族剽悍威猛,武风盛行。

本书选择南方喀斯特地貌作为调查区域的原因如下。

第一,少数民族文化基因库,原生特质好。喀斯特环境的破碎性和封闭性,使喀斯特贫困区封闭性极强,地理区位偏僻,信息十分闭塞,长期处于与世隔绝的状态。而且该区域族属丰富、语系庞杂,分属氐羌(彝族、土家族)、百越(水族、侗族、布依族)、苗瑶(苗族、瑶族)等语系和族属。

第二,"立体式"垂直分布。"高山彝苗水仲家(布依),仡佬住在石旮旯""苗家住山头、夷家(布依)住水头、客家住街头"。由于各民族对不同地理海拔的不同选择,他们的民族体育文化呈现出惊人的"立体式"分布特点。居于山上的苗族、瑶族、彝族从事的是爬山、射弩、爬花杆、赛马等竞技性较强的体育项目;而居于山谷的仡佬族则喜爱打竹球、打毽子、板凳拳搏击、抵杠、挡耙等所需场地不大的体育项目;居于水边的布依族、水族则有游泳、划龙舟、划竹排、打水枪和水上漂石等源于渔业劳动、游戏性较强的体育项目。

第三,显著的喀斯特内涵与喀斯特地貌的耦合。造型独特的喀斯特地貌景观和纯正的民族风情形成了惊人的文化叠加:局部呈垂直分布、整体呈片状分布;民族多种、文化多样;文化封闭,原生态特征明显且稳定性较强。一方面,喀斯特环境对民族体育的形成产生了重要影响,包括民族体育对当地环境的植根和依赖,喀斯特环境的封闭性对民族体育的保护;另一方面,民族体育对喀斯特环境又具有影响作用,包括民族体育文化中蕴涵着对喀斯特环境的保护和敬畏,以及民族体育文化对喀斯特环境的影响。

第四,脆弱性突显。喀斯特生态环境的脆弱性同样带来了民族体育文化的脆弱性。不可再生的各民族传统文化资源在现代化的冲击之下,自我保护能力不强,无论是传人的去世,还是青年一代的漠然,对它们的打击都是致命的。众多民族体育项目濒临失传,如彝族的"三笙"等,而有些体育资源如苗族的上刀梯等只掌握在少数人手中,只在特殊的庆典活动中才偶有表演,他们同样面临后继乏人的困境。

基于以上几点,本书将要讨论的民族体育有了明确的指向,即把"生于斯,长于斯"的喀斯特地貌区域作为一个背景,作为一处肥厚的土壤,民族体育在这块土地上滋生、成长,构成民族体育千姿百态、生机勃勃的景象。

目 录

第一章

导　论

一、关于生态与发展的研究

（一）生态研究

生态这个概念，学界普遍的认识是："伴随近代生物学不断发展而诞生并同生态学一起出现，生态学（ecology）一词源于希腊文'oikos'（生境）和'logos'（学科），并且直接由这两个词根所拼成，意思是'生境的科学'即'生态学'。所以直观地说，生态就是生物的生存环境（生境）和状态。"①

以斯图尔德为首的美国文化生态学派提到的"文化生态"，其含义"是指人类的文化和行为与其所处的自然生态环境之间互相作用的关系。除此以外还有另一层含义，那就是以一种类似自然生态的概念，把人类文化的各个部分看成一个相互作用的整体，而正是这样互相作用的方式才使得人类的文化历久不衰，导向平衡"②。文化是人的创造，单独地谈论自然生态会显得有些单调和乏味，而人类学的融入、文化学的渐进是生态理论向前发展的基石。正如"裂变、同化、异化"等词语都是来自自然科学领域，后被逐渐用于社会学领域和文化学领域一样，自然界的一些法则常常会被延伸到社会文化领域，"生态本来是一个反映自然、环境状态的词，这里借用表示文化，目

① 李振基,陈小麟,郑海雷.生态学[M].3 版.北京:科学出版社,2007:1-2.
② 方李莉.文化生态失衡问题的提出[J].北京大学学报(哲学社会科学版),2001(3):105.

的是要表明文化现象也和自然现象一样,有自己内在的秩序和排列规律,有自己存在、延续的原则和要求,其延续和发展规律只能被尊重和顺应,而不能被违背和破坏,否则有害于社会的稳定和发展"①。文化哲学视野下的"文化生态"则将"文化"与"生态"两者视为具有内在的一体性,文化本身即一个生态系统。文化生态并非一种新的文化选择,而从来就是人类文明内在的本性,或者说是人类文明生长、发育的内在指向②。值得一提的是,这里所指的文化是广义的文化,即"自然的人化"概念上的文化,是物质文化、制度文化和观念文化的复合。可见,诸多对文化生态的表述中,多数认为文化生态是各种文化相互作用、相互影响而形成的动态系统,明显地带着自然生态的意蕴。

社会是人的结合体,因为文化具有社会属性,而且文化存在的最终目的是服务于社会,所以渐渐有了社会生态的概念。人类社会的生态关系或生态系统,是自然生态和社会生态的复合体,"它既有自然属性,也有社会属性和经济属性"③。可见,社会生态原本就是一个具有自然、社会和经济三重属性的客观现实存在。"社会生态即人类社会的生态,系由人类与其环境所组成的生态关系或生态系统,它是集自然、社会和经济三重属性于一体的客观现实存在。社会生态的自然性,是人类赖以生存和社会得以发展的自然环境特性,包括无机环境和有机环境两方面的属性。社会生态的社会性,是生态对社会诸领域如人类的思维方式、思想意识、哲学观念、文学艺术、伦理道德以及文化、法律、政治、社会等各方面进行渗透与影响,由此而产生了诸如生态思维、生态意识、生态哲学、生态美学、生态伦理、环境道德、生态文化、生态法学、生态政治学、生态社会学等社会性状和表现,以及社会生态学等

---

① 王长乐.论"文化生态"[J].哈尔滨师专学报(社会科学版),1999(1):47.
② 徐建.当代中国文化生态研究[D].上海:华东师范大学,2008:39.
③ 叶峻.自然生态、社会生态与社会生态学:兼议"生态系人"的特点和品质[J].贵州社会科学,1998(4):25-31.

新的边缘交叉学科概念。社会生态的经济性,是生态对人类经济领域各方面进行渗透与影响,从而产生了生态经济学的新分支及其生态生产力、生态生产关系、生态经济基础、生态经济效率、生态经济价值、生态经济流通、生态经济需求、生态经济资源配置等新的经济学概念与范畴。"①而"在自然生态与社会生态之外,还应当有精神生态的存在。如果说自然生态体现为人与物的关系,社会生态体现为人与人的关系,那么精神生态则体现为人与自身的关系。精神性的存在是人类更高的生存方式"②。

可见,随着社会的发展,生态的概念有了放宽的倾向。因为文化是服务社会的,于是便有了"政治生态""经济生态""文化生态""宗教生态""发展生态"等应用,这里的生态已经是一种关系性存在(哲学上讲),但同样具有良性发展意蕴(伦理学和社会学倾向)。所以说,"生态"并非仅是自然科学意义上的"生态",还包括人文学科意义上的"生态",主要指一种关系性存在,以这种关系性存在为其本质特征的"自然生态""社会生态""精神生态"三者之间虽然隶属于不同的表现层次,但是其各构成部分的本质联系却是类似的,生态关系是人类生存活动的基础性、系统性关系存在。

总之,生态主要具有以下几种含义。

第一,生态本来是一个反映自然、环境状态的词,指环境和状态。但"生态"并非仅是自然科学意义上的"生态",还包括人文学科意义上的"生态",是自然生态、社会生态、文化生态等的结合。

第二,从哲学上讲,生态就是一种客观存在,指一定时空内所有生命存在与运动的客观实际,即是指一种关系性存在,指一种文化与其外部环境(自然环境、社会环境、文化环境)以及自身内部各种价值体系之间的生态关系,以这种生态关系存在为其本质特征的"自然生态、社会生态、文化生态"

① 叶峻.社会生态学的基本概念和基本范畴[J].烟台大学学报(哲学社会科学版),2001(3):251-252.
② 鲁枢元.生态批评的空间[M].上海:华东师范大学出版社,2006:20.

三者之间虽然隶属于不同的表现层次,但是其各构成部分的本质联系是类似的,生态关系是人类生存活动的基础性、系统性关系存在。

第三,具体来说,"生态"还可以理解为"生命的存在状态",即生存状态、生活习性和生活状态,尤其是指一种良性的状态和关系存在,文化生态则是指文化存在和发展的环境和状态。文化生态应是指一定时期一定社会文化大系统内部各种具体文化样态之间相互影响、相互作用、相互制约的方式和状态。就本研究来说,和发展相比较生态有一个强调"现状"、强调相对"静态"的意思。

第四,从生态伦理上讲,生态是公平、正义、合理、文明。理解"文化生态"的含义——就是像理解自然生态一样来理解"文化生态"。而且这个"生态"是指"文化"领域里的生态,它与文化是不可分开的。

第五,生态在某种意义上讲,是一种生态文化,是一种价值观、文明观、方法和观念,即用看待自然生态的态度和方法来看待社会生态和文化生态,比如适度、可持续等。人类在创造文化(文明)的进程中已经认识到用生态系统科学的价值观念来看待自己所创造的文化会更有利于人类文明的生存和发展,也更符合人类社会的演化过程。"生态文化"也是一种价值观,这种生态文化观是人类创造文化,推进文明的价值尺度或价值准则。人类将依据"生态文化"的价值观念来判定自己创造的文明程度和发展方向。

第六,把生态看作具体文化的"场",即具体文化形态所处的氛围,具体文化形态之间的关联。

第七,生态衍化为一种观点,一种统揽了自然、社会、生命、环境、物质、文化的基本概念,一种革新了的、尚待进一步完善的世界观。

可见,生态是一个自然、社会、文化及其未来发展的结合体,是一个关系性存在,是一个需要深层揭示的文化本体,是一个渴求发展的社会具象,是一个需要解读的伦理课题,是一个需要解读的哲学存在。

（二）发展研究

关于发展的研究,可以从自然生态和谐、社会和谐、文化进步的角度进行归纳。

1. 可持续发展

1987 年,联合国世界环境与发展委员会提出了可持续的发展理念,1992 年《21 世纪议程》和"里约宣言"的通过,标志着可持续发展观被全球持不同发展观念的国家认同。可持续发展观认为,经济、社会、环境三大系统是相互联系、相互作用的有机整体。经济系统的运行,必须依赖环境系统提供的物质和能量。反过来,经济系统的运行又对环境系统产生影响,这种影响,有的是积极的,有的则是消极的。社会系统与环境系统的关系同样如此。徐崇温认为"生态文明以人与自然、人与人、人与社会和谐共生、良性循环、全面发展、持续繁荣为宗旨,以建立可持续的经济发展模式、健康合理的消费模式以及和睦和谐的人际关系为主要内容,倡导人类在遵循人、自然、社会和谐发展的基础上,追求物质和精神财富的创造和积累,它所遵循的是可持续发展原则"[1]。

2. 科学发展观

党的十七大报告对科学发展观的科学内涵作了高度概括,即"科学发展观,第一要义是发展,核心是以人为本,基本要求是全面协调可持续,根本方法是统筹兼顾"[2]。郭芳丽认为"科学发展观所包含的内容是非常丰富的,涉及经济、文化、政治、社会发展等方方面面,同时也指明了发展的方法和发展中所应注意的问题"[3]。邹永凡认为"以人为本、一切为了人,是科学发展观

---

① 徐崇温.科学发展观推进了人类发展理论的创新发展[J].毛泽东邓小平理论研究,2010(1):13.

② 胡锦涛.高举中国特色社会主义伟大旗帜为夺取全面建设小康社会新胜利而奋斗:在中国共产党第十七次全国代表大会上的讲话[M].北京:人民出版社,2007:15.

③ 郭芳丽.浅析科学发展观的精神实质[J].辽宁行政学院学报,2010(1):66.

的实质和目的;全面协调可持续发展的辩证统一是科学发展观的核心内容。按照科学发展观的要求,一切发展以人为出发点和目的,必然是走生产发展、生活富裕、生态良好的文明发展道路,必然是各地区、各行业、各方面的统筹协调发展;必然是经济、政治、文化和社会全面发展;必然是人与社会、人与自然的和谐发展;必然是立足现实、面向未来的可持续发展;也应该是国内建设与国际环境、中国人民与全人类的和谐发展"①。

3. 包容性增长

"包容性增长"这一概念最初由亚洲发展银行在2007年提出,指的是社会和经济协调发展、可持续发展,与单纯追求经济增长相对立。它更倡导一种机会平等的增长,其最基本的含义是公平合理地分享经济增长。其内涵为"参与共享增长论、经济社会协调论、低收入者受益论"②。对于包容性增长,众多学者的研究中首先提到的几乎都是认为"'包容性增长'是在解决贫困问题的过程中逐渐形成的一个概念。贫困不仅指一个人的'收入贫困',还包括个体的'能力贫困'和'权利贫困'"。③ 王久高认为,它传递的是一种价值和理念,即消除"社会排斥",让更多的市场经济竞争中的弱势群体和社会边缘人参与到经济增长中来,并分享经济增长带来的成果。国家发展和改革委员会宏观经济研究院副院长马晓河也持相同的观点,即"包容性增长"包括经济、政治、文化、社会、生态等各个方面,经济增长应该是互相协调的,既包括国内的科学与和谐增长、财富的公平分配,也包括国际上国家之间协调与和谐的增长,实现共赢和多赢;还包括低收入者受益论,中国发展研究基金会副秘书长汤敏指出"包容性增长最核心的含义,就是经济增长让低收入人群受益,最好是让其多受点益"④。概括一下,"包容性增长"即消

---

① 邹永凡,吴德勒.论科学发展观的人权意蕴[J].社科纵横,2010(12):15.
② 陆岷峰,张惠."包容性增长"的内涵辨析及实现要点[J].江南论坛,2010(11):15.
③ 王久高."包容性增长"的源流与实质[N].中国社会报,2010-11-23(3).
④ 陆岷峰,张惠."包容性增长"的内涵辨析及实现要点[J].江南论坛,2010(11):15-16.

除"社会排斥",让更多的市场经济竞争中的弱势群体和社会边缘人参与经济增长,并分享经济增长带来的成果价值和理念;注重经济增长与社会发展的互动,但强调了"增长"的前提条件,即可包容、可持续、全面而协调。其涵盖了对公平的诉求和对社会建设的期待,旨在追求经济增长与社会发展的协调。它实质上与科学发展观所强调的以人为本,全面、协调、可持续发展有着内在的一致性。它把人的价值和尊严置于终极目标,并以此为核心,力求从经济增长、政治建设和社会建设三个维度全面实现这个目标。

4.高质量发展

党的十九大首次提出高质量发展的新表述,表明中国经济由高速增长阶段转向高质量发展阶段。十九大报告指出,我国经济已由高速增长阶段转向高质量发展阶段,正处在转变发展方式、优化经济结构、转换增长动力的攻关期,目的是建立健全绿色低碳循环发展的经济体系。可见,党的十九大报告将高质量发展描述为更高质量、更有效率、更加公平、更可持续的发展[①]。关于高质量发展的含义,比较权威的认识为"高质量发展,就是能够很好满足人民日益增长的美好生活需要的发展,是体现新发展理念的发展,是创新成为第一动力、协调成为内生特点、绿色成为普遍形态、开放成为必由之路、共享成为根本目的的发展"[②]。高质量发展,就其本质和内涵而言,是一种新的发展理念,是以质量和效益为价值取向的发展。发展理念关涉发展的价值取向、原则遵循、目标追求,是发展思路、方向、着力点的集中体现[③]。关于高质量发展的路径,"'绿色、健康、可持续发展'是实现高质量发展的必由之路,是国家更加长远阶段持续发展需要盯住的总目标"[④],当前亟

①　张涛.高质量发展的理论阐释及测度方法研究[J].数量经济技术经济研究,2020(5):25.
②　Abramovitz M. Resource and Output Trends in the United States Since 1870[J]. The American Economic Review,1956,46(2):5-23.
③　田秋生.高质量发展的理论内涵和实践要求[J].山东大学学报(哲学社会科学版),2018(6):1.
④　陈昆亭,周炎.绿色、健康、可持续:高质量发展的必由之路[J].山东财经大学学报,2020(1):5-15.

须构建"绿色可持续发展"和"健康可持续发展"方面的理念、原则和理论。因此,"高质量发展是适应我国社会主要矛盾转化和全面建成小康社会、全面建设社会主义现代化国家的必然要求,是习近平新时代中国特色社会主义思想的重要内容,是中国特色社会主义发展思想的深化,为新时代我国经济发展指明了方向、提出了要求"①。

总之,发展也是一个不断变化、不断"发展"的概念,随着经济社会的变迁,发展的概念会有很大的改变。

第一,一般意义上讲的发展是对"旧事物"的扬弃,是质的飞跃,是指新事物的产生和进步,表示一种创新或是向上的状态。

第二,就某一个具体区域来讲,发展也可以指一种生存、适应与进步。

第三,就本研究来说,发展是科学发展、全面的发展和包容性增长。不限于经济的增长,更是自然、经济、社会、文化多种生态的协调与进步;不仅仅是发达地区的增长,也指广大欠发达地区的进步;不仅仅指经济社会的增长,也指广大民众生活的改善。而且和生态相比较,发展有一个强调"将来"、强调"动态"的意思。

总之,发展是多元的、多层面的和多维度的概念。要按照各地、各民族体育发展的生态实际,推进民族体育的全面、协调、可持续发展。

(三)生态与发展的辩证关系

生态保护与经济社会发展的关系问题,始终是人类必须面对而当代人又迫切需要解决的一个理论和实践难题。郭家骥在《发展的反思:澜沧江流域少数民族变迁的人类学研究》中总结和阐述了人类学的发展理论。大体内容包括:发展是每一种文化都有存在的权利和价值,拥有对天然财富和资源的永久主权权利;发展是一个以文化为中心和目的,包括经济、社会、政治

---

① 赵敏,高露,王鹏. 高质量发展:践行社会主义发展逻辑的中国道路[J]. 当代经济研究,2020(5):93.

和生态的人类全面发展;发展是由文化主体自由选择和自主决定的过程;发展是文化和环境持续调适的过程;发展是文化主体自愿选择变迁模式的过程;发展是一个文化自觉的过程;发展是国家权力正确领导、帮助和干预的过程。[①] 关于生态与发展的关系,研究者基本上已经达成了共识。刘燕华、麻朝晖、黄娟等都认为:生态与发展是一种紧密的相互影响、相互制约的关系。经济社会的可持续发展要以生态环境的良性循环为基础,离开了生态环境系统创造的物质流和能量流,经济社会系统就不可能正常运行,经济社会持续发展更无从谈起。只有以良好的生态环境作坚实的基础,才能实现社会经济的可持续发展。

1. 生态环境对发展的影响

①生态环境制约着发展的速度和水平。

②生态环境制约着发展要素的集聚程度,制约着发展的速度。

③生态环境的破坏会影响一个国家或地区的发展潜力,影响经济社会的可持续发展。

2. 发展对生态环境的影响

①遵循生态环境运动变化规律的发展对生态环境有积极作用,能促进生态环境的保护和优化。

②不合理的发展会破坏和阻碍生态环境的保护和优化。

《中共中央关于制定国民经济和社会发展第十四个五年规划的建议》指出,我国已转向高质量发展阶段,制度优势显著,治理效能提升,经济长期向好,物质基础雄厚,人力资源丰富,市场空间广阔,发展韧性强劲,社会大局稳定,继续发展具有多方面优势和条件,同时我国发展不平衡不充分问题仍然突出,重点领域关键环节改革任务仍然艰巨,创新能力不适应高质量发展

---

① 郭家骥.发展的反思:澜沧江流域少数民族变迁的人类学研究[M].昆明:云南人民出版社,2008:34-74.

要求,农业基础还不稳固,城乡区域发展和收入分配差距较大,生态环保任重道远,民生保障存在短板,社会治理还有弱项。

中国未来的发展战略正在从追求经济增长为中心的传统战略,转向以保证生存与持续发展为基本内容的整个民族的持续生存战略。中国不能无条件走工业化国家"高消费资源、高消耗物品"的传统道路,将会选择"节省资源,适度消费,注重内涵开发,实施总体调控,大力保护环境,贯彻生态建设"的总方针。经济增长不能完全等同于社会发展,物质富裕更不能等同于生活幸福。人们开始注重社会生活各领域的全面发展,寻找一条使经济社会能够协调发展之路。只有在充分汲取现代化发展带来的好处的同时,能够充分发挥千年传承的文化先进性,将生态保护与西部发展结合起来,那么现代性与社会和谐发展的矛盾才有可能解决。这要求在利用现代性进行现代化建设的同时,必须主动到传统文化中深入挖掘具有积极意义的精神文化因子,并利用社会主义制度的强大优越性,全面展开精神培育和道德建设工作,以此为社会和谐发展、生态文明的实现打基础。在进行现代化实践的同时,积极主动地到传统文化中挖掘优秀因子,再充分利用社会制度方面的优势,依靠强有力的国家行为,通过各种实践载体,进行民族文化、民族精神和道德教育,解决现代性机制与社会和谐发展的这对矛盾,才能实现生态文明。首先,要充分发挥传统文化方面的优势;其次,将生态文明与西部发展结合起来。以及只有通过提高全民族的文化素质、道德修养,倡导新型价值观和思维方式、生活方式,使人们树立协调共生的人地观,才能推动社会经济全面发展,经济发展反过来又促进了文化进步,保证了人地关系良性发展。

二、关于民族体育的文化生态学研究

民族体育的文化生态学研究同样是一个不断深入、逐渐摸索的过程,尤其是生态学的引入,以及人类学、社会学的融入。现在看来,大体有这样两个取向。一种是着重说明民族体育的地域性,或是民族体育与地理环境的关系,这是地理环境,还不算是生态环境;另一种则是文化生态学进入中国后,尤其是生态文明的提出,引起了学界的注意,一些人渐渐用文化生态学理论进行分析。关于这方面的研究,呈现出两个范式,一个是阐述民族体育与地理环境的关系,这种研究,随着地理环境慢慢被生态环境取代,或者说是地理环境的过窄,这种研究出现了一个取向,主要就是阐述民族体育的地域特征或是运用地理学理论阐述民族体育与地域环境的关系。众多研究都论及了少数民族体育的地域性,也有不少研究者论述了少数民族体育与地理环境的关系。随着文化生态学的引进以及我国生态文明的提出,探讨民族体育的生态现状和研究开始出现。这就出现了另一个范式,即生态文明视野下的民族体育生态危机和发展选择的研究。

第一种采用地理学范式进行研究,主要突出民族体育具有地域性。所以众多的关于民族体育的研究在提到民族体育的特征时都会说到民族体育的地域性特征。诸如"北人善骑,南人善舟"等说法妇孺皆知。这也许算是民族体育与生态环境关系的研究萌芽,但缺少文化气息。如谢燕妮等的《地理环境与羌族传统体育的形成》[①],温佐惠等的《西部民族传统体育发展的地域体育文化理论探微》[②],方桢等的《云南少数民族传统体育的地域文化特征》[③],等等。

后来就有了依据文化区及地理学研究理论等来分析民族体育与地理环境的关系。史兵、杨建设等从较宏观的视域进行了分类和研究。如史兵认为"自然地理环境提供了相应的物质条件,使得体育运动有了赖以生存的物质基础。当然,自然地理环境是客观存在的,人们创造的体育运动反映了人

① 谢燕妮,陈光玖,马强.地理环境与羌族传统体育的形成[J].体育文化导刊,2006(10):92-94.
② 温佐惠,陈振勇.西部民族传统体育发展的地域体育文化理论探微[J].成都体育学院学报,2008(2):14-18.
③ 方桢,黄光伟.云南少数民族传统体育的地域文化特征[J].体育文化导刊,2006(5):91-93.

的主观能动性。这种主观能动性合乎客观自然地理条件,并依赖自然地理条件生存下来。如草原酝酿出的游牧文化,更重视对马匹的训练和骑马技艺的养成,以马为载体的体育运动大多起源于此;以农耕文明为主的中原地区在农闲时娱乐活动极为丰富"[1]。杨建设论述了我国传统节日体育主要项目的地理分布,并论述了影响我国传统节日体育项目分布的主要因素,包括自然因素、社会因素、经济因素和文化因素。温佐慧依据文化区理论和我国民族传统体育特征地域差异将我国传统节日体育文化划分为西北游牧文化区、东北冰雪文化区、华北旱作文化区、华南稻作文化区、西南山地文化区、青藏高原文化区六个传统节日体育文化区,并对每个文化区传统节日体育活动特点进行了分析[2]。与此类似,郭志禹尝试用文化地理学文化区的概念,对地域武术进行研究。

概括一下,这些研究对民族体育文化的整体把握很有意义,但尚未上升到生态环境的层次,而且因为缺少田野工作、文化分析、生活实际及乡土气息,感觉活力还是少了一点。

第二种采用文化生态学范式尝试研究。张涛尝试对少数民族体育进行文化生态学研究,依据生态类型对少数民族体育进行分类和介绍[3],但并未从文化生态学的学理上揭示民族体育与生态环境的关系,更没有涉及生态环境对民族体育产生、发展、性格形成、文化品性形成的影响,以及民族体育对生态环境的互动;关于少数民族体育的习俗特性、功能以及发展道路还是一样的旧路,描述过于笼统,"文化生态学研究"好像是"强加上去的",但加注了生态学的标签,看起来较为宽泛,没有以研究对象为"本体"。更没有探究民族体育的生态现状和发展诉求,也没有深入探讨民族体育的生态维护

---

① 史兵.体育地理学理论体系构建研究[J].体育科学,2007(8):20.

② 杨建设.我国传统节日体育现状与发展研究[D].上海:上海体育学院,2007:51-76.

③ 张涛.中国少数民族传统体育文化生态学研究[M].北京:中央民族大学出版社,2008:112-246.

在其基础上的协调发展。李延超以彝族和傣族体育为例,通过比较探讨了民族体育与生态环境的关系,突出了民族体育产生的自然、社会、文化生态环境,并论述了自然环境的奠基作用,而决定民族体育价值取向和思维方式的是文化观念。"傣族传统体育具有的柔美、恬静、细腻、含蓄、传情、祥和、修身养性等文化特质,彝族体育具有的勇猛、顽强、强悍、武勇、善斗等文化特质,是傣族和彝族各自文化圈内独特自然环境因素与人文环境因素复合的结果。通过对傣族与彝族传统体育文化的比较,可以归纳出人类体育发生、演进和发展的规律:自然环境的不同导致不同的民族生产、生活方式,不同的民族生产、生活方式孕育出各异的体育文化形态,民族文化观念的不同导致体育价值取向各异。"①

综上,生态与发展的关系已经显示,民族体育的文化生态学研究为我们提供了思路和机会,但尚需借助一个研究场域,这个场域具有民族体育生态与发展矛盾的典型特征。

三、关于喀斯特的研究

(一)喀斯特的形成机理

关于喀斯特地貌的形成机理,诸多学者进行了研究。比较典型的观点为"可溶岩—碳酸盐岩(石灰岩、白云岩)、硫酸盐岩(石膏、硬石膏等)和卤化物岩(盐岩)等经天然水化学溶蚀作用,并包括流水与重力侵蚀作用,以及物质迁移和沉积作用等过程及其产生的现象称为喀斯特"②。"喀斯特地貌是通过水对可溶性岩石的溶解侵蚀作用,在地表形成的各种奇峰、柱石、洼地、谷地、大泉,在地下则发育成各种溶隙、通道、溶洞、暗河等现象的地形

---

① 李延超,饶远. 水与火洗礼中的民族传统体育:傣族体育与彝族体育的比较研究[J]. 体育科学,2006
  (11):41-48.

② 罗平. 喀斯特地区农业可持续发展研究[D]. 南宁:广西大学,2008:1.

区。各种地表岩溶景观和地下洞穴现象,构成了具有鲜明特色和多姿多彩的喀斯特景观。由喀斯特地形地貌、植被、水、土壤等因素共同组成了喀斯特环境。"[1]

(二)喀斯特的生态特征

1. 多样性

由于构成喀斯特生态系统的生境、生物群落及生态过程千差万别,喀斯特生态系统具有多种多样的类型,这种生态系统类型的多种多样特征称为喀斯特区域景观生态系统的多样性。喀斯特地貌景观"有高原山地喀斯特、高原向低地过渡地带的峰丛喀斯特和深切峡谷喀斯特等多种样式"[2];中国南方喀斯特地区具有多样的喀斯特地貌形态组合与罕见的地貌景观。"它们分别是高低位'塔状'、'锥状'和'剑状'山峰和深浅洼地组合成连片的喀斯特峰丛洼地、喀斯特峰林谷地、喀斯特峰林平原与喀斯特孤峰平原等。在峰丛喀斯特地区,多有喀斯特天坑及喀斯特天坑群分布"[3];喀斯特区域景观的生态多样性特征有区域性、等级性、层次性和变异性等特征[4]。

2. 不可再生性

关于喀斯特地貌景观的不可再生性,比较典型的观点是"喀斯特景观资源形成需要漫长岁月,形成时间短则几万年,长则几十万年,形成机理复杂,特别是那些发育较完整、规模大的具有旅游开发价值的景观资源尤为如此。因此,一旦人为毁损破坏,无法再生"[5]。"喀斯特岩溶景观环境脆弱,而且再

---

① 王国栋.喀斯特环境与民族文化的耦合关系研究:以贵州省为例[J].贵州民族学院学报(哲学社会科学版),2008(2):69.

② 陈娜,田述军."中国南方喀斯特"贵州荔波世界自然遗产地保护与管理[J].贵州师范大学学报(自然科学版),2007(4):21-24.

③ 郭纯青."中国南方喀斯特"世界自然遗产申报战略研究[J].地球与环境,2007(1):16.

④ 苏维词.浅论喀斯特区域生态系统多样性[J].贵州环保科技,1996(1):43.

⑤ 雷家驹.贵州喀斯特地区旅游资源开发利用与生态环境建设[J].贵州财经学院学报,2000(2):40-44.

生性差,具体表现在土层黏、瘦、薄,蓄水率低,生境干旱,植被薄弱。"①

3. 脆弱性

"脆弱性是指生态环境系统对外部扰动的不利响应和其自身的不稳定性。包括自然系统和人文系统两个方面。它表明该系统、群体或个体存在内在的不稳定性;该系统、群体或个体对外界的干扰和变化(自然的或人为的)比较敏感;在外来干扰和外部环境变化的胁迫下,该系统、群体或个体易遭受某种程度的损失或损害,并且难以复原。"②喀斯特环境是一种脆弱的环境系统,环境容量小,环境系统内物质的移动能力很强,受干扰破坏后生态系统自然恢复的速度慢、难度大。脆弱的喀斯特环境在人类不合理的经济活动影响下遭到严重破坏。③"在喀斯特发育典型地区,封闭性强、土层瘠薄、旱涝灾害频繁、生态环境脆弱,少数民族人口多,资源的不合理开发利用,造成人与环境的严重失调。"④

4. 文化封闭性

喀斯特环境(特别是峰丛洼地)具有很大的封闭性,地形的封闭导致心理的封闭,与外界交流较少;心理活动又决定行为,表现在家族观念强、族间通婚少(瑶族最为明显)、个人行为受乡规民约影响重等方面⑤。封闭的原因,有学者认为是"喀斯特环境的破碎性和封闭性,使贵州喀斯特贫困区封闭性极强,地理区位偏僻,信息十分闭塞,长期处于与世隔绝的状态,社会、经济、文化都十分闭塞与落后"⑥。

---

① 肖虹.喀斯特地区的可持续发展试验[J].毕节师范高等专科学校学报(综合版),2004(3):23-25.

② 刘燕华,李秀彬.脆弱生态环境与可持续发展[M].北京:商务印书馆,2007:6.

③ 徐瑶.贵州喀斯特地区生态经济可持续发展评价研究[J].四川师范学院学报(自然科学版),2002(1):79.

④ 彭贤伟.贵州喀斯特少数民族地区区域贫困机制研究[J].贵州民族研究,2003(4):96-97.

⑤ 杨明.充分发挥喀斯特文化在贵州旅游上的优势[J].西南民族大学学报(人文社科版),2004(7):468-470.

⑥ 彭贤伟.贵州喀斯特少数民族地区区域贫困机制研究[J].贵州民族研究,2003(4):99.

5. 多元价值性

关于喀斯特生态景观的价值,许多人都论述它的旅游价值,比如"喀斯特地貌景观是旅游资源的重要基础,而且只有那些具有观赏价值的地貌类型或造型景观,才能成为具有旅游价值的资源"①。多数人都认为"喀斯特资源具有多元价值属性,如体育旅游价值、考古价值、科研教学价值、美学价值、生态平衡价值,其中有些景观资源更是集多重价值于一体。因而在开发利用其资源时,要科学地进行价值类型评估"②。

(三)喀斯特的生态维护

1. 自然生态的脆弱性保护

喀斯特"是一种脆弱的生态系统,主要表现为生态系统稳定性差、敏感度高、抗干扰能力弱、环境生态容量低"③;它是一种具有特殊的物质、能量、结构和功能的生态系统,其特征是生态敏感度高,环境容量低,抗干扰能力弱,稳定性差,森林植被遭受到破坏后,极易造成水土流失基岩裸露,旱涝灾害频繁等。它是碳酸盐类岩石分布地区特有的地貌现象,也叫岩溶或石山地区④。

2. 文化生态的多样性保护

喀斯特地貌地区富含民族文化基因,民族分布广泛。南方喀斯特为藏彝走廊和南岭走廊的交接地带,处于喀斯特地貌发育的中心区域,是一个喀斯特地貌强烈发育的省份,海拔相对较高,加上自然环境的特殊,居住在这

---

① 雷家驹.贵州喀斯特地区旅游资源开发利用与生态环境建设[J].贵州财经学院学报,2000(2):40-44.

② 雷家驹.贵州喀斯特地区旅游资源开发利用与生态环境建设[J].贵州财经学院学报,2000(2):40-44.

③ 吕世勇.喀斯特地区现代农业发展路径研究:以毕节地区为例[D].贵阳:贵州师范大学,2008:2.

④ 罗平.喀斯特地区农业可持续发展研究[D].南宁:广西大学,2008:3.

一地域的民族基本上为特有①。他们世代生息繁衍在这块土地上,适应了这里的山水、气候、植物等自然条件,他们依山傍水而居,披金戴银而饰,能歌善舞而娱,热情好客而为,热爱生活、热爱自然,与如诗如画般的环境和谐共处,由此形成了内涵丰富的"喀斯特文化",如彝族文化、苗族文化、布依族文化、侗族文化、水族文化、仡佬族文化以及土家族文化等。而且"该地区的民族文化具有独特性,比如与周边的地域相比,虽然居住地域的地貌大致相似,但形成的文化却是有明显区别的,如南边壮族文化,东南荆楚文化,北面三晋文化,西面蜀、藏文化,并且在内部各地区的各民族都有自己在文化内涵方面的特色"②。

关于喀斯特的研究,生态学范式需要,但不是重点;人类学范式可以,但不是全部;社会学研究较难,但还是要吸纳。总之,应当是文化生态学与文化社会学的结合,因为文化是要服务于社会的,是要考虑社会效益的。

总之,诸多研究者的研究多是对地域民族体育文化的体育项目、文化内涵、特征和功能的介绍和解释,或是探讨自然地理环境对民族体育文化的单向影响,而以揭示生态环境与民族体育文化的交互与共生为研究主线,探讨人与生态环境共生关系中的民族传统体育的发生、发展规律的研究目前还比较少见,故有必要做进一步的探究和论述,以求揭示和阐发少数民族体育在生态与发展协调语境下的发展规律。

---

① 殷红梅.贵州喀斯特地区旅游资源的变异与可持续利用[J].中国人口·资源与环境,1999(2):68-72.

② 杨明.充分发挥喀斯特文化在贵州旅游上的优势[J].西南民族大学学报(人文社科版),2004(7):468.

第二章

开门见山：区域民族体育文化的喀斯特背景

走进南方喀斯特区域看民族体育，就好比是选择撬开探索民族体育生态与发展理论的一个支点。每个民族所创造的每一种文化都是一个活生生的、有动态感的生命体，多种民族体育文化结合在一起，就形成地域性民族体育文化。地域体育文化具有其自身的价值，维持着生态平衡。正是由于它的丰富性、独特性、地域性、民族性，民族体育文化才得以丰富多彩。

第一节　喀斯特与中国南方喀斯特

一、喀斯特：一种特殊的自然过程和地貌形态

（一）神奇而特殊的自然过程

"喀斯特"是一个外来术语，来自迪纳拉山脉"Karst"高原，意为"石头"。喀斯特鼻祖、南斯拉夫学者 J. 斯维奇早在一百多年前就在这里进行系统的石灰岩高原地貌以及一系列有关作用、机理的研究，并用该地名命名。现在，喀斯特已成为世界各国通用的专门术语。

喀斯特是一个神奇而又特殊的作用过程，它以岩石的化学溶解性为特征。因此喀斯特作用的基本条件就是岩石和水。说到岩石，当然是可溶性岩石，否则水就不可能进行溶解侵蚀，喀斯特作用就无从发生。其中以碳酸盐类岩石分布最广，所以喀斯特大部分都分布在石灰岩地区。除了岩石的

可溶性外,喀斯特的发育还要求岩石必须具有透水性,这样才能使地表水渗入地下,转化为地下水,从而使地下深处发生喀斯特作用,形成作为喀斯特标志的地下孔隙和溶洞。纯净的水对岩石的溶蚀能力是很微弱的,但是当水中含有二氧化碳或其他酸类时,水的溶蚀能力就会大大增强,对岩石才会产生较强的溶蚀作用。自然界中的水由于水生生物的呼吸作用,加上水与大气圈之间的气体交换,水中含有一定的二氧化碳,因此就具有一定的溶蚀性。此外,水还必须是流动的。因为流动不息的水不会因为岩石成分的溶蚀而发生饱和,也就不会失去其宝贵的溶蚀能力,喀斯特作用也就不会停止。为此,科学家把岩石的可溶性、透水性和水的溶蚀性、流动性称为喀斯特作用和过程的基本条件。

(二)多彩缤纷的地表形态

人类社会的历史翻过一页又一页,喀斯特作用与过程在广袤的大地上默默地、不停息地进行着。无休止的喀斯特过程最终把它活动的自然界雕琢成一个多彩缤纷的喀斯特世界。地面流水沿着可溶性岩层进行溶蚀所形成的微小沟道——溶痕,日积月累的流水溶蚀作用使溶痕进一步溶蚀而加深,形成沟槽状成为溶沟。溶沟和溶沟之间常有一些向上突起、怪异嶙峋的石块成为石芽,而形体高大、形态奇特的石芽则成为石林。石林的相对高度一般在20米左右,它成群地出现,棵棵石灰岩远望如林,蔚为壮观,其中云南石林最为有名。由喀斯特作用而形成的比较大规模的封闭洼地称为溶蚀洼地。它的四周被低山丘陵或重重峰岭所包围,而底部则较为平坦,且有较大面积由松散堆积物形成的土地。漏斗和溶蚀洼地在形态上非常相似,科学家用底部长径100米作为两者的分界:规模小的为漏斗,规模大的为洼地。在贵州高原向四川盆地或广西丘陵过渡的斜坡上,最有利于漏斗和圆形洼地的形成发育。所以该区域漏斗、洼地分布多且十分密集,当地人称为"麻窝"。当几个洼地进一步扩大,连接成长条形的洼地时,则形成喀斯特槽谷,一般称为"冲""槽",其规模大小不等,小的一两千米,大的几十至一百多千米。一些大型的溶蚀洼地被称为喀斯特盆地,也称坝子。在一些地势低矮地区由于终年积水而形成喀斯特湖泊。喀斯特地区的山形态非常特殊,徐霞客在游记中写道:"……有石峰界平坞中,削骨擎空,亦独秀之峭而险者。"其笔下的山就是当今学者所称的峰林:一些石灰岩山峰高耸林立,分散或成群出现在平地上,远望如林。其中丛聚且基底连座的峰林又称为峰丛。

(三)千姿百态的地下世界

喀斯特的地下形态以溶洞为特征,溶洞也称洞穴,是可溶性岩石经喀斯特作用而形成的空洞。溶洞的空洞宽窄不一,其中特别高大的地段称为溶厅或洞厅,低矮的地方称为窄道。溶洞中有各种不同性质的洞穴堆积物,其中最常见的堆积物是千姿百态的碳酸钙沉积,它们以石灰岩、钟乳石、石笋、石柱等多种形态出现。地下形态除溶洞外,还有地下河和地下湖泊。地下河俗称暗河或伏流,是潜伏于地表以下的河流。在喀斯特地区,地表河有时流入地下后,经过一段地下伏流又出露地表,其中潜伏于地下的一段河道也称地下河。

实际上在大自然中,上述多彩缤纷的地上、地下喀斯特形态是错综但又有规律地组合在一起的,形成复杂多样的组合形态。常见的是喀斯特峰丛洼地、峰林洼地、喀斯特丘陵盆地、喀斯特垄岗槽谷等。类型纷繁的喀斯特组合形态为形成多样复杂的喀斯特生态环境创造了基本的框架。

二、广泛分布与强烈发育的南方喀斯特

(一)中国最大的喀斯特分布区

中国是世界上喀斯特地貌分布面积最广,景观特征最出色、最漂亮、最典型的国家之一,碳酸盐岩出露面积达130万平方千米,约占中国国土总面

积的14%,全国喀斯特面积约130万平方千米,约占全国土地面积的1/7,主要出露在以云贵高原为中心的西南地区,包括贵州、云南、重庆等,构成我国喀斯特分布集中、连片、面积最大的西南喀斯特片区,这里为喀斯特发育的多样性、复杂性提供了物质前提。高振西认为"标准之喀斯特地形,在中国只限于西南之云贵诸省"。南方喀斯特地区是喀斯特中的精华,2007年6月,由云南石林喀斯特、贵州荔波喀斯特、重庆武隆喀斯特共同申报的"中国南方喀斯特"世界自然遗产项目,顺利通过第31届世界遗产大会表决,进入了世界遗产名录。"中国南方喀斯特"面积占整个中国喀斯特面积的55%,由云南石林的高原山地喀斯特,贵州荔波的高原向低地过渡地带的森林、峰丛喀斯特,重庆武隆的深切峡谷喀斯特共同组成。

(二)强烈发育的喀斯特

"中国南方喀斯特"集中了中国最具代表性的喀斯特地形地貌区域,形成于距今3亿年至50万年间,在我国喀斯特分布最集中连片的黔、滇、桂、渝等省区中,贵州全省喀斯特面积约13万平方千米,占全省总面积的73.3%;云南喀斯特面积约11.1万平方千米,占全省总面积的29%;广西喀斯特面积8万平方千米,占全省总面积的33.85%。中国南方喀斯特由于所处的亚热带地理位置,具有得天独厚的水热条件,全年平均降水量大部地区在1100毫米以上,全年平均气温14~16℃。优越的水热条件对碳酸盐岩溶作用的进行十分有利,从而导致喀斯特的强烈发育。喀斯特强烈发育主要表现在使喀斯特形态千姿百态,类型复杂多样。广泛分布的碳酸盐岩在温暖湿润的亚热带气候影响下,喀斯特过程十分强烈,从而使地表和地下、古喀斯特和现代喀斯特都很发育。气象万千的喀斯特形态使人目不暇接,从地表的石芽、溶沟、漏斗、落水洞、竖井、洼地、溶盆、峰丛、喀斯特湖,到地下的溶洞、地下河、伏流、暗湖等,应有尽有。而且多种喀斯特个体形态又在不同区域空间有规律地组合,形成各种地貌类型,如峰林盆地、峰林谷地、峰丛谷地、峰丛洼地、喀斯特丘陵、喀斯特山等。各种喀斯特地貌类型规模大小不一，自然景观各异，使广袤的土地变成一个色彩缤纷、气象万千的喀斯特世界。

第二节　民族体育的喀斯特生态背景

生态背景就是生成民族文化的生态环境，是指生命系统和环境系统在特定空间的组合。人不能离开生态环境去生产、生活，生态环境是民族生存的空间，复杂多样的生态环境是多样的民族传统体育文化生成和生存的基本条件，每一个民族都在一定的生态环境中创造自己的文化。研究喀斯特区域的民族体育文化，首先要了解其生态环境。

一、独特的自然生态

就喀斯特区域的自然生态环境来说，总的特点是地势起伏大，地形以山地为主，气候类型复杂，立体气候明显，自然环境复杂多样。

（一）一开门就见山：高原山地显著

"天下之山，萃于云贵，连亘万里，际天无极"，喀斯特区域的地貌地形总体特征为山高坡陡、地形破碎。喀斯特区域山地的坡度常大于 45 度，通常是地面破碎、崎岖不平的高原，地貌复杂多样，有高原、山地、丘陵及山间盆地、河谷等，但山是整个地貌的主旋律。《忆秦娥·娄山关》中"雄关漫道真如铁，而今迈步从头越。从头越，苍山如海，残阳如血"，是毛泽东同志当年过娄山关时的深切感受，川黔驿道上的娄山关，万峰插天，中道一线，控扼川黔咽喉。山高箐广，峰峦叠翠，远远望去，犹如游龙戏凤，气象万千。山脉莽莽苍苍，绵延展布，以此构成了山形的基本骨架。这里是典型的山国，打开门和窗户就可以看见巍峨的群山，可谓"开门见山"。"横看成岭侧成峰，远近高低各不同"，按其海拔高度，有中高山、中山、低中山和低山，还有低矮的丘陵,高低悬殊,参差错落。山形千姿百态,有的拔地而起,有的平缓上升,山峰如镞如箭,如狮如虎,如长龙蜿蜒,如龟灵伏地。在万山丛中,间或夹杂着山原、台地、山间盆地和河谷平地,当地人称为"坝子"。

图2.1 房前屋后都是山(1)

图2.2 房前屋后都是山(2)

(二)地表地下二元结构:山皆石则岩洞玲珑

喀斯特地貌在结构上表现为地表和地下两个景观单元构成的二元结构体。地下景观指的是该区域具有喀斯特洞穴充分发育的良好条件,形成了数以万计的洞穴。溶洞景观在我国贵州、云南、广西、重庆、湖南等地分布较为广泛。仅贵州,已经过初步探测和研究的大约有5000多个。溶洞规模大小不一,形态千奇百怪,溶洞中有许多奇特景观,如石笋、石柱、石钟乳、石幔等。我国的许多典籍和地方志中都曾对石灰岩地形和岩洞进行过描述和记载。在距今三百多年前,我国明代地理学家徐霞客考察了广西、贵州和云南一带的石灰岩地形,探寻了许多地下溶洞,详细记述了各种石灰岩地形的景观。可以说,洞穴是早期人类的居住地,也是人类最早的文化艺术的摇篮。喀斯特区域许多民族都先后出现过岩墓葬和悬棺葬,至今在酉水、沅水等领域均保存有岩墓葬、悬棺葬。历代的一些史志和诗作都有记载。《华阳国志》载有"家不闭户,其穴多有碧珠"的岩墓葬现象。《朝野金载》载:"五溪蛮父母死,于村外阁其尸,三年而葬。……尽产为棺,于临江高山半肋凿龛以葬之。自山上悬索下枢,弥高者以为至孝,即终身不复祀祭。"

(三)地无三尺平:地形破碎

喀斯特地貌对人类造成影响的主要是地表部分,地貌复杂多样,有高原、山地、丘陵及山间盆地、河谷等,中国"南方喀斯特"是青藏高原到东南丘陵地区的过渡地带,从海拔4000米下降到200米,其间山谷深切,形成纵贯南北的几条大江,地表的总体特征为山高坡陡、地形破碎。这是由于喀斯特及流水溶蚀——侵蚀切割而成,"地无三尺平""斗大的坝子也是宝"说的就是此区域的实际情况。以贵州为例,按照科学的说法,山地占全省总面积的87%,如果再加上10%的丘陵,总共就占了97%。此区域在雪峰山以西,大娄山以南,哀牢山以东。由于受河流切割,加以石灰岩溶蚀地貌广布,高原地貌比较破碎。河流大体夹行于两山之间,上游河谷开朗,中游河谷束放相间,而下游河谷纵深狭窄,往往形成高岸深谷。

图2.3　山路十八弯:地形破碎

(四)一山有四季:气候复杂

喀斯特山地区域的总特点是"立体多样,纵横分割",层峦叠嶂,沟壑纵横,地势复杂。这样的立体垂直多样的地形地貌又带来了立体垂直多样的气候格局。"立体的地形、立体的气候与立体的物产之间形成了相互作用的生态圈"①,其特点主要反映在气温具有明显的垂直分布,构成立体气候。"一山有四季"是立体气候的写照,"十里不同天"是小区域差异很大的表现,"一日之间,乍暖还寒"说明气候多变,而"百里之内,此燠彼凉"则说明各地气温不同。在同一区域内,因所处的山体高度不同,表现出的天气差异很明显,有"坝上晴,半山阴,爬上坡顶雨纷纷"之说。

(五)多样植被:分异突显

多样性的气候、多样性的地貌,必然会孕育出种类繁多的植物资源。高原山地、丘原、盆地、丘陵、峰丛洼地等多重地貌和气候形成了多样植被,有森林、荒原、石漠、草场、草地、竹海等。比如在森林地区,群山叠翠、沟壑纵横、流水潺潺、林深树茂,鸟语花香。甚至还有水上森林、石上森林等奇异现象,根系长在石头和水流之间,水中有石,石上有树,远远望去就如同漂在水上;而在草场地区,则是绵延起伏,山峦碧绿,气势磅礴。

二、复杂的社会生态

(一)靠山吃山、靠水吃水:社会经济类型多样

喀斯特区域的社会经济类型多样,这与地貌环境、族源族系、历史发展、社会变迁等紧密相连。不同类型的农业互相夹杂,各自处于极其分散的状态,小区域的差异十分明显;在局部范围内,由于生态环境复杂多样,能以不同方式满足低标准的自给生活,因而自然经济的基础根深蒂固;相对闭塞的环境,不利于生产技术的提高,保守性极强,生产水平普遍不高;这种特殊的地理环境,与各民族不同的生计方式结合,产生了不同的经济文化类型。比如在坝区就是水田农业,在山区则是梯田和山地农业,而在高原则是畜牧业。具体可从以下几方面说明。

---

① 徐新建.西南研究论[M].昆明:云南教育出版社,1992:108.

苗瑶民族原是典型的山地民族,长期过着"赶山吃饭"的生活。他们的谋生手段有从事刀耕火种农业,不足则采集和狩猎为补充,采伐山间竹木建房制器,同时取山货供贸易或贡纳。以上生活手段,客观上要求流动,地力尽则易土,鸟兽稀则迁移,蔬食野果亦随地而易。《汉书·地理志》载:"楚有江汉川泽山林之饶;江南地广,或火耕水耨。民食鱼稻,以渔猎山伐为业,果蓏蠃蛤,食物常足。"《汉书·南蛮西南夷传》载:"好入山壑,不乐平旷。"如此看来,他们常住山中,"以渔猎山伐为业",因山间天然出产丰富,在风调雨顺而且要求不高的情况下,可以"衣食常足"。但后来在逐渐西移的过程中,苗瑶民族日渐分散,住在湘西、黔东南的一部分苗族最早转入定居农业,而黔西北一带的苗族和黔南的部分瑶族仍然迁徙不定。定居湘西、黔东北、黔东南的苗族,主要是开垦梯田,所以在唐宋时便"以所余闲田募人所耕作,发收其租",或"擅自易田""私售田土"。尚未定居的苗瑶人,主要耕种旱地,实行刀耕火种,这一方面与其生产技术的发展程度有关,另一方面又与"地广人稀"的情况有关。因为,刀耕火种需要不断转换耕地,而且在"广种薄收"的情况下必须不断扩大耕地面积,所以在"地狭民稠"的地方根本不可能通过刀耕火种发展农业。

氐羌民族则不然,他们原先是游牧民族,以后逐渐转化为农牧并重的民族。《史记·西南夷列传》说:"其外西自同师以东,北至楪榆,名为嶲、昆明,皆编发,随畜迁徙。"他们"随畜迁徙",后来"氐羌"在逐渐向东移动的过程中,进入了濮人的居住地域,并融合了部分濮人,开始转向农耕,但畜牧仍然很盛。《三国志·李恢传》载:"南中平定……赋出叟濮,耕牛、战马、金银、犀革,充继军资,于是费用不乏。"文中的"叟"是这一时期对氐羌的称呼,"叟濮"并用,足见关系密切,而耕牛与战马,则是农牧相兼的象征。到了唐代,樊绰在《蛮书》中写道:"东北自曲州靖州,西南至宣城,邑落相望,牛马被野。"这里所指的是滇东北及黔西北彝族地区,"邑落相望,牛马被野"正是农牧相兼的真实写照,一方面因有农业而定居成邑落,另一方面又重畜牧而有

"牛马被野"的情景。

濮人和越人,属于水田耕作农业。《史记·西南夷列传》载"(夜郎)耕田,有邑聚",由于人们很早从事水田耕作,所以定居下来形成村落。不过经济社会发展相当缓慢,《华阳国志·南中志》载"畲山为田,无蚕桑……寡畜产,虽有僮仆,方诸郡为贫";《旧唐书·南蛮西南蛮传》也载东谢、西赵"土宜五谷,不以牛耕,但为畲田,每岁易……土气郁热,多霖雨,稻粟再熟";还有《宋史·蛮夷传》载"牂牁诸蛮土宜五谷,多种禾山稻,以木弩射獐鹿以充食;宜种水田,采鱼,其保聚山险者,虽有畲田,收粟甚少,但以药箭射生,取鸟兽尽,即徙他处,无养马、桑木石。地日寻洞,五十里至前村,川原稍平,合五百余家,夹龙江居,种稻似湖湘"。从中可以看出:由于"土气郁热,多霖雨","土宜五谷",所以既种粟类,又种水稻,"稻粟再熟";人们不但在平地开垦水田,而且"畲山为田",也就是开垦梯田;耕作比较粗放,一般"不以牛耕",也不知施肥,故土地肥力下降而必须易土而耕,此即文中所说的"每岁易"或"岁一易之",有些地方收成不高,不得不以渔猎来补给生活。

(二)溪峒(坝子)型经济:小而全

所谓溪峒,从地理上看,是指一些相互隔绝的小区域,在万山丛中,人们以"坝子"为中心形成聚落,彼此间隔着道道山梁和溪流,方圆数里或数十里不等,自成一个小天地。从经济上看,由于地形复杂,气候多样,动植物呈垂直分布,所以在一个小区域内,大体可以"自给自足",人们耕地以自食,纺织以自衣,伐木以建屋,劈竹以制器,山上可供狩猎罗雀,河里可以捕捞鱼虾,山肴野蔌聊可佐食,余粮剩米可以酿酒,粗茶淡饭的生活无求于外,以此构成"小国寡民"的经济基础。这种封闭式的自然经济,年复一年,延续了若干世纪,整个社会被分解为若干模样相同的原子,人们以坝子为中心聚落,而坝子与坝子之间为高山阻隔,于是彼此分隔成许多"小天地",表现为自给自足的"溪峒"经济,最显著的特征就是"男耕女织、自给自足",在一个狭小的范围内,"日出而作,日入而息",重土少迁,很少走出乡村,整个世界犹如多个复制的模块,相互间缺乏经济、文化的联系,农业、畜牧业、手工业强固结合在一个家庭之中,商品经济极不发达。

(三)岩石分层:发展程度差异大

中华人民共和国成立前,喀斯特区域少数民族的社会形态发展各异,表现为极大的不平衡,有的与汉族发展水平差不多,进入了封建地主阶级发展阶段,有的还保留了浓厚的原始社会残余,有的则是几种不同的社会形态并存。这种差异是历史形成的结果,每一个民族,在不同的时期都处在一定的社会形态之中。每一种社会组织、政治制度、文化现象、社会方式,都是一定社会形态的产物,都会打上社会形态的烙印。

"从山地经济的特点看,分散、隔绝的状况十分明显,自然经济相当典型,在这种情况下,不但山区间有较大差异,民族间有不同类型,而且同一民族处在不同地区也不一样,因而反映在文化上,多样性就是一个突出的特征。民族间的差别,表现为氐羌、百越、苗瑶和濮人几大系统分别形成不同的经济文化类型,尽管在他们的接触点上发生若干变异,但基本类型是存在的。民族内部的差别,在百越民族中不太明显,而在苗瑶和濮人中则尤为显著,以苗族为例,湘西、黔东南、黔中、黔西北、滇南的苗族,无论语言、服饰、习俗都有许多不同。"①

(四)山地经济:人地矛盾突出、功能脆弱

喀斯特区域是著名的"山国":山地多,平地少;宜林宜牧地多,农耕面积狭小;旱地多,水田少;低质土多,优质土少。这里的土地受地形影响,平整的土地面积少;而且因为喀斯特地区的岩石90%以上为可溶成分,而碳酸盐岩被溶蚀后,又有90%以上物质随水流走,因而土层较薄。坡地上的风化

---

① 史继忠.贵州文化[M].呼和浩特:内蒙古教育出版社,2006:91.

物,在雨水的冲刷下水土流失严重,在贵州的喀斯特地貌强烈发育的地区,裸露的石山比比皆是,形成喀斯特地区特有的石漠化现象。这使得偏远落后的山区,经济更落后,群众生活更困难。由于喀斯特地区境内岩石裸露,地势起伏大,山高谷深,坡陡地少,平地奇缺,"三天无雨便旱,一下大雨成灾",土层薄、土质差,粮食产量极低,形成了特有的喀斯特贫困。

图2.4　喀斯特地区石头寨

(五)石牌制:民间规则和习惯法盛行

喀斯特区域在历史上,保持着一种与中原地区基本隔绝的地理边缘态势,使儒、道等中原主体文化传播到这里时已经是强弩之末,因此处于一种相对封闭隔绝的状态下生长,从而保持着原生状态。宋太祖《赐普贵敕》中载"惟尔贵州,远在要荒",说的就是这一地区如贵州等属于远离中原的蛮荒之地。"蛮荒之地"自有其法,"石牌制是瑶族的一种具有原始民主残余性质的政治组织形式,这种组织以一个或若干个村寨为单位,对于防盗贼、保护生产、婚姻聘礼、保护外来正当商人、处理纠纷等问题订立共同遵守的规约,这种规约称为石牌律,刻在石牌上,称为石牌。石牌头人由办事公正、善于言辞、威信较高的人担任,多为男子。村民遇到纠纷,双方分别向小石牌头人申诉情由,谁理多谁胜诉,若争执不下再找大石牌直至总石牌头人,然而石牌头人并不强行定案,只是起调解作用。村寨对外械斗时,石牌头人任军事指挥"①。

与瑶族石牌制类似,侗族、苗族、布依族、水族的"款"等,同样是具有农村公社性质的社会组织,以原始民主制度组织的残余形式继续保留。②

三、多样的文化生态

喀斯特区域的民族生活在复杂多样的地理环境中,在长期与自然的互动过程中创造了不同的生产方式以及和而不同的多样文化。由于地貌环境和生产方式的差异,各民族的生活方式就显得多姿多彩,无论是族系族源、文化交汇、文化传播、宗教信仰等方面都显现出极大的多样性和独特性。

(一)层次多样:族群多源

喀斯特区域是民族文化的大走廊,氐羌、百越、苗瑶、濮人、汉族等都先后汇聚于此,有氐羌的彝族、土家族;苗瑶的苗族和瑶族;还有百越的布依族、侗族、水族、壮族以及属于濮人的仡佬族等。杨圣敏把他们归类为藏缅语族民族:土家族、彝族;壮侗语族民族:壮族、侗族、布依族、水族、毛南族、仫佬族;苗瑶语族民族:苗族、瑶族;以及未定语族民族:仡佬族等③(表2.1)。就喀斯特区域的民族分布而言,总的特点就是:大杂居、小聚居和相互交错居住。

---

① 林耀华.民族学通论[M].2版(修订本).北京:中央民族大学出版社,1997:289.
② 林耀华.民族学通论[M].2版(修订本).北京:中央民族大学出版社,1997:289-290.
③ 杨圣敏.中国民族志[M].北京:中央民族大学出版社,2003:2-3.

表2.1 喀斯特区域民族族系分布一览表

族系族源	古代政权	民族类型	水平分布地区	垂直分布	文化特点
氐羌	南诏、昆明、巴国	彝族、土家族	滇东、黔西北、湘西、渝东南、鄂西南	高原、峡谷、大山	刀耕火种、随畜迁徙
苗瑶	楚国	苗族、瑶族	黔南、黔西南、湘鄂渝黔边	大山	好入山壑、不落平旷、赶山吃饭
百越	滇国、苍梧古国(壮)	布依族、侗族、水族、壮族	黔西南、黔南、桂北	河谷、坝区	男耕女织、自给自足
濮人	牂牁、夜郎	仡佬族	黔北、黔中	大山	皆椎结、耕田,有邑聚

(二)文化孤岛效应:稳定性强

喀斯特区域与东部、中部一些地区相比,位于偏远的西南一隅,地理位置具有明显的边远性,远离国家的政治、经济和文化中心。由于地处内陆,位置偏远,加上自然环境复杂、地形崎岖、山高谷深,山阻水隔,对内外文化的传播与交流形成了天然屏障,使此区域具有较强的封闭性,地域之间的通达性较差,内外联系与交往都十分不易。因此在漫长的岁月里,该区域民族都相对完整地保存了本民族的文化传统,有"文化千岛"之称,同一民族,地域不过相距几十公里,服饰、语言、风俗却迥然不同。

(三)文化的交角:民族文化的交汇点

"文化的交角",是从文化传播、文化影响对于喀斯特民族文化生成的关系进行讨论,把它放在一个宏观的范围内来作考察。喀斯特区域是古代苗瑶、百越、氐羌和濮人四大族系交汇的地方,又是汉族移民较多的区域。可以说处于巴文化、楚文化、滇文化、南岭文化等区域性文化之间,因此它的文化是在多种文化渗透、传播和交融的复杂过程中逐渐形成的。正是因为其处在这些文化的交角上,显得格外复杂和殊异,与其他的区域文化相比较,有明显的差别。土著与迁徙民族文化的大走廊,汉族自南向北、氐羌自西向东、百越自南向北、苗瑶自东向西。

喀斯特区域实际是由几种文化圈的边缘地带拼合而成,本身就与周边的文化有着天然的联系。从地理区位角度看,在地势上与三省有密切的关联。西部与云南连成一气,北部是四川盆地的边沿,东部是湖广丘陵的过渡,南部则与广西丘陵衔接。这一地区西高东低以及河流从西部和中部顺地势向南、北、东三面分流,在古代,这是通往周边地区的重要水道,因此周边地区的政治、经济、文化不可避免地要受到影响。当然,从中原文化逐渐向四周扩散的过程来做考察,突出此区域在区位上"不内不边"的特点,也就是说,它的文化内涵并不完全同于中原,也不完全同于边疆,而是两者兼而有之。换句话说,对于中原或边疆而言,是一种真正意义的边缘文化,"边缘"概念的提出,首先是指文化分区——地貌区域与中原主流文化的关系而言:一是地理区位上的边,二是文化从属关系的边。

(四)岩石载体文化:喀斯特特色

喀斯特区域民族文化一个最大的特点就是属于岩石载体文化,是一种以岩石为依托,融物质文化和精神文化于一体的综合文化。它既能从物质文化中体现精神文化,又能从精神文化中反映物质文化。从实用价值来说,它属于物质文化的范畴,是一种实用、看得见、摸得着的物质实体;但其文化内涵和文化精神却是精神文化,寓理性于感性之中。遥远的古代,人们用以采集、狩猎、捕鱼、农耕及手工的工具都是以石器为主,石器在人们的生产、生活中占有极其重要的地位,所以叫作"石器时代"。尤其是石镞、石箭头的出现,使狩猎经济繁荣起来,随着新石器的出现,社会经济面貌发生了巨大变化。新石器时代的工具除以石器为主外,工具更加丰富,工具的进步,类型的增加,为人类提供了更加丰富的活动手段。在喀斯特区域,古人类得天独厚,有天然的岩溶洞可以居住,有取之不尽、用之不竭的石料可以制造工具,可以说从有人类开始,人们便与石头打交道,用它来制造工具。繁衍在岩石以及由岩石构成的高大群山,不仅给予他们生存的依托和生活的条件,而且赋予他们岩石般的性格,赋予他们大山的胸怀和坚忍不拔的精神。原始人欢庆丰收,祝贺胜利,欢度节日时经常"手舞足蹈"。《尚书·益稷》载"击石拊石,百兽率舞",反映了远古人类猎获动物后的欢乐。他们乔装成各种动物的样子,遵循着有轻有重的石器敲击声,有节奏地模仿鸟兽的动作和形态而舞蹈。在这里,岩石载体注入了民族文化的生命力,而民族体育文化在岩体上留下万古长存的痕迹。石器的制造在人类的发展史上具有重大的意义。石器的出现,使人类从动物界分化出来,从而成为"万物之灵",开始了人类的社会。岩石载体文化,在功能上实用,在自然环境上必须适应,并受着经济、社会习俗和社会制度的制约,遵循一定的规则,这便是岩石载体文化的形制。

图2.5 喀斯特地区常见的石头寨

图2.6 糯黑石头寨石虎文化

(五)基因库与大熔炉:文化堆积层

文化堆积的英文翻译是"cultural deposit",文化堆积是考古学家非常广泛使用、有固定含义的考古专业术语,指的是遗址中所有文化层堆积的总和,不只是仅有"人类活动而造成的碎砾和人类废弃物的积累"那么单纯,而包含其他类型、所有经过人类生产、生活和活动过的堆积。① 文化堆积作为一种人类活动的客观物质结果，具有一些独特的性质，其中很重要的一点，就是文化堆积依时间顺序形成的有序性，它是地层学的一条基本原则。② 文化堆积的可分性不仅为我们区分不同的文化层位提供了可能，同时也是我们对文化堆积进行归类分析的最基本的先决条件。

喀斯特区域由于其地域民族文化的多样、多源特征，形成了多样民族文化的文化层积关系。最先的是濮人文化，后来有了氐羌文化和百越文化的加入，继而有了苗瑶文化和汉族文化的加入。从文化传播的角度讲，一些属于原生文化，大多则属于次生文化。

（六）立体分布：山地垂直民族人文带

立体地貌、立体气候和与之相应的立体分布的动植物群落，构成了多样、优良的自然生态系统，这不仅给丰富的高原自然生态系统提供了得天独厚的生长繁衍条件，而且也给世代生活于此的众多民族提供了展示创造力的生存空间。与立体的气候、立体的地形、立体的物产相适应，文化也往往呈立体分布，山上山下迥然不同，各有各的"小天地"。山地垂直带分为垂直自然带和垂直人文带。山地垂直自然带是指随着山体高度的增加，物质和能量随之发生变化，由此导致气候、动力地貌过程、生物和土壤的垂直分异。山地垂直人文带是指叠加在山地垂直自然带基础上的一种人文事象的垂直分异，它包括文化、宗教、语言、民族、人口、聚落等人文事象以及人类的一切活动。与垂直自然带的分布相比，垂直人文带的分布更为复杂。这是因为垂直人文带的形成除了受自然条件的影响外，还受到社会、历史、文化等诸多方面的影响，使得垂直人文带具有"隐域性"的特征。正是由于山的分布，

① 李浪林.什么是文化堆积(Midden≠Cultural Deposit):《考古学-理论、方法与实践》几个词汇等的翻译商讨[J].考古与文物,2007(4):101.
② 王结华.镇江城地下文化堆积类型分析[J].南方文物,1995(4):60.

使得喀斯特文化实际是由许许多多小的"文化圈"组成,显然丰富多彩,摇曳多姿,有鲜明的个性,有独特的风貌。从分布形态上看,少数民族交错分布,大杂居、小聚居,呈现立体分布的特点,而且他们多住在农村及远离交通沿线的边远山区。

图 2.7　彝族地区的火塘文化

(七)万物有灵:多重崇拜

宗教是一种特殊的社会意识形态,也是一种极其复杂的社会文化现象。在喀斯特区域民族的传统观念中,世间万物都有灵魂,日月星辰、山川石土、动物植物无不有灵,继承先民信仰,也崇拜和祭祀多神。他们普遍信仰原始宗教,即崇拜祖先、信鬼神。经过了万物有灵、图腾崇拜、巫术信仰阶段,逐步发展成为以祖先崇拜为主的多神信仰。信奉山神(狩猎神)、土地神、石神、五谷神。这类文化景观内容繁杂,包括生活方式、风俗习惯、思想意识和宗教信仰等,还包括一种可以感觉而难以表达出来的文化氛围。非物质文化景观通常能反映一个民族的价值观,其形成受多方面因素的影响,其中地理环境是一重要影响因子。巴人崇敬白虎,以白虎为图腾,《后汉书·南蛮西南夷列传》载:"廪君死,魂魄世为白虎。"而彝族崇尚黑虎,以黑虎为图腾。

第三章

地缘关系:喀斯特环境与民族体育文化的耦合

　　耦合在物理学上指的是两个或两个以上体系或运动形式之间通过某种相互作用而彼此影响的现象。具体落实到喀斯特环境与民族体育文化的分布上,指的是民族体育文化与喀斯特生态环境两者间的相互联系、相互影响而产生的地理空间上的一致性。喀斯特环境与民族体育分布是否存在一定地理意义上的耦合? 对这一问题的探讨,将有助于分析喀斯特民族体育生态环境的成因机制,并为实现其良性发展提供决策依据。

　　斯图尔德的文化生态学认为,"文化与其生态环境是不可分离的,它们之间相互影响、相互作用、互为因果"[①]。文化与环境是一种互动关系。民族分布具有很强的地域性,各民族有其特有的生存环境,特定环境是民族传统文化生成和保持的土壤。文化可以说是该民族人民利用自然环境,改造自然环境的结果,环境影响该民族文化,而该民族人民又运用文化来改造利用自然,形成良性互动。

第一节　喀斯特环境与民族体育文化品性的塑造

　　自然界是文化产生的土壤,环境是文化创造的自然基础。《论语》中说:"知者乐水,仁者乐山。知者动,仁者静。知者乐,仁者寿。"文化的形成离不

---

① 夏建中.文化人类学理论学派:文化研究的历史[M].北京:中国人民大学出版社,1997:227.

开一定的空间,离不开特定的地理环境。研究文化,必须从孕育、滋养文化的地理环境入手,探明文化产生的自然前提。喀斯特环境是特殊生态环境,少数民族在利用、改造其所处的生存环境过程中,创造了自己本民族的文化,他们在喀斯特这种独特的自然背景之上构建自己的文化,因此他们的文化深深地印上喀斯特的痕迹,其独具的喀斯特内涵体现了人类对喀斯特这一独特生境的生态适应,区别于产于其他环境的民族文化。少数民族文化是该民族在适应、改造其独特的生存环境过程中创造的物质和精神财富的总和。它深刻地影响着当地少数民族的生产、生活各个方面,进而对当地独特的少数民族文化的生成具有直接的因果关系。少数民族文化中的一些积极因素对喀斯特环境的保护和向良性方向发展起到了不可磨灭的作用。作为民族文化一部分的民族体育文化,同样具有这样的特征。

一、民族体育文化深深植根并受限于当地环境

(一)多山多石决定了场地和器材类型的选择

"天下山峰何其多,唯有此处峰成林",民族体育根植于民间,产生于本民族所处的地貌环境中,所以有一个最大的特点,就是因材而用、就地取材,石头、藤、竹、树、木等都是最常用体育器材的制造材料。喀斯特区域高原山地显著,多山是喀斯特地貌的一大特色,这也成为攀岩、登山、长跑等民族体育活动的理想场所。同时,村子依山傍水,山清水秀,石头成林,山石密布,周围满山遍地都是石头,所以木材和石材资源丰富。在这些村子里,头枕着石头,脚踏着石板,放眼望去,映入眼帘的都是石头,在他们的物质生活和精神世界中,石头无处不在,无所不在,石头已经深深地融入生命之中。而且由于该地出产的石灰岩坚硬,产状独特,具有明显的层理结构,这为举石担、举石锁、掷石头、飞石索等提供了物质基础,就是在水上进行的跳石、跳碉等,也是需要石头铺成的。狩猎是喀斯特地区许多民族获取生产资料的一

种方式,制作一把好弩也是他们狩猎的必备生产工具。他们会取坚实而有韧劲的青岗木制作成弩张,杀牛后剥取牛筋晾干加工成弩弦,用坚韧的竹片削成箭。而"荡藤""爬树比赛""撑杆越溪""倒挂金钩""打秋千"等民族体育活动就利用山上的藤条、树干做器材;"抢走鸡""发界鸡"等体育项目所使用的器材就是利用山上的藤条、青草、竹篾编织成的;喀斯特处于群山环抱之中,有的地方树木茂密,爬树、爬杆、爬绳、攀岩、攀藤等,是原始先民在最初的采集生产中锻炼出的劳动技能,这种运动技能都是在茂密的树林中进行的,就是上刀梯,最初也是从爬树开始的,在树上模仿出来的。许多项

图3.1　石林丛中的摔跤

目的材料都少不了竹子,比如爬竹竿、跳芦笙、独竹漂都是需要竹子的。去过喀斯特区域民族村寨的人都有这个常识,许多村寨都用石头墙围成了一块场地,一般建在村寨中心,称为"石栏",平时村民聚集在里面说闲谈事,年节时在此举行跳芦笙、跳弦等活动,石栏成为社交娱乐的重要场所。如果没有山上丰富的资源,许多简便易行的民族传统体育活动就无法开展。

(二)破碎地形的空间狭小练就了小巧、机智、灵活的运动类型

体育运动在地域间传播中,也在不停地适应新的地形条件而使其运动形式和活动风格有所改变,并形成了对地形的风险规避。喀斯特地区少数民族体育就是在这种自然环境和文化背景下形成和发展的,这些项目大多因地制宜,简单易行,无论在房前屋后、田间地头、山坡草地、溪水河畔,或独自一人,或三五成群,只要想参与,都能找到合适的运动项目。如个人可随意进行的踢毽、打陀螺,2~3人进行的摔跤、打篾球、打"鸡"、扭扁担、推杆、

磨磨秋;又如苗族爬杆、荡秋千,布依族的玩山,侗族的游泳,瑶族的打猎、爬坡等活动所表现的小巧、灵活、随意性都与当地"地无三尺平"有一定的关系。地貌的狭小、生活环境的狭窄造成并练就了机智、灵活的运动风格。在喀斯特区域,只有勇猛是不够的,那只会是"匹夫之勇",在勇猛顽强的同时,更有熟练的技艺,在许多竞技活动中,要勇加上巧,在勇中突出巧的本领来。

图 3.2　瑶族打长鼓

此地的少数民族武术也是典型一例,他们与中原的武术区别很大,中原武术擅长力量和腾空跳跃,活动范围大,尤其是腿部的动作多且幅度大。而此地的少数民族武术为了适应"地无三尺平"的环境,减少了腿部动作,以手势变化多,身体灵巧,反应敏捷为特色。他们居住在山区,沟深岭高,林密草茂,水流湍急。在这种地形条件下的武术运动要求以短兵为主,重视个人打斗技术。

(三)垂直地形决定了项目的立体分布

贵州民谚:"高山彝苗水仲家(布依族),仡佬住在石旮旯""苗家住山头、夷家(布依族)住水头、客家(汉族)住街头",广西民谚:"高山瑶,半山苗,汉人住平地,壮侗住山槽",云南民谚:"汉族住街头,傣族住坝头,瑶族大多住山头",在喀斯特地区,垂直地形决定了民族的立体分布,由此也造成了民族体育项目的立体分布。由于各民族对不同地理海拔的不同选择,他们的民族体育文化呈现出惊人的"立体式"分布特点。居于山上的苗族、瑶族、彝族从事的是爬山、射弩、爬花杆、赛马等竞争性较强的体育项目;居于山谷的仡佬族则为打竹球、打毽子、板凳拳搏击、抵杠、挡耙等活动风格短小、所需场地不大的体育项目;居于水边的布依族、水族、侗族等则从事游泳、划龙舟、划竹排、打水枪、水上漂石、游水追鸭等多源于渔业劳动、游戏性较强的体育项目。从中可以归纳出立体分布的民族体育的活动风格,与他们主要居住在山区、半山区,或靠江、河、湖边而居大有关系。

图 3.3　苗族跳鼓活动的场地

(四)二元结构造成罕见的洞域体育

喀斯特地貌的二元结构使得该地区分布了众多的洞穴,这些洞穴冬温夏凉,成为许多民族体育开展的良好场所。跳硐是一种罕见的喀斯特洞穴民族体育形式。作为苗家特有的盛大传统活动,贵阳高坡苗族的跳硐与其他地方也有所区别,其他苗家是在宽阔场地上举行跳场,而高坡地区的跳硐则是在万古溶洞中进行。尤其是在传统节日里,这种大型活动不以家族和姻亲集团为单位,因而参加的人数众多,规模宏大而热闹。正月初四起,在各村轮流进行跳硐活动,至正月初九结束。

图3.4　苗族的跳硐

(五)山地环境孕育粗犷豪放的活动风格

喀斯特地区赖以产生和发展的自然基础属于西南山地,在文化的生成机制中,自然环境是文化的生成依托,也是该文化的制约因素,同时还是该文化的加工对象,所以,大凡一种文化的生成,必然会深深地打上自然环境的烙印,并表现出其自然的属性和特征。在喀斯特地区,勇猛顽强是一种具有普遍性的行为要求。上刀山、下火海是勇敢者的运动。面对由利刃绑成的刀山,上山者全凭一双赤足拾级登攀,稍一失足,不仅脚板会被劈成两半,还会从高达数丈的地方摔身下地。上山者如果没有足够的勇气,攀爬中没有勇猛的信心,尽管脚底练有抵御利刃的茧层,也难应对困境。下火海也足以考验一个人的胆识和技巧,在一堆堆炎炎通红的炭火面前,赤足在火堆中行走甚至在火堆中疾跑、跳跃和翻滚。下火海者没有对火海的蔑视,就不敢跃入火星飞溅的深海里。打石头架虽然是一种集体性的娱乐对抗活动,由于双方距离较近,掷击方式又因人而异,击物的力量是双方都无法估计的,在一次几乎是混战无序的对抗中,攻防双方都难免要遭受意外的击伤,因此引起的结果也无法设想。因此,攻守双方要获得成功,首先要有勇猛的素质。

图3.5　水族赛马

(六)"文化孤岛"形成固定的文化稳态

喀斯特区域众多文化形成了"文化孤岛",民族体育文化也是如此。摔跤、斗牛、射弩、跳硐等根据地理环境、文化传统与民族喜好的特点,形成了固定的传统,轻易不容易被改变,也不会因为其他民族体育项目的融入而轻易丢掉;再比如苗族的"爬花杆""上刀山、下火海"等就是民族文化的符号,以及重要的节日里开展的体育活动,都不会因为和其他民族的接触而丢弃,这些民族文化的标志符号成为一种文化印迹打入他们的脑海。而这些民族文化符号连在一起,就会成为一种文化稳态。

二、环境的封闭性与民族体育文化原生特质的守护

喀斯特环境与少数民族体育文化之间存在着千丝万缕的联系。和别的区域相比较,喀斯特区域地形破碎、山川分布、水系纵横,这些特征使得环境相对封闭,这种封闭对于民族体育原生特质的保持具有不可替代的作用。比如,作为处理寨与寨之间矛盾纠纷的摔跤,在弥勒的一些村寨还在发挥着习惯法的作用,成为处理村寨纠纷、裁决土地、树林归属的习惯法。这些习惯法中存在的民族体育活动,因为它的活态作用的存在和发挥,所以原生特质不会因为全球化下的经济、社会变迁而发生瞬间的、颠覆性的改变。仪式

是民族体育活动的程式、标志和象征,在喀斯特区域,许多民族体育活动至今还保持着仪式的传统。抢花炮是侗族的一种主要的民族体育活动,李志清在《乡土中国的仪式性少数民族体育》中描述了它的一些仪式特征和文化内涵,这些仪式作为一种常态已经固定在民族文化中,仪式具有一些固定的程序和内容,这些不会轻易被改变。黔东南苗族的独木龙舟活动,是一种真正由民间精英组织、大众参与的一种民族体育活动。民间组织的存在,使得这种自发性组织形式得到了广大民众的普遍支持。

图3.6 在弥勒可邑访谈阿细跳月

下面的访谈较好地说明了环境的封闭性与民族体育文化原生特质守护的关系(其中L代表我,P代表婆婆,地点:云南弥勒可邑村)。

L:婆婆,今天又来跳乐了啊。

P:是的啊,呵呵。

L:听说当初你跟爷爷就是这样认识的,是真的吗?

P:是的,就是跳乐时认识的。

L:认识之前没见过面吗?

P:怎么见面啊! 大山隔着。

L:呵呵,那时除了这样的方式还有什么方式啊?

P:还能有什么方式? 寨子离得远,到处都是山,难得见上面的。

L:您那个年代选对象是以什么为主要标准呀?

P:会种地啊,能使牲畜啊,也就是勤劳能干吧。其实刚见面时也不懂他怎么样呢,反正就是跳乐吧,看他跳得好,就跟他了啊,呵呵。

L:你一共参加过多少次这样的活动啊?

P:呵呵,不少于六七次吧。

这个访谈说明,相当一段时期内民族体育(比如阿细跳月)原生特质的保持,很大成分是因为所处生态环境的关系,封闭的环境一定程度上保护了民族体育文化特质的原生态。

三、空间分异与喀斯特区域民族体育的差异性

喀斯特区域民族体育从整体来看,呈片状分布,高原山地喀斯特民族体育,高原向低地过渡地带的峰丛、森林喀斯特民族体育以及深切峡谷喀斯特民族体育,呈现出不同的特色(表3.1)。

表3.1　喀斯特区域民族体育比较一览表

三地分类	喀斯特类型	典型项目	地形与植被	器材、场地	风格
高原山地喀斯特民族体育	剑状、塔状、柱状喀斯特	赛跑、摔跤、斗牛	高原、山地,地势较为平缓	石头	勇猛、强悍
高原向低地过渡地带的峰丛、森林喀斯特民族体育	锥状喀斯特	陀螺、鸡毛毽、秋千	山地、森林密布	石头、森林、木头	短小、灵活
深切峡谷喀斯特民族体育	立体喀斯特	闯滩、独竹漂、跳石	峡谷、山地,地势较为险峻	石头、水头	惊险、刺激

从局部来看,民族体育的产生和发展就是一个文化选择的过程,尤其表现在同一地域内不同民族对不同体育项目文化的选择。贵州的黔南和黔西南地区山川密布,是多民族聚居区。苗族、瑶族、彝族主要住在山上,仡佬族多住于山谷,布依族、侗族、水族大都傍水而居。由于各民族对不同地理海

拔的不同选择,他们的民族体育文化呈现出惊人的"立体式"分布特点。居于山上的苗族、瑶族、彝族从事的是爬山、射弩、爬花杆、赛马、斗牛等竞争性较强的体育项目;居于山谷的仡佬族则为打竹球、打抛儿(打毽子)、板凳拳搏击、抵杠、挡耙等活动风格短小、所需场地不大的体育项目;居于水边的布依族、侗族、水族则从事游泳、划龙舟、划竹排、打水枪、水上漂石、游水追鸭等多源于渔业劳动、游戏性较强的体育项目。当然他们的体育文化的地理划分也不是绝对的,比如毽球就是上述民族都喜爱和参与的传统体育活动项目,苗族等也有划龙舟活动,水族等民族也参与赛马活动。这种后来的打破海拔高度的体育变化格局,则是民族体育发展进程中文化传播和交流、互动的结果。

四、非中心、非边缘地带与民族体育文化的空间意识

从地缘上讲,中国南方喀斯特地区处于滇文化、蜀文化、楚文化和岭南文化的交汇和融合地带,是历史上文化中心与边缘地区的一个交会点,既是主体文化的直接承受者,又是向边缘地区输送主体文化的"地域文化"辐射者。但喀斯特区域毕竟也不是核心文化的发源地,在历史时期没有处于文化体系发展的高峰,其文化也没处于主导地位,更没有向周边乃至更大范围的空间进行辐射和同化。某种意义上可以说,中国南方喀斯特区域基本上是一个独立的单位。封闭的地理环境、原始的生态环境制约着自然生产方式,作为社会经济的基本结构,也决定着人类意识形态的雏形及发展基因。文化地理学告诉我们,长期处于相对封闭的地理环境和文化边缘的人,在思维方式上往往缺少空间意识。文化意义上的空间意识,是指联系的、发展的、变化的、比较开放的思维。喀斯特区域,以自给自足、取之于自然、依赖于自然为根本特色,即以自我为中心,以小农文化培养出一种眼界狭隘的封闭式思维习惯。到今天为止,喀斯特地貌不少区域举行民族体育活动时,还有不少封建烦琐的礼仪,诸如焚香祭拜、宗族制法。基于对自然环境的被动

服从是彻头彻尾的,地处偏僻山区,处于落后的现实状况以及生活在文化边缘地带的人,往往会带有自恋自夸、自我膨胀的文化心理。一些村落死守旧规不改,有强烈的自我意识,认为越古越好,传统的东西一点也不能丢。这种思维方式无疑是长期封闭的"边缘化"影响造成的。

第二节　民族体育文化对喀斯特环境的互动

法国著名人类学家列维·斯特劳斯说:"人从不被动地感知环境,人把环境分解,然后再把它们归结为诸概念,以便达到一个绝不能预先决定的系统。同样的情景,总能以种种方式被系统化。"[①]地理环境是文化产生与发展的自然基础,文化是影响地理环境强大的"无形的物质和能量",二者相互影响,彼此作用,形成双向同构的关系,我们在研究文化地理时应注重把握这种关系。

一、民族体育文化中蕴涵着对喀斯特环境的敬畏

所谓对自然的敬畏,一般来说是指人们对自然的既敬佩又畏惧的态度、情感或心理。在不同的历史时代,人们对自然、自然与人的关系具有不同的认识,自然对人也具有不同的意义和价值。众多民族体育内容都是伴随着对喀斯特环境的敬畏而进行的,比如祭山、祭树、祭火、祭石仪式完毕,都会开展一些体育活动,其实质是人类对大自然的一种沟通、认识和适应方式。比如祭山后的上山打猎、跳芦笙、长跑、射弩等,祭洞后的跳硐,祭树后的赛龙舟,祭火的阿细跳月等。人们通过体育活动把自己的愿望告诉"神",也把"神"的旨意传达给人。祭石仪式是以行为活动方式表现出的石头崇拜文化现象,水族仪式目的或是求子,或是求财,或是禳灾,或是求平安。水族各地

---

① 列维-斯特劳斯.野性的思维[M].李幼蒸,译.北京:商务印书馆,1987:109.

凡蠹立在路旁的古怪巨石都建有石神棚。水族于农历正月初一至十五日举行敬石神仪式,供祭后,在石神棚里跳铜鼓舞等,热闹非常。

下面的访谈则较好地说明了民族体育对喀斯特环境的这种敬畏观念(其中 L 代表我,B 代表毕建明,地点:石林长湖镇民族运动场)。

L:你好,毕老师。这里的斗牛、摔跤开展得好红火啊!

B:是啊,饭可以不吃,觉可以不睡,但摔跤、斗牛不能少,当然还有大三弦。

L:为什么呢?

B:呵呵,祖先安排的啊! 你看这里的山、这里的树、这里的石头,哪一样不是祖先给我们的啊! 原先都是水,这里的石头是他们从外地赶过来的啊,没有石头大家怎么立足啊! 大家要感恩的,就要祭祀他们的。如果我们不摔跤,牲畜就会生病的。

L:毕老师,那就是说祭祀山神、土地神的时候都要摔跤、斗牛、跳弦了。

B:必须的,除了祭山神,火把节啊,过密枝(密枝节)啊,还有过年啊,都要搞的。家里有了喜事的,不能少。少了祖先会不高兴的,不能忘了他们的,因为祖先不仅要有吃有喝(祭山时要献羊、鸡、酒、饭等),还要有玩。

从这个访谈中,可以看出彝族的摔跤、斗牛都代表对祖先的崇敬、感恩之情,这种敬畏从人之初就有了,这种敬畏的产生源于他们对天、地、万物的认识,也就是对喀斯特生态环境的认知。

二、民族体育文化象征着人类对喀斯特的适应和征服

人类从诞生的那一天起就梦想彻底征服自然,开始是凭巫术,以后是凭信仰,最后是凭借人类的科学和技术。从某种意义上讲,像攀岩、爬杆、独竹漂、划龙舟等民族体育项目延伸了人类生产、生活的活动范围,大大缩小了人类受自然界限制的范围,某种意义上说就是加大了人类对自然的控制能

图 3.7　苗族上刀山

力,增强了战胜自然的生产力水平。在参与这些体育运动后,人类获得了结实的骨骼、强健有力的肌肉、敏捷的动作、灵敏的反应,也就增加了对自然疾病、猛兽的抵抗,增强了人类对危险的控制以及对自然的利用等;另一方面,面对巍巍苍山、波涛汹涌的大海、危机四伏的沼泽、变幻莫测的天气等自然环境,以及来自心灵的不安和忐忑,人类不再束手无策、听天由命,而是勇敢地在地球上留下自己的身影,并融入自然,努力克服气候、地形、地貌等因素的影响,表现出一次次对自然的适应,也体现了对自我的战胜。

三、民族体育对喀斯特文化的丰富

喀斯特孕育了民族体育,而民族体育一经产生就充实与丰富着喀斯特文化。一方面,在促进喀斯特文化由物质层面向精神层面的过渡与提升上,民族体育有着重要的促进作用;另一方面,民族体育加速了喀斯特文化由生存文化向发展文化转变的现代化进程。随着喀斯特区域民族地区物质文明、精神文明与政治文明建设的发展,人们的生活质量与文化水平不断提高。民族传统体育活动逐渐从田间劳作、宗教祭祀中淡化出来,向着娱人、健身、养生的休闲性体育方向发展,人也成为其服务的终极对象。这使得如今的民族节日、集会更多地具有民族团结和睦、共庆丰收和增强民族认同的性质。具有娱乐、健身、养生特质的民族体育,已由过去"民族文化的附属品"而一跃成为民族节日与集会中最生动、最活跃的内容之一。这不仅增添了节日的欢乐气氛,还成为民族地区招商引资、促进地方经济发展的良好平台,成为新时期经济发展中重要的文化资源与生产要素之一。加速了喀斯特文化由生存文化向休闲文化、发展文化转变的现代化进程,民族体育与喀斯特文化正是在这样的联结中相互促进、互动发展。

第四章

地域印记:喀斯特区域民族体育的文化特征

虽然少数民族是传统体育文化的实践主体,但他们的体育活动一定会受到客体如地貌、气候等生态环境的影响,因此独特的生态环境就相应产生了独特的传统体育文化。仔细分析喀斯特区域的每一项传统体育项目,可以清晰地看到生态环境打下的烙印。当然生态环境影响传统体育文化的产生和发展有时并不是一个直接的过程,而是必须经过人这一中间因素,并经过长时间的历练,或明或隐地显现出来。

第一节 喀斯特区域民族体育的文化属性

一、岩石载体体育文化

在喀斯特区域,许多民族体育项目都与石头紧密相联。在远古时期,石头是重要的生产工具,也是一种狩猎的武器;既可以直接投击猎物,也可以飞石索。从生产劳动和生活演变而来的民族体育项目有飞石索、抱石头、举石锁、攀岩、爬坡、跑步、射弩、跳石、跳硐等都与石头有关,摔跤、斗牛等都是在山地进行。许多民族体育项目的起源、发展也与石头密不可分。

"陀螺是瑶族喜爱的一种体育文化活动,不仅有木质的陀螺,还有石陀,用石头凿刻而成,石陀既是一种玩具,也是狩猎工具。瑶族先民使用石块猎取动物,为了提高捕猎的成功率,农闲时节,就在房前屋后的空地上埋一截桩陀,手持陀螺向桩陀击出,练习击准。"①同样,抛绣球也是源于石陀,由狩猎工具到游戏器具。在旧石器时代的狩猎活动中,石陀显示了强大的威力,随着弓箭的发明和普遍使用,石镞、石箭头的出现,"弓箭对于蒙昧时代,正如铁剑对于野蛮时代和火器对于文明时代一样,乃是决定性的武器"②。正如谭华所言,"弓箭不仅在狩猎经济中占重要地位,也是体育发展史上一件大事,它把物体的弹性和人的臂力结合起来,延伸和加强了人体器官,提高了活动技能,弓箭的发明和使用为人类提供了更加丰富的活动手段和活动方式"③。石陀、弓箭、矛、标枪等劳动工具在功能上由适应狩猎和原始农业演化到原始体育和军事活动中,劳动工具发展成为体育用品和军事武器,劳动技能转化为体育和军事技能。因此石陀的功能便慢慢转移到身体教育上来。人们懂得用各种身体运动来教育后代,孩子们在练习投石陀的过程中,随便玩弄石陀,完全符合儿童的心理特点,或者以游戏的形式来从事一些活动。游戏源于生活又高于生活,石陀本来就是打猎的工具,用手抛接是主要的活动方式,在狩猎过程中,要想使石陀能给野兽以致命的打击,平时就要练习,既掌握投掷技术、提高投掷的准确度,又增强自身力量,从而掌握狩猎本领。孩子们除学习了投掷动作外,免不了会好奇地把石陀滚来抛去。比如青年人在一起用石陀互相碰击,比谁抛得远投得准,这本身就带有游戏的因素,或者叫石陀游戏的原始形态。

二、山地体育文化

喀斯特区域的人们,生活与生产中都离不开登山、爬坡等活动,从而使他们练就了一双灵活的脚。他们的体育比如土家族跳摆手舞、彝族跳三弦、

---

① 蒋东升,莫再美,何卫东,等.瑶族体育文化研究[J].体育文化导刊,2011(2):95-96.
② 恩格斯.家庭、私有制和国家的起源[M].北京:人民出版社,1972:19.
③ 黄秉生,袁鼎生.民族生态审美学[M].北京:民族出版社,2004:3.

苗族跳鼓和跳芦笙等动起来就有登高时身躯前后仰、摆手、甩手、脚牢牢地踏在地面的一种沉甸感、扎实感,表现出山地居民对自己生息相关的环境的一片深情。可以说,他们通过体育表达其共同遵循的观念形态和心理特征,以这个民族特有的气概,用自己独特的体育风格,表现出这个民族对生活的热爱,对大山的情谊。① 民族体育来源于生产、开始于生活。山地面积大,岩溶地貌集中分布,为适应这特定的地理自然环境,其体育项目表现出浓厚的山地风味,爬山、攀岩、射弩、秋千、滚山珠、竹铃球、摆手舞、跳芦笙等无不保留了山地民族生产、生活方式的痕迹。而竞渡、摔跤、斗牛、抢花炮等又体现出不同民族的风俗习惯。这些形式多样、风格迥异,具有鲜明地方特色的体育活动,作为喀斯特区域民俗文化的载体,土生土长,伴随民俗文化演进沿袭至今。

以土家族体育为例,他们这样描述"山连着山,山叠着山,土家人是山的儿女,土家人有着山的性格;上山、下山,土家人如履平地。长年地上山、下山,留下的是土家开拓的足迹"。他们长于山路,惯于背负。世居山地,山高坡陡,道路崎岖,这种特殊环境,使他们养成了走山路、惯背负的本领,清雍正《永顺县志》就有土家族"不论男女,登崇山峻岭、健步如飞"的记载。土家族世代定居于崇山峻岭的山区,生活与大山结下了亲密的关系,动作的基本姿态,动作的律动特征,都与山区环境相关,"正是长期的山区生活经验融入运动当中,形成了摆手舞多侧身、顺拐、屈膝、重心向下、一屈一颤的动律特点"。比如说上山时屈膝爬坡重心向下身体沉淀,下坡时重心自然地后仰并伴随颤动具有悠荡的特点。从动作特点来看,多为"顺边"和"同拐",这和土家族生活的地理环境有关,在武陵山区,山势陡峭,只有同手同脚才有利于身体的平衡,保证迁徙、劳作的安全。按土家人的说法,是聚居在九山

---

① 陈廷亮,李蕾.土家族舞蹈与山地耕猎文化关系初探:土家族民族民间舞蹈文化系列研究之七[J].湖北民族学院学报(哲学社会科学版),2007(4):1.

半水半分田的大山里,山中只有羊肠小道,往往身靠岩石,脚踩悬崖。行走时为了安全,多为侧身顺拐,重心下沉,上身前俯,这样养成了手脚同边侧身走的习惯,也形成了摆手舞顺拐的特点。土家族作为山区民族,生产生活离不开登山爬坡劳作,劳动中的俯首、含胸、屈膝,上坡下山时身躯前俯后仰,肩扛背驮重物时弯腰,步履沉重艰难的登山体态,尤以登石阶时一步一颤,通过"颤"的喘息过程求得暂时的缓解,这种被本地人称为"活力气"的登山步,是长期活动在山区的独特律动①。

三、宗教色彩的体育文化

宗教是一种特殊的社会意识形态,也是一种极其复杂的社会文化现象。在他们的传统观念中,世间万物都有灵魂,日月星辰、山川石土、动物植物无不有灵,继承先民信仰,也崇拜和祭祀多神。他们始终相信,神灵存在于大山、大江和草丛之中。宗教和民俗交融在一起,自然也就会影响民族体育。在少数民族地区,就有一些民族传统体育活动,是由不同的宗教信仰和风俗习惯演变而来的,也有一些是为适应人们文化娱乐生活而逐渐形成的。这部分民族体育种类繁多,内容丰富生动,它从不同的角度反映了各民族人民丰富多彩的社会文化生活。

祭山神是喀斯特区域最普遍、最常见的一种祭祀活动。各个民族、各个支系的祭祀日子有区别,届时端上猪肉,端上美酒,烧香磕头,祈求山神保佑,保佑五谷丰登;能捕获猎物,能获得爱情,敬神之后,都要举行一些比赛和娱乐活动,如苗族的跳芦笙等。还有遗存于湘西、鄂西的"八宝铜铃舞",原是由巫师梯玛表演的有代表性的反映土家族巫文化的民间祭祀活动。据清乾隆版《永顺县志·风俗志》载:"土人喜渔猎,信鬼巫,病则无医,惟椎牛

---

① 陈廷亮,安静锋.土家族舞蹈的分类及其艺术特征:土家族民族民间舞蹈文化系列研究之一[J].中南民族大学学报(人文社会科学版),2004(4):66.

羊,巫师击鼓摇铃卜竹卦以祀鬼巫。""击鼓摇铃"就是八宝铜铃舞①。

四、独特生命主题的体育文化

生命主题包括生存意识、安全意识、生命意识和生活意识等。喀斯特区域的民族体育揭示了独特的生命主题。

(一)生存的需要

生存需要是人的基本需要,旧石器时代是典型的狩猎工具,在长期的斗争中,人类为了生存和繁衍,逐步认识到体育活动和体育教育在族群生存和发展中的重要性。陀螺是瑶族喜爱的一种体育文化活动,不仅有木质的陀螺,还有石陀,用石头凿刻而成,石陀既是一种玩具,也是狩猎工具。瑶族先民使用石块猎取动物,为了提高捕猎的成功率,农闲时节,就在房前屋后的空地上埋一截桩陀,手持陀螺向桩陀击出,练习击准。② 抛绣球源于石陀,由狩猎工具到游戏器具。在狩猎过程中,要想使石陀能给野兽以致命的打击,平时就要练习,既掌握投掷技术、提高投掷的准确度,又增强自身力量,从而掌握狩猎本领。

其实直到今天,在喀斯特区域,许多民族体育同样还发挥着生存需要的功能,比如在西部地区最常见的斗牛活动。

下面的访谈则较好地说明了这种生存观念(其中L代表我,W代表王文美)。

L:你好,那天看你的牛得到了第一名,当时就想访谈你,但是人多没挤过去。

W:呵呵,挤死了,不过很高兴,毕竟拿了第一嘛!

---

① 彭曲.土家族民间遗存舞蹈巫文化研究:土家族民间遗存舞蹈形象调查与研究之二[J].中南民族大学学报(人文社会科学版),2009(1):70-71.
② 蒋东升,莫再美,何卫东,等.瑶族体育文化研究[J].体育文化导刊,2011(2):95-96.

L:听说你非常喜欢对山歌?

W:是的,只要节日搞活动都会去的,他就是对山歌的时候认识的,现在他是这个村的村主任。

L:看你家的牛真壮,你是个养牛高手吧?

W:(兴奋)呵呵,差不多吧,在这里大家都服我,我家的牛强(主要指在斗牛场上)。

L:这牛以前取得过什么骄人战绩吗?

W:呵呵,多了。你看吧,除了挣过许多奖金,还有这两台电视(一台21寸,一台29寸),都是它挣来的,这次又挣了6000元(奖金)。

L:哎呀,厉害! 你的牛主要参加哪里的比赛?

W:乡里的,县里的,还有外地的都参加的。当然村里有时也会搞一下,但奖励太少,基本就是耍耍而已。我天生喜欢耍,你看这里有一百多只鸟,它们也可以参加活动的(斗鸟)。

L:那你感觉现在的斗牛和以前村子里搞的斗牛,哪个更有吸引力啊?

W:说实话啊,当然是现在的好了,你看啊,现在斗牛可以获奖金啊,这些奖金可以用于庄稼的,可以买农药,可以买化肥,总之是扩大再生产。斗牛直接带动了养牛专业户的增多,其实这是斗牛最大的益处。

L:是啊,是好事。听说你的牛去年参加过好多场比赛,好像还去过贵州?

W:是的,参加牛王争霸赛。贵州那边好像规模更大。

L:呵呵,那像你这样流动作战,收入不菲啊!

W:社会嘛,奖勤罚懒啊,只要好好干活,还能没收获? 还有啊,政府组织的嘛,安全系数好多了。过去在寨子里,没有安全保证,年年还不是出事啊(指安全事故)。现在啊,政府搞活动,大家都高兴,而且捧场的人也多,还能扩大影响,带动旅游。

L:你的意思是说过去的比赛会有不公平吗?

W:会的啊,有人会使手段啊,比如装上假牛角,还有给牛吃药啊。现在
　　政府有办法,公平就好多了。

L:好啊,希望你下次获得更多的奖金。

W:谢谢。

从这个访谈中,可以看到,民族体育发展到现在,一定意义上仍然在维持着生存的需要,在改善着他们的生活,从这个角度上,生存需要是一个永恒的要求。

(二)择偶求子的性选择

"仲春三月,令会男女,于是时也,奔者不禁",这是《周礼》记载的3000多年前的先民们情爱生活的一幅风情画卷。在喀斯特区域,许多民族体育一个重要的取向就是择偶选择的需要。体育与生殖崇拜、性选择紧密相连是一个自然而然的过程,体育竞技本身就是一种性选择的工具和方式。

"在那个时代,当我们还年轻的时候啊,一到跳花跳月的时候,就到周围寨子去疯(跑来跑去),看看哪个村子里有漂亮的姑娘啊,然后到了那天就到那个寨子里去对歌、去跳花,而且可以到处疯,因为每个寨子里的时间都不完全一致。"

在喀斯特地区,尤其是在贵州和湘西,几乎上了年纪的人都会这样说,充满了自豪感。通过跳花跳月,这样村与村之间就形成了一定的互动,而每年必定举行的对歌、跳芦笙等活动则又代表了一种比较稳定的村际联系方式。

阿细跳月原是阿细人为祭祀祖先"阿者"和"阿娥",表达敬仰及怀念之情而自发地创造出来的婚俗性体育文化活动。据当地人介绍,古代阿细山寨常有山火,青年夫妇阿者与阿娥率民众奋勇扑火,因大地被烧烫,便双脚轮换弹跳,状如跳跃。后来为了纪念这两位帮助人们摆脱苦难的先祖,也为

了完成青年人对美好爱情的需求,每当风清月明的时候,青年男女便模仿他们扑火的动作,换抬着双脚,拍掌欢跳,并在跳跃的过程中增进对异性朋友的了解,最终找到心仪的另一半。可见,像阿细跳月这种民族体育活动,当时存在的一个基本意义就是成为青年男女进行择偶交友社交活动的重要媒介和表征。同样苗族打鸡毛毽"除具有祈年、祈福、辟邪等意义外,还有一个重要的内容就是求偶、求子,满足青年男女社交择偶的需要,其社交和娱乐功能别具情趣,形成自己的民族特色和风格"①。鸡毛毽作为青年男女交往的媒介,是维系苗族繁衍、生存和发展的纽带,是一种文明健康的活动,并不是野性粗俗的活动。《黔苗词》载"鸡羽翘翘执比肩,相挨相向两生怜,痴顽不解通媒约,掷著花球当聘钱",这种习俗是苗族远古氏族外婚制的遗存,对于避免近亲繁殖有很多意义。②

(三) 自由的张扬与心灵的狂欢

民族体育是一种特殊的身体文化,其通过身体语言来表现对生活的热爱,对美好与自由的崇拜以及表现为个性的张扬和心灵的狂欢。喀斯特区域民族的经济形态为自给自足的自然经济,生产社会性很低,没有社会组织的调控,也能把生产维持下去,对外界依赖性小而个体的自立性强,使他们在社会生活中享有极大的自由。他们通过摔跤、荡秋千、赛跑等来体会这种自由的张扬。当然,山地民族对自由并没有明确的理性表达,只是一种爱好,一种心理定向,一种精神状态。山地民族世代迁徙,常出入于青山水乡之地,与大自然的亲密接触,使他们在营造意象上更表现出一股灵气和气质。狂欢也是一种心灵释放的重要手段。民族体育中众多的体育内容就是在各自民族的节日狂欢节展示出来的。

---

① 徐烨,刘礼国.苗族鸡毛毽的演变[J].体育文化导刊,2011(2):90.
② 蒋浩.浅谈巫文化对湘西土家族舞蹈的影响[J].北京舞蹈学院学报,2007(3):30.

图4.1　湘西苗族边边场——谈朋友

五、仿生特质的体育文化

民族体育活动源于自然,模仿自然界的生物动态。还在人们衣兽皮、居洞穴的时候,自然界的生物动态,是他们在生活中最熟悉的也最易于模仿的,比如壮族的蚂拐舞、苗族的鹰爪拳等,其活动本身即是模拟生物动态,且又以其名称命名的。苗族一般住在高山峡谷,正如苗歌所唱"山上云里钻,山下在河边,对山喊得应,走路要半天"。过去在山林里,猴子很多,苗族小伙学着猴子的动作跳跃,逐渐形成了一种娱乐健身活动:跳猴儿鼓。两个人合用一鼓,鼓面朝向观众,男女边击鼓边模仿猴子动作边打鼓、边跳跃,男子侧重武术动作,如挥刀、舞剑等,动作粗犷,激昂奔放;女子主要表现生产生活动作,如种苞谷、插秧、打谷、纺纱、织布、推磨、梳头等,含蓄优美、轻松愉快。运动时,脚跳手击,腰转体旋,屈膝蹲腿,与鼓点、表情密切配合,协调自然。在广大的瑶族地区,每逢达努节的时候,也可以看到这种跳猴儿鼓。顶牛是广西河池都安瑶族比较喜欢的一项民族体育活动,公牛生性好斗,平时上山放牛经常会发生牛打架的现象,因此瑶族人经常模仿公牛打架的形式,比赛谁的力气更大。

喀斯特区域各族人们,素以能歌善舞著称,这与自幼就习歌学舞有关。

人们是怎样从小就抓孩子们的教育呢? 最为简单、最为常见的做法是模仿自然。例如,居在武陵山区的苗族同胞教孩子打花鼓,多半模仿猴子跳跃的动作打猴儿鼓;居住在乌蒙山区的苗族同胞教孩子跳芦笙,普遍模仿锦鸡嬉戏的动作,人称"跳锦鸡舞"。居住在苗岭山区的苗族同胞教孩子跳铜鼓舞,首先是教会他们敲铜鼓,并要求声波时长时短,音量时大时小,发出类似牛叫的响声。而居住在都柳江畔的水族同胞,则直接模仿水牛角斗的动作,教孩子们跳"斗牛舞"或"打角舞"。居住在瑶山地区爱好狩猎的瑶族同胞,教的自然就是"打猎舞"。在各种民族民间体育活动中,难度最大的首推技巧芦笙舞——"滚山珠"。表演此种舞蹈的苗族青年,手捧葫芦笙,头和脚着地、弓着腰翻滚,既要保持笙音自始至终不间断,又不能碰撞腰背下边的酒杯、酒碗等物体。据说,这种高难度的动作是从昆虫那儿学来的。彝族是一个山地民族,由于受自然环境、社会环境的影响,形成了深厚、有力、粗犷、健美的体育风格。诸如"阿细跳月",跳乐中的踏地、蹬脚、崴膝、抬腿等动作都十分刚健质朴、深厚有力,充分反映了彝族人民的心理素质和性格特征。摆手舞开始动作舒缓平稳,后转为热烈奔放、形成高潮,然后循环往复,兴致越高,通宵达旦,从中可以体会到土家人质朴、深厚、粗犷、豪放的民族性格和民族精神。

第二节 喀斯特区域民族体育的基本特点

一、强悍勇猛与机智灵性

民族特质是生态环境、人文风情、民族历史、民族文化、民族宗教、民族经济、民族性格、民族精神、民风民俗等诸要素概括性的综合体现。具体反映在民间民俗的体育活动,应该说是一个民族风格的问题。这里所说的民族风格,是内涵更深、外延更大、意义更广的整个体育活动的民族风格,因为在民族体育活动风格背后蕴藏的是民族文化,是民族特质。如果说中原地区汉族的性格是阴柔,西部喀斯特地区山地民族的性格就是阳刚。苗族上刀梯衍传了先裔"九黎"和"三苗"勇敢、智慧、富有斗争精神的民族品性,体现着不畏艰险、不怕困难、迎难而上的勇敢精神。他们通过上刀梯来表明自己民族是一个"走在刀锋上的民族",是一个具有勤劳智慧、勇于斗争、吃苦耐劳的拼搏精神和顽强意志的民族。苗族是一个"永远在走动的民族",其粗犷、强悍的民族性格就是在一次次与外族和自然的抗争中逐渐形成的。土家族是一个尚武的民族,土家人"都希望成为体魄健壮、履险如夷、捷足如飞的最强者'白虎'",巴人体育体现出了威猛、强悍的特质。法国著名人类学家列维·斯特劳斯说:"人从不被动地感知环境,人把环境分解,然后再把它们归结为诸概念,以便达到一个绝不能预先决定的系统。同样的情景,总能以种种方式被系统化。"①喀斯特地区资源相对缺乏,加之战争的影响,如巴人居住在商、周、秦、楚等强大部落之中,处境艰难。为了生存和发展,他们除了进行农事、渔猎等生产活动外,遇到战事,就"执干戈以卫社稷",进行军事演习,要求动作整齐、步调一致。这种演习就是原始的体育与征战的舞蹈,名曰巴渝舞,一般被认为是摆手舞的前身。

二、"小、巧、灵" 的特点

喀斯特区域地理单元的狭小以及破碎,使得民族体育在对地形的风险规避中形成了小巧、机智、灵活的运动类型。这里没有大开大合的运动项目,也没有场地、器材宏大的内容。比如在渝东南地区,一些露天相对平坦的场地,当地人叫"坝坝",在这些狭小的场地上开展的活动,喝坝坝茶、吃坝坝宴、跳坝坝舞等,被称为坝坝文化,其中就包括跳坝坝舞、摆手舞等。苗族地区的打鸡毛毽也是在固定的活动场地,这个活动空间不是太大,当地人叫

---

① 列维-斯特劳斯.野性的思维[M].李幼蒸,译.北京:商务印书馆,1987:109.

"毽塘",基本上是一村一塘。每年的花山节,男女青年都会到毽塘来打鸡毛毽、唱山歌、跳舞等。地貌的狭小造成了生活环境的狭窄,狭窄生活环境练就了机智、灵活的运动风格。在喀斯特地貌,只有勇猛是不够的,那只会是"匹夫之勇",在勇猛顽强的同时,更有熟练的技艺,在许多竞技活动中,要勇上加巧,在勇中突出巧的本领。

三、与生产生活密不可分

民族体育源于生活,离不开生产,可以说是少数民族生产、生活的广角镜。喇叭球是一种流传于广西河池地区瑶族的体育游戏,此地瑶族自古生产桐油,种树、榨油是一项重要的经济收入。但桐果树生长在崇山峻岭之中,高达数丈,很难采摘到,瑶族人民用竹子编织成竹喇叭来收集桐果,用木棒敲打树枝,果子掉落时就落在竹喇叭里,这就大大提高了劳动技能,闲暇之余,他们就模仿生产劳动的情景,以竹喇叭来进行比赛并最终演变成了喇叭球。"汉人住平地,苗人住山腰,瑶人住山顶。"民族体育彰显民族情性与区域情性,至今未能摆脱自然形态的束缚,与舞蹈、生活紧密不分。

下面的访谈较好地说明了民族体育与生活方式的关系(其中 L 代表我,R 代表冉建华,土家族农民,地点:重庆酉阳红军广场)。

L:你好,我看你这几天都来跳摆手舞啊。

R:是的,天天都来,下雨天除外。

L:你们为什么这么喜欢跳摆手舞呢?

R:好玩啊,好玩。

L:那为什么不在家看电视呢?

R:看电视有什么好? 这里可以跳舞,可以聊天,更热闹。

L:以前大家都喜欢跳摆手舞吗?

R:人人都喜欢的,现在就说不好了。

L:为什么呢?

R:还不是孩子们眼光高了啊,他们喜欢更流行的吧,什么滑板、青春舞、没事的时候逛街、上网等,你说还会有谁来跳啊?

L:那怎么看还是有不少的孩子啊?（广场上有不少孩子跳摆手舞。）

R:你看他们的年龄啊,都是小孩子,还不会出去耍,多是跟着爸妈来玩的。

从上述访谈可以得知,土家族对摆手舞的喜欢是发自内心的,是生活的重要组成部分,尤其是对于上了一定年纪的人来说。尽管有电视等其他娱乐活动,但他们还是愿意到广场上来跳摆手舞。

四、原始基因与原汁原味

文化封闭、与外来文化的交流少,其原生态文化特征明显且稳定性较强,自然、厚重、原始、神秘。与种族繁衍有关,如布依族的丢花包、壮族的抛绣球、苗族的射背牌等。喀斯特区域境内多山,山就像一道道天然的屏障,阻碍着人们的交通。山重岭复,"跬步皆山",行旅艰难,加上河流落差大,险滩多,自古少有通行之列,高岸峡谷,羊肠小道,对内对外都是"难于上青天",极其不便。在古代交通不畅的情况下,无论是外地人走进喀斯特,还是喀斯特区域的人们走出山外,都必须翻山越岭,这无形中就限制了人们的交往,使山内山外相互隔绝,处于某种封闭状态,古老的文化长期延续下来,保持着"原汁原味"。由于地形复杂,气候多样,生态环境的差异很大,在"十里不同天"的同时,又形成了"百里不同俗"的现象。坝子散布在万山丛中,坝子和坝子之间隔着重重的山岭,还有高岸深谷,水势湍急的河流,山环水绕,把地域分成若干小块,把社会分成许多大小不等的单元。由于经济的凝固性较大,人们重土少迁,文化一代代传承下来,天长地久,各自形成不同的风貌,个性愈加突出。

五、多种源流与文化多样

由于民族文化的多元和族群的多样,喀斯特区域民族体育文化呈现出多种源流和文化多样的特点。在这里,比如农牧相兼的民族,如彝族、土家族等尚武崇力,体育活动偏重气力,给人以坚毅、强壮的感觉,具有粗犷、豪爽的风格,如彝族摔跤、射箭、蹲斗等;而农耕民族如布依族、侗族等则性情温和,情趣优雅,体育活动偏重技巧,具有纤巧轻盈的风格,如荡秋千、踢毽子、打陀螺、抛绣球等。还有山区民族如苗族、瑶族,善于奔跑、跳跃、攀缘,动作敏捷、机灵,刚柔相济,故多有爬花杆、上刀山、走竹竿、过独木桥等特技;水边民族如布依族、侗族等,则熟谙水性,喜欢水上运动,故有游泳、潜水等体育项目。当然这种划分也不是绝对的,许多民族间通过交流互动,已经发生了比较大的改变,许多体育项目已经成为各民族共同参与的内容。

六、水平分异和垂直分布

喀斯特区域民族体育局部呈垂直分布、整体呈片状分布,在局部地区看,呈自然带型地缘分布。

从整体来看,民族体育分布呈片状分布。高原山地喀斯特民族体育,高原向低地过渡地带的峰丛、森林喀斯特民族体育以及深切峡谷喀斯特民族体育,呈现出不同的特色。从局部来看,民族体育的产生和发展就是一个文化选择的过程,尤其表现在同一地域内不同民族对不同体育项目文化的选择。由于各民族对不同地理海拔的不同选择,他们的民族体育文化呈现出惊人的"立体式"分布特点。居于山上的苗族、瑶族、彝族从事的是爬山、射弩、爬花杆、赛马、斗牛等竞争性较强的体育项目;而居于山谷的仡佬族则为打竹球、打抛儿(打毽子)、板凳拳搏击、抵杠、挡耙等活动风格短小、所需场地不大的体育项目;居于水边的布依族、侗族、水族则从事游泳、划龙舟、划竹排、打水枪、水上漂石、游水追鸭等多源于渔业劳动、游戏性较强的体育项目。

七、地表地下皆有活动

在喀斯特区域,民族体育常常会呈现出地表、地下二元结构的情形。跳场是苗族的一项重要的传统体育活动,作为苗家特有的盛大传统活动,高坡地区的"跳硐"与其他地方也有所区别,其他苗家是在宽阔场地上举行"跳场",而高坡地区的"跳硐"则是在万古溶洞中进行,一队队男青年轮番吹鼓手响芦笙,一队队身着民族盛装的姑娘轮番跳起欢快的民族舞蹈,老人们则敲响铜鼓助兴。入夜,远道至此者就在亲友家借宿,翌日清晨,又赶赴下一个跳硐场地。苗族跳硐,是苗族传统节日的大型活动,参加跳硐的主要为男女青年,他们在洞中吹起芦笙,翩翩起舞。往往是男的带头,女的尾随,边走边跳,边走边吹。芦笙在山洞中轰鸣,像一阵阵随风而来的潮汐声。跳硐有比赛性质,比赛就看哪一个地方的芦笙吹得好,哪一个地方的服装漂亮整齐,哪一个地方的舞跳得好……以前,跳硐具有明显的纪念和祈愿性质,但随着岁月的变迁,跳硐逐渐变成了分散居住的人们的一种集会,也逐渐形成了社会交往的重大节日。

第三节　喀斯特区域民族体育的文化空间

喀斯特地区民族体育文化民俗事象全面而深入地反映了该地区人们独特的生存状态,是该地区民俗文化的直接载体,其丰富的内容体现出强烈的生命意识,具有浓郁的生活气息。民族体育通过力与技两个方面,再现了喀斯特区域民族的性格、情操、素质、爱好和精神面貌。文化与人格是人类学研究的一个重要内容。俗话说"一方水土养一方人",这除了说明人们生活对经济的依赖之外,从文化人类学的角度来看,生态环境对于人类的气质、素养、观念、习俗也有重要的影响。场域和习性是法国社会学家布迪厄的社会学理论中的最基本的概念,"他将场域看成由客观限定的位置间客观关系的网络或形构,场域中存在着资本,多个相互联系的场域构成了社会空间。随着社会的分化,场域也呈相对自主化,不同的场域有着不同的自主性的度。习性是通过客观结构和人的历史的结合而创造的形式化了的一组意向,它在潜意识的层面上发挥作用,习性是个体在实践中形成的,又作用于人的实践过程"①。

一、顺天意识：处世态度

体育作为一种"人体文化",无声地记录着一个民族的成长、性格、气质。这是一种用语言、文字难以形容、记录的民族精神。在喀斯特地区民族体育中,体会与理解的是怎样的生命态度? 带着这样的好奇再度观赏和参与体育活动。通过观察群众的体育活动去感知运动的身体肌肉对一个民族的情感,这可能就是一种处世态度。

(一)顺应天命与怨天尤人

顺天意识表现为柔弱而缺乏反抗和斗争的特征。顺天是指在大自然面前软弱无力,人们的衣食之源均要依靠上天的赏赐,这样农作物的收成依赖于大自然,形成了"靠天吃饭"的状况,如果灾害天气,衣食无源时,往往要迁徙别处。始终摆脱不了人口与土地的矛盾的怪圈,饥饿的阴影始终笼罩在心头,所以不得不敬畏上天,形成了顺从意识。对自然灾害的抵御能力不足,在大自然面前显得十分渺小,时时处在被动的地位上;在社会生活中表现为认同命运,认为命是一种不可抗拒的力量,人在命运面前是无能为力的,人的命运是不可改变的。因此在生活中遇到不测时,往往会自我解嘲,不去探求原因,而是归于命不好,从而获得心理平衡。在日常生活中是如此,在他们历代创作的体育文化也是如此。与此相联系,在民族性格特征

① 郑杭生.社会学概论新修[M].3 版.北京:中国人民大学出版社,2003:548.

中,还有一个趋于保守的方面。最突出的表现是过分看重传统,视传统为不可改变、不可逾越的东西。恪守传统、眷恋故土、易于满足,妨碍了他们去接受新事物,开辟新天地。这种性格特征的产生,当然也跟历史上生态环境、生活环境的封闭有关。过去依赖刀耕火种的人们,依靠渔猎、采集等手段就可以"安身立命"的生活态度,在现在则有这样的贫穷遗传和代际传递。长期以来,单纯生活救济的扶贫方式使得不少人滋生了严重的依赖思想。

图4.2　观看彝族摔跤、斗牛

（二）质朴务实与狭黠小气

"生存为本",山民民性最显著的特征为质朴、务实、守成。地处偏远,山高水深,道路多艰,商旅不兴,造成经济、文化水平低,人民生活不富,故民众多俭朴为用,务实守成。多山,住在山地的民族,天天同山打交道,和山有着亲密无间的关系。大山和山间坝子独特的自然特点和人们在这个环境中的基本生活内容及方式,以及由此产生的感情与想象,必然会给民族体育涂上相应的色彩。放牧是他们比较普遍的生活内容,民族体育体现着他们的生活经历和对大自然的深情。纯朴、自然、美丽,渗透着浓浓的泥土气息与生活味,是这些民族体育的共同点。打猎、攀岩、爬杆等透露出,民以食为本的基本规律。山大水深,交通不便,长期处于闭塞的环境之中,生产力水平十分低下,因此在与之相适应的道德观念中,保留了许多原始、古朴的遗风。

图4.3 石林斗牛前小憩

在喀斯特区域,人们过着自给自足、自给不足的生活,因此人们难得会对那些狭小的空间进行竞争。于是就造成了他们的狡黠小气。这在民族体育中也有所体现。①

(三)含蓄凝重与因循守旧

孔子在《论语·雍也》中提出:"知者乐水,仁者乐山。知者动,仁者静。知者乐,仁者寿。"生活在山区的人,多数稳重少言,坚忍刚直,形成像大山一样的性格。山高坡陡和恶劣的自然环境,必然造就勇敢沉稳的民族心理素质,而勇敢沉稳的心理素质又是展开体育活动的先决条件。如贵州遵义地区苗族、仡佬族传统体育活动独竹漂等都必须具备勇敢、沉稳的心理素质,同时这些体育活动也是在征服当地的自然环境中独创的运动项目。

下面的访谈则较好地说明了民族体育对生活的改善(其中 L 代表我,H代表黄树华,苗族农民,地点:2009 年 1 月 26 日屏边县花山节斗牛场)。

L:老乡,祝贺你啊,在今年的斗牛中取得了如此好的成绩,在最强的一

① 周兴茂.巴人、巴国与巴文化[J].徐州师范大学学报(哲学社会科学版),2007(4):60.

个组里(A组)获得了冠军,这次你家一共来了多少人。

H:谢谢。全来了,呵呵,一共九口人。

L:为什么来这么多人啊?

H:谁都喜欢看啊,而且今年牛比较争气,自己觉得成绩不会差,所以就都来了;再说,在家里也是揪心,还不是惦记着吗?

L:这次比赛你获得第一,奖励是6000元吧,打算怎么花这6000元啊,会请客吗?

H:请客啊,现在是过节,家里有酒、有肉。这个钱啊,一部分为它,给牛的饲料等做一下改善;主要还是为田里吧,用于买化肥等。

凡事物都具有两面性,在看到喀斯特民族体育体现出的敦厚稳重外,还能看到其狭隘的一面。比如,稳重的同时也会意味着对自己空间和资源的固守和执拗。这种固守和执拗同样会带来一种不愿和别人交流或交换的情感在里面。"金窝银窝不如自己的家窝",这种态度也是喀斯特区域民族体育揭示的另一面。一般来说,农耕民族依恋土地,重农轻商,安土重迁,保守平和;游牧民族迁徙不定,重牧轻农,勇猛好斗。鲁迅先生在《花边文学·北人与南人》谈到:"北人的优点是厚重,南人的优点是机灵。但厚重之弊也愚,机灵之弊也狡……"跳乐、高脚马等之所以保持较原始的、地道的风格,一方面是流行的地区多为山区,交通历来不方便,这是客观原因;另一方面,已经与各种民俗活动紧密地结合在一起,自身形成了一定的格局,很难再用其他方式来替代。偏狭、封闭的山地环境也使得山民因循守旧、故步自封。多奉"在家千日好,出门事事难"的处世准则,乐守家园。苗瑶族系民族平时很少歌舞,一旦歌舞起来,则通宵达旦。这表明苗瑶民族的含蓄、内向、坚韧的性格。这种性格与他们的迁徙历史和山居生活密切相关。特殊的历史经历、文化传统和高山居住环境,造成了其独特的生产生活方式和人生体验,古朴、神秘、含蓄,处处闪现含蓄凝重之美,远距离、长时期的迁徙,是苗族和瑶族的历史特点。

（四）勇敢剽悍与怯懦胆小

山地民族的体育多为强调竞争,攻击性强,敢于争胜,运动负荷大,追求苦中作乐。民族体育所彰显的拼搏进取精神与态度深深印入山地民族人们的心灵、记忆与思想中,摔跤、斗牛的主要活动内容都展示着浓厚的尚勇、尚力的英雄精神。山地民族具有豪放不羁、勇于承担责任的性格,胜不骄、败不馁的进取精神,力主高扬、反对赢弱、不畏豪强的品格,忠诚信义的道德观念。但因为历史上屡受外来侵犯,被征服、奴役,又造成了其怯懦、狡黠之品性。

二、是非曲直: 人际关系

人类生活在自己编织的文化网络中,在这文化网络中,人们之间结成了各式各样的社会关系。民族体育文化也是如此。

（一）既开放又封闭

喀斯特区域的诸多少数民族如土家族等虽少迁徙,但他们对外来文化也不排斥,体现了很大的包容性。在湘鄂渝黔边地区,土家族、苗族、汉族就在这里大杂居、小聚居,在形成自己的特有文化、保留本民族的文化特点之外,还在自己的文化中融入了当地其他民族的文化,并与周边民族之间在文化上相互交融。土家摆手舞的队形组织结构表现出特殊的开放性。李英等在实地调研中发现,土家族老人在《摆手舞简介》中这样描述"巍巍武陵,叠岩重障。铮铮的土家人不畏险阻,但举步艰难,开发武陵山的步履曾经因为难堪重负,踯躅、蹒跚,摇摇摆摆,摆摆摇摇。如今,翻天覆地,土家人得以迈开大步,甩开膀子,苦干、实干,承袭远古土家人摆手的格局,又跳动着新时代的脉搏,回应的是对历史的鞭策,寄托着对美好未来的向往。摆啊! 摆脱的是贫困,是愚昧,是徘徊,是迟钝……"①不难看出,土家族跳摆手舞,不仅仅是一种娱乐、祭祀、喜庆、健身,同时是一种精神的寄托,是对摆脱贫困的祈求,对美好生活的向往和把民族文化发扬光大的决心。摆手舞舞场多为同心圆队列,这是土家摆手舞"同边摆"使然,同时也潜藏着深刻的道理。同心圆队列,里外数圈队列并行不悖,不凝聚人心,而且更重要的是同心圆可以保持队列的动态开放,参与者随时可以加入到队列中来,而不影响整体组织的结构。

图4.4 喀斯特观念深入人心

但对于民族传统体育文化来说,很多都是以师徒方式等单线式传承为主,基本结构就是一对一传承方式,而且一般就是传内不传外,具有很大的保守性和谨慎性,对于民族传统体育文化来说,师徒方式多以单线式传承为主,基本结构就是一对一传承方式,而且一般就是传内不传外,不会把自己的独门绝技轻易传给别人,具有门派之间和家族行规,体现着很大的保守性和谨慎性。这种传承方式带来的一个最大特点就是民族体育技艺的流传范围会越来越窄,最终导致掌握民族技艺的人越来越少,甚至随着传承人的相继离世,最终落下个人亡艺绝的悲剧。从这方面来看,民族体育又展示了不够开放的方面。

---

① 李英,杨爱华.三峡库区民族传统体育研究[M].成都:四川大学出版社,2008:138.

（二）重感情轻原则

喀斯特地区为贫困地区,经济活动呈封闭状态,造成了人观念上的封闭。同时,由于经济活动中的交往少,人们之间普遍的社会交往也就不发达。人们的交往主要限于亲属、朋友、熟人之间,交往的目的主要在于满足人的情感交流的需要,所以造成人的重感情、轻原则的观念,易凭交情办事。这在传统观念中最受人称赞、羡慕的部分,也会不利于社会进步的发展。恶劣的自然环境使他们形成了团结互助的优良传统和众多的集体活动。居住分散的土家族,为了抵御大自然的侵袭,充分发挥群体的力量。土家族民间历来就有互帮互助的传统。土家族民间流行这样的俗语:"人死众人哀,不请自就来""人死众人葬,一打丧鼓二帮忙"。生产活动也是如此,同治《来凤县志·风俗》记载:"四五月耘草,数家共趋一家,多至三四十人,一家耘毕,复趋一家。"

图4.5　依靠集体力量的赛龙舟

三、转圈子：劳逸之道

在喀斯特区域,众多民族体育活动都是以圆的形式进行,这是基于喀斯特区域地形的破碎,而在有限的空间内,又以圆形最能容纳人的数量为大。

而这种表象的统一,体现在寓意上,就像转圈子一样。固然能容纳更多的人,但也常常原地不动,很难有质的突破。劳逸之道是人一生需要处理的问题。劳作和休闲是一对矛盾。无为而治,瑶族狩猎有这么个说法:"稻子不割跑不了,山鸟不打就飞了。"正如热爱狩猎生活,行猎一天即使空手而归,但精神愉快。狩猎的过程本身就是一种享受和满足。

图4.6　跳芦笙

图4.7　阿细跳月

第四节　喀斯特区域民族体育文化的生命主题

一、封闭的环境使之产生了娱乐需求

喀斯特区域的人们生活在相对封闭的环境,如"土家族群众长期生活在相对封闭的自然与社会环境中,他们需要丰富的社会文化生活,需要调节心理情感,而民族体育比如摆手舞,其主要目的就是从娱神到娱人,在如痴如狂的运动过程中,人们内心所沉积的烦恼、痛苦、沉闷都得以释放,人与人之间的隔膜、误会、矛盾、怨恨可得以消解,特别是运动者置身于浩大的运动场景中,运动者会深深地感受到群体力量的巨大,产生一种人的自豪感,这都有利于人的心理健康"。①

图4.8　苗族独木龙舟

《诗经·毛诗序》中说:"诗者,志之所之也。在心为志,发言为诗。情动于中而形于言,言之不足,故嗟叹。嗟叹之不足,故咏歌之。咏歌之不足,不知手之舞之,足之蹈之也。"由此可见,在封闭的环境中、在言语贫乏的时代,

① 屈杰,刘景慧."摆手舞"与土家族生命本体力量的展示[J].怀化学院学报,2005(3):20.

情感及剩余精力是需要运动来宣泄的。

二、在自然脆弱和社会脆弱的叠加下愈发脆弱

在喀斯特区域,民族体育的生存环境十分脆弱,贫瘠的土地和险峻的环境成为当地人面对的最大难题,土地是人们的生命,但喀斯特区域土层薄,使得耕地十分缺乏,加上自然灾害的频发,所以农业收成一直不好,相反人口却不断增加,这使得该地区不少人一年里的不少时间都处于贫困和饥饿状态。历史上,这一区域的苗族、瑶族在迁徙过程中往往选择密林之中安家落户,在穷山恶壁之间开垦荒地。在自然环境和社会环境的双重压力下,恶劣的生存环境势必对民族的心理产生巨大的影响……在困难面前缺乏自信,出外显得懦弱,甚至处于惶恐和不安之中。

三、在对脆弱的纠结和抗争中发现自己的坚强

中原地区的农耕生产可以自给自足,基本上可以不需要激烈的竞争,但喀斯特区域的民族从古到今几种经济类型比如狩猎、游牧等基本都是靠充满力量的身躯、坚强的意志以及勇猛的斗志去不断战胜困难,从而获得生存和发展的机遇,在这样一种弱肉强食、充满竞争甚至血腥的历史发展进程中,他们通过民族体育的参与来壮大自己的身躯,坚强自己的意志和保持祖先的勇猛。因此,生态环境的恶劣阻挡不了他们对美好生活的向往,他们通过运用身体语言形式,以质朴的动作,表达着生存的艰难和不懈的奋斗,表达着对生命的执着追求。上刀山、下火海等蕴藏合作人们对生命意识的崇尚及面对困难自强不息的精神,告诫后人即使是生命攸关时,再难的坎也是可以逾越的,民族体育蕴藏的这种精神,激励着人们一代代与恶劣环境抗争。

四、民族体育生命主题体现在对生命意识的彰显

生命意识的含义是每一个现存的个体对自己生命的自觉认识,其中包括生存意识、安全意识和死亡意识等。土家人的跳"撒尔嗬",其深层的文化意蕴核心就是十分强烈地传递着土家族原始先民的生命意识,着力张扬氏族生存繁衍的基本主题。这一核心内涵又从以下各方面得到鲜明体现:体现在古老的图腾、祖先崇拜,从"撒尔嗬"的表现内容和形式看,都明显地积淀着图腾崇拜和祖先崇拜的性质,指向白虎神禀君;独特的人生观念;原始的群体意识;传统的伦理教育;生存繁衍的强烈欲望;文化生活的重要形式。

第五章

探寻岩脉：喀斯特区域民族体育的历史选择

　　喀斯特区域民族体育是民族历史文化发展的产物,它所隐含的意义必然会带有本地文化的痕迹,也会随各个民族社会历史的变异发生不同的演化。民族体育与历史、文化的这个奇特的关系,使体育行为成为复述历史、再现文化渊源的重要形式之一。民族体育从产生到发展演变,深深地留下了不同时期的社会、经济、文化印迹,代表着各民族古老文明发展的历程,是各民族从遥远时期走来的历史足迹的记录。

第一节　喀斯特民族文化本底

　　民族体育的历史发展,始终作为各民族社会生活中的一个组成部分,它的发展,处处受到民族文化的影响。总之,民族体育就是喀斯特民族文化的一种特殊再现形式。探寻喀斯特民族传统体育的发展流变,首先要寻找喀斯特民族文化的本底。

一、好入山壑与择洞而居

　　"高山彝苗水仲家,仡佬住在石旮旯""苗住山头汉住坝,半山腰住的是水家""南岭无山不有瑶",这些俗语形象地说明了喀斯特区域民族生活的习俗。南朝宋范晔《后汉书·南蛮西南夷列传》也载苗族、瑶族"好入山壑,不乐平旷"。宋苏轼《出峡》诗:"入峡喜巉岩,出峡爱平旷。"费孝通也有过对喀斯特地貌集中区贵州民族分布态势的相关描述:"贵州是兄弟民族与汉族接触的内缘,各民族的分布大体是'苗族住山头,仲家住水头,客家住街头',是一种立体分布的状态,而且由于杂居的情况,各民族不能构成独立的政治及经济单位,但在共同的政治及经济单位中,各民族一般说是处于不同的地位……因之形成了非常复杂的民族关系。"①

除了选择山壑以外,洞穴也成为喀斯特区域众多民族的居住选择。喀斯特地区多雨、山下路滑,洞内不漏雨、洞外潮湿不易储存柴火,洞内群居安全等,而且在洞穴中居住冬暖夏凉,或许就是这个习惯群居的洞穴部落不想搬到山下的原因。贵州省紫云县格凸河畔水塘镇的大山深处的中洞苗寨的村民,至今仍然过着穴居的生活,被称为"最后的穴居部落"。据当地人介绍,村民在中洞定居的历史并不长。20世纪50年代初村民从居住了上百年的下洞往上迁徙至现在的中洞。这里的苗族祖先之所以择洞而居,一来可以躲避官府的追杀,二来可以避免强盗土匪的骚扰。虽然1949年后时局稳定了,但村民却习惯了洞穴的聚居生活。洞内苗民的建筑依山洞两壁而建,清一色的木柱子,竹篱笆墙,天然的溶洞顶是他们共有的屋顶。近百口人日出而作,日落而息,深居简出,与世无争。

二、游牧狩猎与砍山耕种

1949年前,喀斯特地区的民族大体处于封建地主经济时期,有些处于封建领主时期。但回顾他们的社会经济发展历程,却各不相同。彝族的祖先是氐羌,他们随畜迁徙,彝族文献《指路经》中这样描写族界的乐土:"草上结稻穗,蒿上长荞麦,背水装回鱼儿来,放牧牵着獐鹿归"。苗瑶是游耕狩猎,即刀耕火种加上狩猎,属于砍山耕种、迁徙无常的游耕生计。背篓文化和砍

---

① 张原.在文明与乡野之间:贵州屯堡礼俗生活与历史感的人类学考察[M].北京:民族出版社,2008:
64.

图 5.1　网上热炒的"最后的穴居部落"

刀是苗族文化的特点;清罗绕典《黔南职方纪略》载"皆焚山而耕,所种粟豆而已。食不足则猎野兽,至烧龟蛇啖之",旱粮种植和狩猎经济为主要的经济生产,"山川幽囚,而郁塞雾露,霖潦以为常。梯田硗确,刀耕火种,无薮泽之饶、桑麻之利。岁赋所入,不敌吴中一大县"。土家族则经历了采集渔猎、刀耕火种,向五谷栽培农耕文化发展。百越从事农耕相对则早得多,这在多民族聚居地区非常明显,是汉族和百越各族教会其他民族的农耕技术。

图 5.2　岜沙——最后的持"枪"部落

总的来说,喀斯特地区民族大体都经历了采集渔猎、刀耕火种向五谷栽培农耕文化发展的过程。这样的经济发展类型,对于适应于爬杆、攀岩等体育类型具有发展作用,比如苗族崇山峻岭健步如飞、布依族击石打鸟,还有彝族对石球飞索猎具和弓箭的发明,木材石头矢矛的发明。

三、尚武之风与好巫之道

(一)尚武之风

喀斯特区域民族多以勇猛善战著称,以土家族、彝族、苗族最为典型,而且彝族和土家族都是崇拜虎的民族,不过彝族是崇尚黑虎,而土家族钟爱白虎。土家族祖先巴人以善战而载入历史,勇猛而闻名。《后汉书·南蛮传》载:"巴郡南郡蛮,本有五姓:巴氏,樊氏,瞫氏,相氏,郑氏。皆出于武落钟离山。其山有赤黑二穴,巴氏之子生于赤穴,四姓之子皆生黑穴。未有君长,俱事鬼神,乃共掷剑于石穴,约能中者,奉以为君。巴氏子务相乃独中之,众皆叹。又令各乘土船,约能浮者,当以为君。余姓悉沉,唯务相独浮。因共立之,是为廪君。乃乘土船,从夷水至盐阳。……廪君死,魂魄世为白虎。巴氏以虎饮人血,遂以人祠焉。"从历史文献记载和土家族地方出土的大量巴人墓葬及文物看,"巴人以虎为族徽,行船棺葬,劲勇尚武,锐气喜舞,信鬼事道,尚赤色,炼丹砂,架木为居,制盐酿酒"。从其考古遗存看,兵器甚多,凡男子墓葬均有兵器,且有一定葬式。至于巴人的民族禀性,文献多有记载。《魏书·董绍传》载"巴人劲勇,见敌无所畏惧";《华阳国志·巴志》载"巴师勇锐,鼓刀辟踊";《后汉书·南蛮西南夷列传》载"其人勇猛,善于兵战"。巴人是一个极为崇尚勇武的民族,历史记载,黄帝逐鹿中原,参与夏王朝创建,为秦一统而灭楚,为汉兴邦定三秦,东汉平定羌乱,诸葛南征北伐,西晋平吴一统,巴人均有力焉,其功勋昭若日月,辉映史册。巴人崇尚白虎,虎武同义、兵刑合一,虎即是武,武即虎,虎与武、战争、军事有着极为密切的关系。巴人之所以崇尚勇武、精于兵事,不仅是民族天性所致,而且与社会环境密切相关。巴人"都希望成为体魄健壮、履险如夷、捷足如飞的最强者'白虎',崇力尚勇,自然就会成为土家族人的普遍信念和基本的伦理精神倾向",故巴人把体育作为强身健体、培育兵丁的重要手段,作为强化民族尚武精神的途径。

澳大利亚著名的民族史学家格迪斯在《山地民族》中写道:"世界上有两个灾难深重而又顽强不屈服的民族,他们就是中国的苗族和分散在世界各地的犹太族。"苗族不愧是一个坚忍不拔的民族,他们从湖沼平原地带迁到山区后,经过艰苦卓绝的创业,又在条件恶劣的山区日益繁衍和发展起来。古籍《史记·楚世家》一书有记载,楚文王说:"我蛮夷也,不与中国之号谥。"楚武王也说:"我蛮夷也,今诸侯皆为叛。"据范文澜《中国通史》载:"春秋各国,大小战争二百三十次;战国大小战争二百二十次。"由于战乱不止,给苗族人民带来巨大的灾难,为避战祸,部分苗民艰苦跋涉西迁到自然条件更为险恶的武陵山区。秦吞巴并蜀灭楚后,苗族又大量向西向南迁逃。翦伯赞《中国史纲》说,至西汉之初,今日川黔汀鄂一带的山溪江谷间,已经布满了南蛮之族。

(二)好巫之道

在历史长河中,巫术作为人类文化的重要源头,普遍存在于人类文化现象之中。

在喀斯特区域,黔中地区、湘鄂渝黔边地区是我国保存傩戏最完整、演出傩戏最多的一个傩文化圈,有彝族撮太吉、苗族傩堂戏、土家族茅古斯以及汉族地戏等。傩是一种与人类巫文化紧密联系的文化事物。"它同人类生命与生存紧密相连,在古代它几乎无时不在、无处不在,即使在今天,它仍渗透到人类物质生活与精神生活的一些方面。""撮太吉"是黔西北彝族古老的傩仪。"撮"的意思是"人","太"是"变化"的意思,"吉"是"玩耍、游戏",合在一起即"人类刚刚变成的时代"或"人类演变的戏",演的是人类的发源史和祖先的迁移史,是族人对祖先的巡礼,弥漫在充满眷恋的追溯中。它不是明军后裔的军傩地戏,也不同于后来糅合了巫、道、佛的傩堂戏,它属于土著的先民,茹毛饮血,以启山林。

图5.3　茅古斯表演

此外,在湘西、鄂西、黔北等喀斯特地区,吃炭火、上刀梯、下火海、纸包火、开红山、下油锅、啃碗等苗族傩技流行,大多都是巫术之道。

图5.4　吃炭火表演

四、跳花游方与玩山走寨

爱情是人类社会发展过程中一个永恒的主题,青年男女对生命和爱的追求,是喀斯特地貌民族生活一个不可缺少的主题。这一主题主要体现在下列活动中,比如跳花择偶、游方择偶、歌节、歌海、行歌坐月、玩山走寨、哭嫁、坡会、芦笙会、跳花会、赶年女儿会、抢婚、玩年、壮族歌节、采花山等,它们均是这一区域有特色的文化特色。

跳花有祈愿风调雨顺、五谷丰登之意,表演时边吹芦笙边舞蹈,有跳、转、扭、蹬各种动作,有的是众人结伴而舞,有的则是 3 个吹芦笙手舞于前,众人结舞于后,跳花时吹奏的芦笙曲称"跳花曲",曲调前半部分固定,后半部分有"鹞子翻身""金鸡捡米""斗鸡舞曲,青蛙跳""上三步、下三步"等数十支曲调。跳花活动分"开场""正场""收场",共 3 天。开场是跳花的准备,除立花树外,也是乡亲们云集的日子,求子心切的人家更是忙得不亦乐乎,他们毫不吝惜地捧出好酒,端出好菜,盛情接待亲朋和贵客,还有那些吹芦笙、跳舞唱歌的客人。主人家还为花树系上红布,以示求子,更主要的是请大家帮忙,作好准备,以待收场那天把花树抢来。至于今后真的得子,主人家更要盛情相酬了。正场这一天,跳花坡上人声鼎沸,笑声、歌声、鞭炮声不绝于耳,像赶大集一样,摆摊卖甘蔗、水果、粮食、百货、小吃、炮竹等,摊连着摊,十分热闹。苗族同胞们有的围成圈,有的站成组,在芦笙曲的引领下边歌、边舞、边转,整个跳花坡仿佛也跟着欢乐的人群转动起来。人群最热闹、最集中的地方是花树中心的地段,聪慧的苗家青年男女在此过程中,与早物色到的可心人,通过歌声、眼神的暗示,退出热闹的人群,相约到较为僻静的地方去互诉衷情。收场这一天,抢得花树的人们扛着树,吹着芦笙、唢呐,放着鞭炮,向着无子女的人家奔去。到大门前,领头者说些祝愿吉祥、发财致富、早生贵子、来年丰顺的话语,主人家迎客进门,心满意足,高兴地忙着款待贵客,寨子里一片欢声笑语。

图5.5 土家族木叶情歌表演

玩山盛行于侗族地区北部。青年男女在劳动之余,三五成群,相约在坡上、树下对唱情歌。走寨又称走姑娘,盛行于侗族地区南部。姑娘们结伴在屋中纺纱、做针线,客寨青年男子携带乐器前来伴奏对唱。通过唱歌,互相倾吐爱情。情深时,男女互送礼物定情,约为夫妻。苗族等民族男女青年的恋爱比较自由,通过游方以对歌的形式进行。俗话说"后生不学唱,找不到对象;姑娘不绣花,找不到婆家",孩子们"学讲话就开始学唱歌,学走路就开始学跳舞"。游方场在生活中占有重要的位置,不仅有对歌,还有跳芦笙活动,集体活动的游方不仅是一种表达爱恋的方式,也是一种体育娱乐活动。在游方活动中,男女通过对歌来互相表达爱慕,唱得好的、跳得棒的会受到极大的欢迎,以后会有更多的约会。

第二节 喀斯特区域民族体育文化的发生

需要是人类创造一切的动力和前提,人类由于产生了种种需要,才进行劳动和其他活动,而劳动和各种活动的过程和结果,又不断丰富和提高人类的需要,即人们强壮的体质和身体活动能力的需要。任何一种文化现象,都是人们认识自然、认识社会、认识人类自身的结果,并且任何一种文化知识,人们都要用它来为认识自己、解释自己、表现自己和试图影响和改造自然与社会服务,在这种意识支配之下,必然有对母体文化、原生文化的选择过程,从而形成一种独立的文化实体。这当然也有一个长期的大浪淘沙的过程,显然,喀斯特区域人们对民族体育文化的创造及其产生也不例外。

一、尚武之风的遗存

喀斯特区域民风剽悍,比如彝族和土家族都是崇虎的民族,强悍、好战就是彝族、土家族的民族特性。黑虎是彝族最为原始的图腾。他们的民族体育项目具有勇猛、强悍的文化品性,可以说是尚武之风的遗存。又比如苗族的武术与军事斗争有着密切的联系。据文献记载,蚩尤是制作武器的能手,也是军事训练的能手。《述异记·卷上》载:"轩辕之初立也,有蚩尤氏兄弟七十二人,铜头铁额……蚩尤氏耳鬓如剑戟,头有角,与轩辕斗,以角人,人不能向。"《韩非子·五蠹》载:"当舜之时,有苗不服,禹将伐之……乃修教三年,执干戚舞,有苗乃服。"干是盾,戚是斧,执干戚舞是训练战伐用的舞蹈。据载,在原始社会中,苗族祖先已经学会了制造和使用石器,依靠采集、打猎、捕鱼为生。当时,威胁着他们生存的是毒虫猛兽和险恶的自然环境。为了生存下去,他们无时无刻不在同它们搏斗。

二、劳动技能的历练

"劳动是人类生产和发展过程中最为重要的因素,没有劳动就没有人类,也没有文明,当然也不可能有人为文化形态之一的体育活动。"[①]早期的生活既艰辛又无奈,为了获得生存的基本条件,满足生存的最低欲望,实现

---

① 饶远,刘竹.中国少数民族体育文化通论[M].北京:人民出版社,2009:42.

生存的最低要求,可以说他们不得不与险恶的自然环境作出各种各样的搏斗。在各民族先民与自然界的拼搏求生过程中,人类早期的体育行为一旦出现,就担负着以它特殊的形态,作为人类求生的基本技能而存在。

在喀斯特区域,远古时代的先民主要依靠采集和狩猎维持生活。他们采集森林里多种植物的果实、块根、种子等,猎获动物和昆虫,在这种极其艰苦的条件下,必然出现以速跑、跳跃、折枝、投掷、挥击等基本动作为主体的生存技能。民族体育的形成和发展不仅是一种自然行为的结果,而且是人们在社会生活中的一种行为技艺的凝结,是人类的社会文化在某一种表现形态中的必然结果。远古时期,人们便在险峻的生存环境和强烈的求生欲望中,练就出足以令今人叹为观止的技巧,比如飞身逐鹿、赤手攀岩、飞石弹丸等。苗族崇山峻岭健步如飞、布依族击石打鸟。这些作为体育形态的基本技能,也即是族人获取物质或是再现、发展诸种文化行为的必备基础。性情粗犷的彝族人自古尚好狩猎,以此作为生活的补充,男子汉狩猎自然是勇猛的。清康熙《云南通志》载彝族狩猎时的英姿"蹲身,渐进三四步及挥标跃起,人挟三标,发其二,必中其二,其一则以击刺不发也"。狩猎中超凡的身手似乎是彝族部落中人人具备的。清咸丰《邓传州志》载"彝族男子蹑险如平地,妇女能执兵,孺子习于超距,飞石弹丸,洞中毫米",可谓风采非凡。

下面是在安顺格凸河风景区对蜘蛛人黄小保的访谈(L 是我,H 是黄小保,苗族,地点:格凸河风景区燕子洞下)。

L:刚才看你在岩壁上打跟斗,我真是不敢看! 你自己不害怕吗?

H:是吗? 呵呵,没事的,没事的。

L:这个岩壁有多高? 我计算了一下,一个来回仅用了 13 分钟。

H:他们说,好像 108 米吧。

L:你是什么时候开始学的攀岩啊?

H:12 岁时认的师傅(他的师傅是罗发科,苗族,现年 62 岁,攀岩绝技六代传人)。

L:那你练习已经20多年了吧。

H:是的。

L:当时学习攀岩主要是为了什么呢?

H:呵呵,掏燕子粪。

L:掏那个做什么?

H:做肥料,用于种地。(黄小宝腿脚不便,小时候患过小儿麻痹,现在靠
　在风景区攀岩表演谋生,那时学攀岩,主要是为了收集岩壁上的燕子
　粪和硝石。燕子粪用于种地,硝石可以做炸药,而这些正是20世纪
　八九十年代最好挣钱的副业。)

L:听说你们苗族人最早学习攀岩还有个目的是放置悬棺?

H:可能是吧,放置悬棺。他们(祖先们)将死者葬于悬崖绝壁上的山洞
　中,为此,就得有专人练成攀岩绝技,并一代一代地传下去。

L:听说几年前你在绝壁发现了大量古岩画和古诗词,还发现了什么
　宝贝?

H:呵呵,那是师傅先发现的,其他的没见到什么。

后来听他们说,攀岩注重的就是心态,要气定神闲。他们总结了四点攀
岩秘诀,其一是学功夫之初要爬上爬下同步学。要上两步退两步,才能继续
向上学爬。其二是"认路"。手抓之处,脚蹬之点要记住,上能上得去,下能
下得来。久而久之,每一处攀过的山岩在他们心中自有一条"路"。其三是
不同的岩石形状用不同的身法。或手扒、或脚蹬、或头顶,总之要找到最合
理的着力点。其四是身上出汗时绝对要停止攀岩。

三、民俗活动的延伸

民俗指一个国家或民族中广大民众所创造、享用和传承的生活文化。
它起源于人类社会群体生活的需要,在特定的民族、时代和地域中不断形
成、扩大和演变。民俗来自人民,传承于民间,规范民众,又深藏在人们的行

为、语言和心理。民俗包括婚丧嫁娶、成年礼仪、访亲探友、族人相聚、生产生活、岁时节日、游艺技巧等,是附着于各种文化形态衍生和发展的。无论是从残存至今的远古风习考察,还是从繁博如海的史料文献中探寻,可以发现最古老的少数民族体育活动都不是独自举行,而是作为各民族宗教、农事、节庆中的一部分延伸出来的。在彝族地区,依照旧习,一年中除不定时的婚、丧外,固定的节日活动、宗教祭祀约有二十多次,大型的如火把节、密枝节、祭火节、祭山神等。在每次的节日、祭祀活动中都少不了一些体育技能的表演,这些表演往往通过最生动的身体语言,如摔跤、荡秋千、跳火绳、爬油杆等,表达着对神灵的崇尚,对生活的向往,对传统的留恋。可见,这些传统习俗,首先为早期的彝族传统体育活动提供了表演的人力、场地、时间等必要条件,也为自己做了延伸。

四、宗教巫术的铸塑

在数千年历史演变的长河中,喀斯特区域的各民族的先民们创造了自己颇具体系的巫教文化,他们以信鬼好巫闻名于世。早在古时候就有记载苗族先民信奉多神教,崇尚巫术宗教的风习,无论是祭祖、婚嫁、葬礼等大事小事都要崇巫祭鬼祈神。祭祀源于远古人类的神灵信仰,有自然崇拜、图腾崇拜和祖先崇拜等。在喀斯特区域,少数民族社会生活中一个相当长的历史内,神灵信仰渐渐成为他们文化核心之一,尤其表现在对自然崇拜上,他们自然崇拜的神灵对象大多是传说居住在高山、峡谷、岩洞、石壁等处的原始精灵。喀斯特区域民族在他们亲临的祭祀场景中施法祭神,以自己拥有的最美之物贡献神灵,借助自己自身躯体的变化或扭动,表达自己内心的愿欲,或祈求神灵降赐吉祥,或期盼能将妖魔鬼怪驱撵域外。祈求中如果认为空口徒手不足表示内心激情的程度,便又借助刀、棍、枪等器械以表达情意。不同的祈求以及祭祀形式,在少数民族的宗教活动中,便出现神形不同的体育运动样式。这些样式各异的运动形式,最初不是为了使人强身健体,而仅仅是为了便于表达祈求者内心的情感和欲望。体育为悦神而存在,以悦神为目的,既是特殊的社会历史赋予体育文化扮演的角色,也是体育作为少数民族历史文化的一部分在历史长河中发展的必然。体育在为悦神存在的过程中,最主要的特征就是将人们在意识信仰中构塑的虚无缥缈的神灵作为自己相依相求的主宰者,作为自己展露诸种形式的主体对象。体育行为的目的,也就是使无影的神灵获得彻身的愉悦,从而祈求"超凡出世"的伟力移用人间,战胜万恶与疾苦。

关于这方面的内容,石林彝族毕摩毕建明如是说:

石林的摔跤多与宗教有关系,寨子遇到不顺利事情,如有人不正常死亡、牲畜得了瘟疫等,那是我们在有些方面得罪了神,惹恼了祖先,所以要搞一个活动,比如摔跤、斗牛等,目的是驱邪。在我们月湖村,第一天(正月十五)到山神庙祭祀,用羊、公鸡到山神庙宰杀,男人参加,野炊吃掉;并让孩子、老人表演性地摔一下;第二天开始,要搞入场仪式,表演舞蹈,连续赢两个,就可以得到三尺红布,斜放在布上,被强大的力量带走,获奖者最好是外面寨子的人,获奖者必须当晚走掉。

摔跤是彝族人早期生活中,用来祈求神灵保护,表达他们神性以上的一种行为方式。在他们的原始生活中,凡是年初密枝节祭树神、冬日节祭山神石神、火把节祭田地神,或是为牛羊瘟疫驱邪消灾,为庄稼干旱求雨,都要在各种祭祀仪式中举行摔跤活动。他们认为,在摔跤过程中,人体的剧烈扭动,能够表现内心祈求的真实情感。彝族人便在艰辛的生活中模仿牛群的做法,以自身躯体的摔扭作为向神祈求的方式。古时候,人类靠自己激烈的身体扭动,或相拼欲绝的性情表现,向天神表示人类祈求的真诚来感动天神获得神佑的。因此,他们的摔跤活动是作为祭神仪式的一部分,只在祭祀天神,表现某种祈求意愿时才举行,如村寨出现牛羊瘟病等。在这些地区,还出现青年女子裸身摔跤求雨的场景。在摔跤过程中,动作显得粗犷激烈,表情多呈痛苦状态,也不讲究摔跤动作的技巧,整个摔跤场地,也显得严穆神秘。他们认为天神能够理解身体扭动这种无声的语言。人们认为学着牛羊斗打的样子举行摔跤活动,能够驱除牛羊瘟病。因此这一带的传统摔跤,大都与每年牛羊易得瘟病的时间有关。并且在摔跤活动中,他们常常还要将牛羊赶到一旁"观看",摔跤手的动作也尽量模仿牛羊的动作。

五、战争烽火的洗礼

在喀斯特地区,历来各种战事就未曾间断过。在这些与族人命运生死攸关的搏斗中,常常需要表现出激烈的投掷、队列和速跑。在没有战事的时候,人们也会时常演练这种基本技能,以应付突发事件,依次相继,到了后来,这种例行的练习也就形成一项民族传统的体育项目。秦汉以来,少数民族地区的历史便是饱尝民族征战疾苦、充满刀光剑影的血泪史。这在彝族和土家族中最为典型。战争无疑为各民族人民的生活安定和经济发展带来了灾难,但却为以战争为题材的文化发展带来了机会。如适于争战的用具、描写战争生活的史诗、适应于战争的军事体育运动如拼刺刀、射击、长跑、队列、越野等项目,以及进行军体训练,如攀高、爬山、过涧、浮水、负重等。纵观各民族民间传统的以民族战争为题材的英雄史诗,我们发现其中最具动人色彩的,是其中以各个民族早期体育行为描写的部分。《阿诗玛》是世人传颂的民间歌谣,其中作为民族英雄的阿黑敢于与奴隶主热布巴拉斗争、不畏强暴而获得爱情的决定性情节,便是充满愤怒的神奇金箭:一箭射穿大门,二箭射穿柱子,三箭射穿神主牌。

民族战争自然不是军事体育活动的复制模式,军事体育训练也不仅仅是出于民族征战实际的需要,并且各个民族的军事体育训练,都蕴含着自己的民族品性和文化内涵。

六、休闲娱乐的推衍

荡秋千、打鸡毛毽、打陀螺、跳花、跳月、丢花包、抛绣球等传统体育文化中,以娱人为主的运动项目着重于人的身心需要和情感愿望的满足,在这些项目中,人们在参与身体运动时得到令人愉悦的情感抒发和宣泄,在观看时欣赏和享受到了力与美、技能与体能的尽情展现。如秋千、踢毽子等,都是以娱人为主的内容。

图5.6　彝族跳三弦

青年男女月明之夜多在山间表达爱意,也是以互掷糠包的体育活动形式出现。节日时,族人多有相聚娱乐,内容也有相约比赛游泳、爬藤、踩高跷、打鸡毛毽、打陀螺等体育项目。在这些体育活动中,人们追求的不是内心的祈求,也不是实际的胜利,整个过程及活动目的就是单纯娱乐。苗族青年喜欢一种模拟"牛打架"的对抗性活动,比赛双方用肩或头互相对顶,在划定的范围内,以被顶出的一方为输。这种体育活动中,各民族并没有赋予形式上或心理上的功利祈求。他们在这些活动中,并不期望得到具体的结果,甚至是比赛的奖励。但是,人们寄托于这些活动之中的,都是以娱乐性为目的的身心愉悦,这种单纯的心境,是其他类型的体育活动中少见的。人们在许多节庆、闲暇的场所开展体育活动,由于其目的是以娱乐为主,因此,他们在具体的体育动作中,就可以在基本的动作规范内任意发挥自己的想象,加入许多模仿性的形态,使传统的体育动作变得异常生动,富有生活的情趣。诸多少数民族在每年8—9月谷稻初熟时,由各个村寨的祭司选择吉日过吃新节,借以在丰收前献祭庇护五谷丰收的神祖,和让族人在收割的农忙前最后娱乐一番,表达丰收在望的内心激情。吃新节时,当祭司代表族人祭献过神祖,各家男性长者献过列祖列宗之后,村寨的节日气氛,便都包含在青年男女的欢娱之中。秋风凉爽的白天,男女青年相约成队,一同去高山密林中采集鲜果,猎射野物。稻谷飘香的夜晚,闪光耀眼的火把、篝火,照着一对对青年男女在溪谷、稻田边摸鱼虾、捉泥鳅,在平坦处互诉情感、跳舞,尽情地展示他们收获前的喜悦之情。可以看出,爬山、射猎、激烈的跳跃,无论从内心的心理,还是活动的目的、运动的方式,都没有实际的功利目的,都不过是借此宣泄心中的激情,作为一种娱乐性的活动罢了。

七、民族迁徙的遗留

澳大利亚著名的史学家格迪斯在其《山地民族》一书中提出,"世界上有两个灾难深重而又顽强不屈的民族,他们是中国的苗族和分散在世界各地的犹太族"。因为这两个民族的生存和发展几乎完全是依靠战争和迁徙完成的。苗族是最善于保留民族文化痕迹的民族,可以说用各种习俗记载历史,保持对祖先的怀念。今天湘西苗族山寨中的上刀梯,是公认的最具原汁原味特色、保持苗族民族品性的仪式性体育活动。上刀梯在《湘西文化大辞典》的注释为"苗巫师传法的盛大仪式",即苗老司在傩事司事的过程中,凡是学艺者在应届满师时,必须要进行隆重的"迁阶"活动。据实地考证,木杆上由36把钢刀组成的刀梯代表36道关口,象征苗族历史迁徙过程中经过的重重难关。

民俗学家陶立璠认为:"原生态是一种民俗,而民俗具有历史与教育的双重功能。"原生态体育不仅记录和表征着体育文化的发展历程,也富含人类发展进程中的丰富信息。一种文化的形态、内容、流变,很多时候和一个民族的起源、特征、变迁、心理有着密切联系。

在贵州红阳苗寨,和一个村民聊起了跳芦笙(L指我,C指村民)。

图 5.7　贵州红阳苗寨访谈跳芦笙

L:老乡,你们表演的跳芦笙很漂亮,你是从几岁开始学习的?

C:哎呀,记不得了,从小就会的。

L:有人教吗?

C:不用的。大家在一起玩,自然就学会了,这是祖先带来的啊。

L:是这样啊,你们的祖先从哪里带来的啊?

C:江西啊……哎呀,我也不知道,这东西反正是祖先带来的……（在喀斯特地貌东部和南部区域,苗族、瑶族等许多民族都认为自己是从江西来的,好像觉得从江西来是一种荣耀）。

L:祖先来的时候,是跳着芦笙吗?

C:不是的,不是这个意思啊。他们来的时候,克服了许多困难啊,不是要经过许多山、河、桥吗? 还有坏人的追击啊,最后才来到了这个地方。后来啊,他们为了纪念那些苦难啊,就跳芦笙了啊。

L:是这样啊,跳芦笙很有历史感啊。

访谈中老乡讲的跳芦笙,在苗寨被称为"阿作",这套跳芦笙记载了苗族先民从涿鹿战败撤离黄河流域、南迁长江流域,最后被迫南迁西南的艰辛悲壮的长途迁徙历程,其间的艰辛被他们采用跳芦笙这种方式声情并茂地表现出来,有动作,有音乐。

第三节　喀斯特区域民族体育文化的流变

　　文化既然是整合的,又是有适应性的,那么,文化具有变迁性就不难理解了。文化适应实际上就是对环境的变化所作出的一种文化应变或文化变迁。同时,文化又是整合在一起的,由此可知,文化的某个方面响应环境的变化而发生了变化,那么文化的其他方面早晚也要发生相应的变化。从民族学角度讲,文化变迁是指任何足以影响文化内容或文化结构的变化[①]。文化变迁是一个必然的过程,"任何一个民族都在发展变化,体现民族特征的文化特点也随之变化"[②]。民族体育必然会在其走向现代化的发展过程中,或多或少地吸收和融入现代因素,自觉地进行"文化转型"。[③]

一、在社会生产方式转型中流变：范围逐渐分化

　　生产方式是社会发展的决定力量。生产方式在不同的发展阶段、不同的社会形态下具有不同的性质。受生产方式制约的民族体育文化,总是随着生产方式的发展而发展,随着生产方式的变化而变化。彝族、苗族、瑶族都是历史上著名的迁徙民族,他们都经过多种生产方式的变化,比如彝族从游牧到农耕,苗族、瑶族从游耕火种到定点种植。由于从事以种植业为主的生产实践,民族体育内容有了转变。比如苗族在不断迁徙选择新的生活定居的过程中,弩发挥了巨大作用。在苗族历史上的战争迁徙中,苗族使用弩作为武器,打败了敌人的进攻,保护了苗族人民的安全。在生产生活中,苗族使用弩作为工具,获取生产生活资料,获取的方式主要是在打猎中体现出

---

①　宋蜀华,陈克进.中国民族概论[M].北京:中央民族大学出版社,2001:209.

②　黄淑娉,龚佩华.文化人类学理论与方法[M].广州:广东高等教育出版社,2004:216.

③　龙佩林.民族传统体育发展的文化选择以高脚马走进全国民运会为例[J].吉首大学学报(自然科学版),2002(6).

来。1949 年后,由于得到安定的生活环境,苗族逐渐从以前迁徙不定、打猎为生的命运中走向稳定和繁荣,打猎逐渐减少并最终成为历史,射弩在许多地方已经少见。但在一些远离城镇的村寨,有的时候冬天还举行狩猎活动,组织去山上打猎。有的村寨虽然不打猎,但自行组织在某些日期举行射弩比赛等。还有的苗族迁徙后跳芦笙、跳鼓在不同区域有不同的呈现。跳花在滇东南叫"采花山",在湘西叫"跳花""跳月",在黔西北叫"跳方";苗族的传统体育项目"跳鼓",在不同的地方有不同的跳法,湘西凤凰跳"花鼓",吉首跳"四人鼓",贵阳花溪跳"猴儿鼓"。先前属于游牧、渔猎、农业民族的体育活动,已不像起初那样归某个民族所独有,而是各民族的共同参与。也就是说,随着生产实践和社会的发展,引起了民族体育在开展地域、参与人群上的扩散效应。社会的发展和文化的传播,使越来越多的少数民族村寨知道了别的民族的体育文化,文化的传播使越来越多的人产生了共同的认同理由、信念和力量源泉,共同的参与活动随之产生。随着其他民族的参与,文化的相互吸纳逐渐变得自然。文化是需要借助一定的空间来生存和发展的,其中地理区域是文化展示的物质载体和空间。民族体育经历了从分散的民间、村落到集中的社会公共场所的变化过程,从地理空间的分布上映射出文化内涵的改变。民族体育地理空间的多元发展,牵引了文化空间的扩大和延伸。于是成为品牌的民族体育扩大了活动地域和活动范围,从而扩大了大众化、民俗化特性。

二、在战争和外族对抗中流变: 从无意的应用到有意识的培养

《史记·白起王翦列传》载,秦将王翦见军中"投石超距者",认为士卒可用。"吴子《图国篇》载,"能窬高超远,轻足善走者",主张把跳得高、跳得远、走得快作为选择士兵的标准。可以说,体育成为人类自身重要的活动形式被传承下来,至今成为人类社会的主要内容和精彩文化景观之一。这是因为走、跑、跳、跨、翻、攀、掷、投等是最基本的活动形式和表现方式,是提高

人体各项活动能力不可缺少的手段,这是其他社会活动所不可替代的。

苗族曾经数年不止地长途迁徙,由此饱受民族间征战的疾苦,自从踏上喀斯特地区以来,各种战事就一直未曾间断。在这些与族人命运生死攸关的搏斗中,常常需要激烈的投掷、队列和速跑。在没有战事的时候,人们也会时常演练这种基本技能,以应付突然事件的发生,依次相继,到了后来,这种例行的练习也就形成一项民族传统的体育项目。苗族、土家族武术是在长期的征战以及祭祀、狩猎等民众生活中的护身技能发展而成的。拳术有多个套路,器械有多个套路,仅从各个套路的不同名称分析,可以看出民间武术的形成具有多种因素的影响。这些无疑是由于从对诸种动物的形态中发展而成的。刀术中的单刀、朴刀等项目,其动作形态具有军事拼杀时的原型,又有民间生活中砍柴、劈草,以及狩猎时与动物搏斗的雄姿,大多动作以及整套拳法的连贯编排,都表现出明显的人为设计。

各民族为了扩大自己势力,征战一直是各民族生活中头等重要的大事。由此,诸多军事体育项目得到迅速发展,如队列、刀、剑、拳术、跑、跃、骑马等。因此,诸多体育形态内在的文化含义发生了巨大的变化,使体育从自然的形态转变成为富有社会含义的准文化形态,从无意的应用转变到有意识的培养。

三、在宗教民俗活动中流变: 从娱神到娱人

喀斯特区域民族体育的一个比较重要的特点,就是和宗教活动的不分不离,可以说是始终伴随着宗教的变迁而发展流变。在这些宗教活动中,只要有表达心灵愉悦之情的内容,这可能会有民族体育活动的出场。人们在筹备各种宗教活动过程中,往往私下增添了一些令人欢悦的内容。比如密枝节的活动地点移到便于玩耍的山野阔地,在祭祀时人们会先行娱乐一番,并在神灵面前勇于展现自己的智慧,展露体魄的健美,表达深藏的情绪。现在,此类活动的宗教色彩逐渐淡化,表现出越来越世俗化的特征。

　　同样,1949 年以后瑶族打长鼓娱神的成分逐渐减少,娱人的内容不断增加,从而打长鼓成为节庆活动、恭贺新婚、欢庆丰收、迎宾送客等各种表演场合最喜欢的一种活动。可以看出,在长期的历史演变过程中,打长鼓是从单一的祭祖功能向综合表演功能进行转变的,这一过程实际上也就是瑶族民族体育文化的历史演进和文化选择过程。

四、在健身娱乐活动中流变: 从随意到规范

　　喀斯特区域的传统体育,确有许多项目最初不是源于民族生活中的必需技能,而是纯粹由一种能够悦情健身的娱乐性游戏活动发展演变而成的。黔西北彝族有"老虎护蛋"的游戏,由一个人卧撑于地,护住身下的数个石头,其他人设法从他身下把石头抢出而不被他用脚踢着。这种源于动物护食行为的模仿性游戏,最初人们便是作为一种娱乐活动开展的。激烈的护和抢都能达到愉悦心情、健体强身的目的。于是,在漫长的发展过程中,这种游戏便被演化为一种专门的体育项目。这种通过心理感受的变化使活动方式的性质发生变化的深层原因,还在于竞赛的双方都将当时原为无须顾虑的娱乐场境虚拟成为实战性的真实场景,这种以真代虚的心理因素,使参加者都竭尽心力去对付这种游戏。湘西苗族的跳石,参赛者必须使尽全力去对付,才能取得令人敬重的成绩。比赛时,各人必须尽力地注意脚下动作才能胜利完成。如果不将娱乐心境变换为竞技心境,是不会取得胜利的。在其他难以计数的民族体育项目中,如游泳、赛马、赛舟、登山、武术、高跷、秋千、跳绳、斗牛等比赛中都有明确的竞赛规则。竞赛者个人的胜负不仅关系他自己,由于参加比赛代表的是一个家族、村落或部落,其行为还是一种集体力量的象征。这种潜于内中的责任感和荣誉感,每个竞斗者为的是族人群体的利益,而不是个人所得的利益,他们的胜负结果,往往决定着同一族人的希望或懊悔,这也是在体育运动发展历史中最初催促竞胜机制形成的重要内在因素。

五、在民族迁徙中流变：从选择到适应

喀斯特区域,民族迁移是一个重要的文化现象。像"秦汉大移民""湖广填四川"等就是一些政府性质的迁移,而民间的移动则是常态。这一地区的民族,比如苗族、彝族、瑶族等,有一个比较突出的特点就是迁徙。诸多民族文化也反映了这一历史征象。从一个区域迁移到一个新的地方后,人们最初的反应就是选择适合自己的生产资料和生活娱乐内容,当然还会回忆自己经过的岁月和过程。比如跳芦笙、上刀梯等就是苗族纪念民族迁徙过程的文化内容,通过不同的方式纪念和反映祖先迁徙至喀斯特地区的路线。首先看看有没有和自己过去一样的选择,或者和自己原先比较接近的内容。这种选择有很大的指向性,待到过了一段时间之后,人们就能慢慢适应新的地方。苗族原先住在黄河岸头,因遭外族欺侮、残杀,被迫迁到西部,从此架木为巢,建寨于高处,劳动于斜坡山谷之间,采集野果充饥。因此,选择了适合斜坡山谷等山寨生活的体育内容,比如射弩、武术等。苗族体育走"独木桥",表演者从桥上走过或爬过时,动作惊险,有过人的胆量和平衡能力。这种平衡能力和走独木桥的技巧,不是一朝一夕可以成就的,它是一代一代人在生产劳动中不断积累经验并得到很好传承的结果。由于长期的艰苦生活和山寨生活,苗族人自古就有赤足在山林荆棘中行走的生活习惯。有史料说"苗族……男女赤足,健捷如飞,山下岭间,奔马不能及,荆棘毒不能伤,凡悬岩陡坎,人所不能攀缘之处,但凭其手足"。这样一种生活习性,使这些民族形成了上刀梯、爬杆等特殊的本领。在其自身的发展过程中,由于它所依赖的社会历史形态及物质生产方式的特殊条件,使其内部自身组织结构不能得到与社会需要相一致的发展,同样也使其他民族文化如科技思想、技术能力、管理经验等不能与体育文化形成有机的汇流。迁徙民族体育文化的历史轨迹,向我们展示了一条清晰的民族文化心态。他们十分注重传统体育中蕴含的价值,除了借此方式健体强身,维持自己民族的强壮和生存,更

重要的是,期望在体育这一特殊的文化形态中,隐存他们民族深沉的精神情性,当他们以体育运动这种特殊的文化方式实践于社会生活时,也是期望借此展现他们藏于心底的民族精神,找到他们迁徙中的目的地和心灵家园。

在民族学界,有这么个说法,如果一个民族自称越多,说明历史上迁徙越频繁,其支系及支系分化也就越多,形成族群岛的可能性也就越大。这种情况,最典型的就是彝族、瑶族和苗族。苗族、彝族、瑶族几乎是漂泊的民族,分散在世界的许多地方。就广西的瑶族来说,在桂西的几支就形成了族群岛:南丹的白裤瑶,田林的木柄瑶,凌云和田林的盘古瑶。同是住在田林县境内的木柄瑶跟当地人数更多的盘古瑶和山子瑶根本不能语言交流,不通婚姻,风俗习惯也有差异。

六、在民族交往中流变:从排斥到共享

喀斯特区域许多民族体育项目都是族际共享的内容。这表现在许多民族节日中,许多体育都成为族际共享的活动。先前属于游牧、渔猎、农业民族的体育活动,已不像起初那样归某个民族所独有,而是各民族的共同参与。因为体育是一种具有群体性的聚会方式,拓宽了民族内部以及族际之间相互交往的渠道。民族体育以其活动本身就是一种社会交流活动的独特个性,可以消除各民族之间因地理环境、生活方式、文化传统带来的隔阂,为各民族群众提供感情交流、文化交往、人际往来的良好环境。通过体育活动的参与,有助于改善民族关系,促进民族地区的经济、社会和文化往来。例如,苗族在立秋这日要举行"赶秋"的社交娱乐活动,苗族、布依族、侗族等民族人们从几十里之外赶到圩场,尽情地在荡秋千、舞狮子、耍龙、打鸡毛毽。苗族的跳花活动同样也会吸引不同民族、不同地方的人来参与。当然吸引力最强的还是斗牛活动。苗族、彝族、侗族的斗牛活动是西南喀斯特区域各民族都比较喜欢的民族体育活动,也是最吸引大家眼球的内容之一。尤其是近年来,参加斗牛比赛,成绩好的能够获得不菲的奖励。这样就在不同节

日间、不同民族间进行交流和传播。

七、在商品社会中流变：从村寨到舞台

改革开放以来，尤其是随着旅游业的发展，民族体育作为一种文化资本的功能渐渐凸显出来。民族体育不仅成为阿细人节假日以及日常生活的娱乐活动，也逐渐成为走向世界的文化标识，文化展演功能得到强化，并成为进行商务活动、促进文化交流的体育商品。以阿细跳月为例，在彝族阿细人聚居区——弥勒西山，每个阿细村寨都有一个跳月队，每逢村里有游客、学者参观考察，他们就出来打跳助兴。仅西三镇可邑民族生态旅游村 2008 年就接待来自国内外的游客 13000 多人次，户均收入 1500 元。此举既传播了民族文化，又扩大了收入的源头，对村民的生活起到了很好的改善作用。与此同时，阿细跳月一刻也没有放慢外出进行商务活动的脚步。每年都会到北京、上海、广州、深圳等诸多地方进行商务交流活动，而这种商务活动的增加更扩大了阿细跳月的受众面和影响力，形成了一种以商务促开发、以交流带动发展的良好态势。这几年在中央、省、州举行的大型文艺活动中，阿细跳月已成为民族文化精神盛宴中不可缺少的"头道汤"。而"弥勒阿细跳月文化传播有限责任公司"的成立，揭开了弥勒打破体制性障碍、激活运作机制的文化体制改革的序幕，公司还筹集资金 160 万元购置了一台卫星电视直播车，成为云南省首家拥有卫星电视直播车的县级文化传播公司。阿细跳月节的举行，还标志着传统节日文化重组和再造的实现。弥勒县长王家林这样告诉我们："阿细跳月文化是弥勒经济增长的发动机，我们着力打造阿细跳月这一独特的民族文化品牌，是为了展示弥勒的美好形象，彰显其旅游优势，带动省重点旅游城市建设。"与此同时，阿细摔跤、阿细斗牛、阿细婚俗、阿细饮食、阿细服饰、阿细工艺等文化名称应运而生，构成了以阿细跳月为文化龙头，各种文化协调发展的"阿细跳月文化黄金走廊"，引起了海内外人士的关注。文化是需要借助一定的空间来生存和发展的，其中地理区域

是文化展示的物质载体和空间。阿细跳月经历了从分散的民间、村落到集中的社会公共场所比如舞台的变化过程，从地理空间的分布上映射出文化内涵的改变。阿细跳月地理空间的多元发展，牵引了文化空间的扩大和延伸。

八、在休闲社会中流变：从生存需求到生活方式

从民族体育活动的起源来看，许多最初都是作为一种最基本的谋生手段，在满足人的生存需要的过程中发展而来的。处于深山密林中以采集和狩猎为主的瑶族，他们住无定所，居无常规。他们早期的获取食物方式，样样都与早期的体育行为不可分开。正是由于他们具有的诸种原始体育技能，如疾跑、射击、攀崖爬树，挥舞刀棍，投掷物器等，才使他们在如此艰难的环境中获得生存而不被泯灭。除了刀耕火种以外，还以渔猎和采集辅助生存，要在极为险峻的众壑峡谷缝隙中顽强地生活，采集果实或药物常常要攀爬，攀悬崖等原始技能便成为他们生活中不可缺少的功夫。峻峭的崖壁、自然环境的险恶以及生产方式的原始，使人们不得不用许多令人难以置信的绝招快速获取猎物。他们会使用质地结实的木料制成弓弩，用硬竹制成射箭。古老的生活方式，使得他们个个身怀数种获取生存物质的绝技，反之，如果族人没有克服生存障碍的技能，便难以生存下去。毫无疑问，这些生存技巧在他们的生活中，不是作为一种展示魅力或威力的手段，而是每个族人在获食生存中自然具备和必须掌握的。

随着休闲社会的来临，民族体育发生了流变，许多民族体育成为一种休闲的生活方式。比如在喀斯特区域，陀螺已经成为城市人们休闲的一种手段，在公园、广场都可以看到许多人在打陀螺。还有像观看上刀山、下火海表演已经成为大家到凤凰、张家界旅游的重要内容之一。当然，在许多民族节日中，民族体育活动更是主角之一。

第四节　历史选择的文化动因

所有文化都是习得的而不是生物学遗传的,著名的人类学家拉尔夫·林顿把这称为人的"社会遗传",人们与文化一起成长,因而学会自己的文化,文化借以从一代传递到下一代的过程被称为"濡化"。经过濡化,人们学会在社会上恰如其分地满足自己生物的需要。① 按照他的说法,文化只能进行"社会遗传",即通过社会化的过程,文化才能从一代传到另一代。

一、选择源于自我民族利益发展的需要

人类的生产和生活实践都是由于需要和选择而引起的,可以说,需要是孕育民族体育文化的源泉和动力。人类为了生存需要,不得不学习一些生产、生活所需的技能和本领,跑得快、跳得高、投得准、游得快,以及跳跃、攀爬、泅渡、滑水、涉水等都是必备的技能和本领,而这些技能和本事的传习,就是体育的起点。在这些起点的基础上,选择又是一个必不可少的过程。就民族体育的发展来看,选择就是源于自我民族利益发展的需要。

民族利益是民族生存、发展的需要和权利,每个民族都要生存和发展,必须首先关注其民族利益。"所谓民族利益就是民族的生存、发展的需要和权利。"②历史事实一再表明,无论在什么时代,无论在什么社会,无论在什么环境中,无论在什么条件下,各种各样的民族矛盾冲突都会直接或间接地与民族利益有关。因此,黑格尔指出,利益推动着民族的生活;恩格斯进一步指出,利益是一切创造性活动的源泉和动力;马克思更是明确指出:"人们奋

---

① 威廉·A.哈维兰.文化人类学[M].瞿铁鹏,张钰,译.上海:上海社会科学院出版社,2006:42-43.

② 罗树杰.民族利益:民族问题产生的根本原因[J].黑龙江民族丛刊,2006(3):26.

斗所争取的一切都同他们的利益有关。"①各民族在历史发展的进程中,不可避免地要与周围的族群发生联系,因为他们要开发生产资料、获取生活资料,这些资料都是围绕土地、森林、动植物资源而展开的,而这些获取资料的方式中不少就是民族体育萌发和发展的过程,比如狩猎、采集中的射弩、爬杆等。当人们的食物需求得到一定的满足之后,便将其活动的注意力转向了休闲和娱乐。因为资源的相对有限,而获取资料的方式又过于简单,于是在族群之间不可避免地会出现矛盾和战争,围绕战争他们又会对青年人进行身体训练,这些也为体育的发生提供了机会。总之,民族体育的历史选择是源于自我民族利益的需要。

二、民族体育成为一种解决利益冲突和实现交流的手段

通常情况下,有限的经济、社会、文化等资源常常不能充分满足各民族的需要。因此,民族利益的不同或差异必然会引起不同的民族对自身利益尤其是各种物质利益的关注。一个民族同其他民族接触时,最先发生接触的总是物质上的交流,一旦达到上层建筑、意识形态领域也相互吸收有所采纳时,各层次便开始融合了。在少数民族的社会发展进程中,出现过一场比赛或竞技比如摔跤决定了族群土地、森林的归属,以及其他各种各样的利益的情况。争取更多的经济和社会资源,从而产生矛盾。围绕体育的冲突来源于民族利益的分配失衡。"民族利益矛盾,从根本上讲,是由于社会的资源有限,不能充分满足各民族的需要而造成的。在社会生产力水平有限的情况下,不可能有足够丰富的物质资源来充分满足各民族不断发展的多方面需要。"

---

① 马克思.资本论·马克思恩格斯全集:第 1 卷[M].北京:人民出版社,1956:82.

三、通过民族体育选择认知了自身的发展能力和文化品位

民族体育作为一种文化,在民族的社会发展中曾经发生重要的作用,充当了重要的角色。最为重要的是,民族体育以最直观的形式,最朴实的含义告诉了人们生命的价值和生存的意义,人们通过体育选择这个手段,认识到了自身的潜力和发展机会,也通过体育参与,融入了社会,即通过民族体育选择认知了自身的发展能力和发展机会。从某种意义上讲,这与战争有一些类似的情形,通过战争人们可以发现自己和对方实力的对比一样。

从一定意义上讲,人类社会发展的历程,其实就是一个战胜自己、发现自己、提高自己的过程。人类只有在不断战胜自然、战胜对手的过程中,才能挖掘出自己的潜能和实力;也只有在战胜自己的过程中,才能认识到自己的发展能力和文化品位。

四、选择是在经济、社会等多种因素的文化差异下进行的

民族体育的选择过程是一个历史发展的客观过程,这是经济、社会和文化发展的规律所致。选择缘于一种大浪淘沙的过程,必然性挡不住。因为这种选择是在经济社会等多种因素发展变革影响下进行的,甚至会面临挑战和阵痛,是时代发展进程中的自然淘汰法则。优胜劣汰,是大自然的普遍规律,也是人类社会发展和进步的一般规律,几乎没有人能够去阻止或者改变。民族体育的选择也要顺应时代需要而变,因为传统的性质要发展,传统发展之后又变成了新的传统,只有在发展中保存传统,并使之发展,才是最积极的做法。因此,民族体育既包含着历史的内容,又承载着时代的价值。从这个角度而言,发展是最好的保护。

民族体育选择的一个重要内容就是文化持有者对自我文化的主动调适,在吸收自身精华和借鉴现代体育优秀成果基础上进行新一轮整合创新,促使民族体育实现与时代相适应的现代转型,使之不失传统特色,又能跟上

时代步伐。例如 1949 年以来,阿细人不断对阿细跳月的动律、程式、节奏、气氛进行改造,自娱和审美价值不断提高,使之向着民俗性的文化娱乐活动的较高境界升迁演化。这些改造和变化都是文化主体自觉的文化调适过程,"其调适过程遵循了立足所处族际环境,趋近于强势文化的原则,从而完成'辐合'调适的使命",反映了阿细文化良好的生存适应能力和自我保护能力,体现了传统体育文化在阿细社会生活的重要意义。阿细人对自己的文化进行的调试,一个重要的因素就是对娱乐功能的强化,原来婚恋功能的阿细跳月参与者都是情窦初开的男女青年,而娱乐性的阿细跳月则没有年龄的限制,可以是年轻人也可以是老年人,"哪里有欢乐,哪里就有阿细跳月"。原来用于男女青年相互认识了解的阿细跳月属于私密性的活动,因此除了未婚青年外无其他参与者,而娱乐性的阿细跳月则大大扩大了这种文化活动的受众面。

第六章

多样化：生态环境与民族体育文化多样性

中国幅员辽阔，民族众多，生态环境复杂，生计方式多样。民族生态环境的多样性决定了民族体育文化的多样性。文化的存在与发展总是与生态环境的发展变化相关。文化多元性是人们在生态多样性的环境下适应性反应的产物，生态环境的多样性造就了人们适应不同客观环境的生计方式的多样性，这是文化的多样性产生的客观基础。多元化体现了民族体育文化的发生发展，可以说多元化是民族体育文化的生存之本。

第一节　生态环境与民族体育文化生态类型

一、民族体育文化的多种生态环境

民族体育文化的生态环境大体可分为自然生态、社会生态和人文生态三种类型。

自然生态是一个牵涉地貌、地形、海拔、气候、植被、动植物资源等多种要素组成的生态环境，因为受多种因素的制约，所以自然生态会是千差万别的。一般来讲，复杂的地形、多变的气候以及不同的植被等多种多样的生态环境成为孕育民族体育的自然基础。

自然生态环境的多样性带来了经济生产方式的多样，生活在山区的民族，其生产方式通常是狩猎文化；生活在草原上的民族，其生产、生活依靠于放牧畜群,其文化多为畜牧文化;生活在江河湖畔的民族,其生产、生活多为渔业文化;生活于平原、耕地上的民族,其生产、生活依赖于农耕生产,其文化多为农耕文化。可以说,社会生产方式成为决定民族体育发展的决定力量。不同的生活、生产方式决定着不同的生活、生产技能。如居住在深山中的民族,往往以采集、狩猎为生;生活在草原上的民族以畜牧业为生;生活在江河湖海边的民族以捕鱼为生。上述种种生产方式,最终成为决定民族体育文化模式的决定因素。

生活在自然环境、社会环境和文化环境的民族,在其适应自然界与社会的实践过程中,会逐渐形成相对固定的思维方式、行为模式及价值取向。这种思维方式与价值取向,常常决定着对自然生态、社会生态中各种要素的选择与取舍,最终形成对自己发展有利的方式。

可见,不同的经济文化类型与不同的文化生态系统相互依存,不同的文化生态系统孕育出不同的经济文化类型,呈现出不同民族文化的多元性。不同的地理环境、不同民族的生产方式与生活方式,最终造就了不同民族的体育文化模式。

二、民族体育文化生态类型

正是因为民族体育生态环境的多元、异质,为了把镶嵌于整体民族文化背景上中的丰富多彩的民族体育文化较为条理地呈现出来,避免过于笼统和模糊,在这里主要采用林耀华先生关于"中国经济文化类型"的分类方法,即把中国经济文化的类型分为"采集渔猎经济文化类型组、游牧经济文化类型组以及农牧渔猎经济文化类型组"三个类型组①,因为经济生产方式是民族体育文化性格的决定因素;同时结合历史文化区和区域特点的思路,并做了适度的变通,把民族体育文化生态类型分为三类。

---

① 林耀华.民族学通论[M].2版(修订本).北京:中央民族大学出版社,1997:88-96.

(一)采集渔猎型民族体育文化生态:东北地区

采集渔猎型民族体育文化生态比较典型的体育项目有滑雪、爬犁、狗拉雪橇、叉草球等。采集渔猎型民族体育文化生态特点鲜明,总的来说,这一区域的民族体育活动以雪上项目为主。"东北地区的多数地方,冬天大雪封山,江河封冰。长期生活在这种自然环境里的各族人民只能在冰雪上进行交通,因而创造了一些适宜在冰雪上行驶的交通工具,从而形成民间传统的体育项目。如满族的狗车是冬季重要的交通工具,即用数只狗拽它,在冰雪上疾走如飞运输货物,接送客人;木马,即今天的滑雪板,轻巧结实,适宜在林海雪原中驰骋,快及奔马,是冬季行猎作战的重要工具;爬犁,是一种适宜在雪地里行走的交通工具,用马或狗拉引,行于雪原冰河上拉人载货,既结实耐用,又轻捷简便,深受人们喜欢。夏季水上交通工具有满族、鄂伦春族的独木船和桦皮船,主要用来过江渡河进行捕鱼和狩猎。"①

(二)游牧型民族体育文化生态:西北及内蒙古地区

草原游牧民族所生存的广大地区,马上项目成为典型的体育活动选择。游牧民族的先民们为了生存和发展的需要,只好在狩猎的生活中,逐步驯养野兽,发展畜牧业。而且由于部落间的冲突和战争时有发生,在没有战争的时候,他们就通过各种体育运动来保持旺盛的斗志,以求不断激发身上的活性元素。他们意识到,只有强健的体魄和机敏的头脑才能赢得战争,而这种军事战斗的需要也作为一种直接动力促进了这些具有军事功能体育项目的不断发展。而在这些千姿百态、多种多样的草原体育运动项目中,马上项目是最具代表性、普遍性和体现民族传统文化特色的活动内容。

赛马、叼羊、马上摔跤、跑马射箭、姑娘追、追姑娘、马上叠罗汉等各种马

---

① 栾桂芝.东北少数民族传统体育的形成与发展探究[J].中南民族大学学报(人文社会科学版),2004
(5):69.

上表演体育内容成为他们开展体育活动的首选。生活在马背上的民族,他们的历史充满战争色彩,由于生产需要精骑善射,于是便产生了马术、马上摔跤、跑马射箭等马上运动,而这些运动无不与社会部落之间的战争息息相关。

(三)农牧渔猎型民族体育文化生态:西南地区

西南地区疆域辽阔、生态环境复杂、民族众多、人口密集,各族群间交叉度大。西南地区特殊的地域环境,造就了多彩的民族体育文化,摔跤、射弩、秋千、斗牛、爬杆、登山、奔跑、陀螺、吹枪等成为这一地区典型的民族体育项目。

这一区域的民族体育活动大多具有山地民族体育文化的特征,采集、狩猎和刀耕火种在这一地区具有很重要的意义。这类生计是鼓励游徙的,处于这一类型的民族多以锄类农具垦殖山田,栽培玉米、红薯、豆类和马铃薯等;负载重物,多用背篓,富有盘瓠传说,喜好打猎,原始宗教色彩浓厚。建立在这些社会文化基础上的民族体育活动,体现了勇猛、机智和充满活力的文化特色。

第二节　多种生态与民族体育文化的多样性

民族体育种类繁多,难以尽数,犹如烂漫的山花遍布于祖国边疆地区,多彩的运动形式,深厚的民族积淀,不仅让人们领略到民族体育的多样化,而且让人们看到了民族体育适应自然生态和生产生活,记述神话和历史,反映民族风情和审美情趣,规范社会角色,象征宗教信仰的独特方式。

一、民族体育文化的多样性表现

泰戈尔曾说:"地球上各族人民遇到的困难互不相同,克服困难的方式方法也不一样。"①其实,体育运动就其本源来讲,就是人类在克服各种困难中产生的。为获取猎物的投掷或射击、追赶或逃生时的奔跑、跨越障碍的跳跃以及与敌人或野兽的近身搏斗等,这些现象在世界各地、各民族中几乎都存在,因此各民族独特的、擅长的体育运动形式是多种多样的,这是民族文化多样性的具体表现。各民族的传统体育是构成人类体能文化长河的涓涓细流。②"传统体育,即各民族、各地区、各国家多种多样的传统运动形式,通常表现出民族性和地区化的特点,它与生产、生活联系紧密。其中的技巧性、对抗性和力量性是发展为现代体育运动的源泉;其中的游戏性、仪式性和教育性是普及、传承这些运动的基础。"③

在这里,笔者尝试以地域背景、民族类型、体育项目等作为分类的依据,在分类中介绍和说明民族体育文化的多样性。

(一)不同地域不同民族不同体育项目文化

"北人善骑、南人善舟"形象地说明了不同地域、不同民族的体育文化的差异。我国北部和西北地区居住在草原地区的蒙古族、维吾尔族、塔吉克族、哈萨克族、柯尔克孜族、乌孜别克族、锡伯族等民族以畜牧业为主要经济形式,赛马、射箭、马上角力、姑娘追、追姑娘等草原骑射类体育项目孕育而生。而我国南部和西南部同属农耕文化的苗族、傣族、侗族、白族、布依族、瑶族等长期生活在气候温和、多江多河的环境中,他们的传统体育文化与水结下了不解之缘,孕育的是赛龙舟、独木滑水、跳水、游泳、堆沙等体育活动项目。此外,东北地区过去以狩猎为生的鄂温克族、鄂伦春族、赫哲族等民族就喜爱滑雪、溜冰、皮爬犁、雪橇、斗熊等体育活动。

这类民族体育文化在运动形态、活动方式、规则制度与文化内涵等方面

---

① 泰戈尔.民族主义[M].谭仁侠,译.北京:商务印书馆,1982:1.
② 郝时远.体育运动的人类学启示[J].世界民族,1997(4):5.
③ 郝时远.体育运动的人类学启示[J].世界民族,1997(4):3.

具有差异性,主要原因是形成这种差异性的自然环境根源、社会环境根源和人文环境根源不同。

(二)不同地域不同民族同一体育项目文化

民族体育的孕育和发展是人类在适应外界环境时一个文化选择的过程,相似的社会历史进程、生产生活方式、战争经历、宗教信仰、风俗习惯,往往会导致相同的体育文化选择。射箭、赛马、摔跤、秋千、赛龙舟、斗牛等就依靠其内在的特质和魅力成为众多民族选择的体育运动项目(表6.1)。

表6.1　部分民族同类体育项目比较一览表

民族体育项目	参与项目的民族
射箭(射弩)	蒙古族、藏族、维吾尔族、鄂伦春族、锡伯族、达斡尔族、裕固族、彝族等(射箭),独龙族、傈僳族、苗族、景颇族、拉祜族、佤族、黎族等(射弩)
赛马	蒙古族、藏族、彝族、维吾尔族、哈萨克族族(姑娘追)、柯尔克孜族(追姑娘)、水族、苗族等
摔跤	蒙古族(搏克)、藏族、彝族、维吾尔族、壮族、瑶族等
秋千	朝鲜族、土族、羌族、苗族、壮族、彝族、哈尼族、拉祜族、高山族等
赛龙舟(龙船)	苗族、傣族、白族(龙船)、布依族、水族等
斗牛	回族、瑶族(人与牛角力),彝族、侗族、苗族(牛与牛斗)等

这些体育项目无论是从参与的民族数量、人群数量还是受关注的程度,都是在民族体育项目中较为突出的。虽然是相同的体育项目,但细微之处同样有各个民族体育文化的差异性,比如射箭和射弩的不同,赛龙舟与赛龙船的区别,哈萨克族姑娘追与柯尔克孜族追姑娘的不同,回族、瑶族的斗牛与彝族、侗族、苗族的斗牛等区分。以赛龙舟比赛中的一些不同为例,贵州清水江苗族的赛龙舟使用的是独木龙舟,船头上竖的牛角,而不同于传统意义上的鹿角,而且赛前要举行隆重的"接龙"仪式;而云南西双版纳傣族的龙

舟则在舟首、舟尾配以象牙、孔雀羽翅这些最具傣族民族特性的装饰物,且不举行接龙仪式;云南大理洱海边白族的赛龙船,其船体样式、比赛方式与汉族、苗族、傣族的赛龙舟又是大相径庭、各不相同的。

图6.1 傣族赛龙舟

图6.2 苗族独木龙舟

(三)不同地域同一民族同一体育项目文化

民族的同源异流是诸多少数民族发展变迁中的常态。这体现了民族的发展是多流、多渠道、多支系的。同一个运动项目,由于这种多流派、多渠道,也带来了其运动形态、活动方式、规则制度与文化内涵在各个支系中的各不相同。彝族是我国西北古老氐羌族南迁后与金沙江、南北盘江土著融合的遗裔,支系繁多,有"诺苏""密撒""罗罗""撒尼""阿细"等,广泛散布在川、滇、黔、桂地区。摔跤是他们最为传统的体育项目,不同的支系就有不同的摔法,如"凉山式"(四川凉山,不可抱脚、不分级别)、"滇西北式"(云南楚雄,分级别、可抱脚)、"滇东南式"(云南石林、弥勒,可抱脚、不分级别)等多种摔法。对这种民族体育文化项目文化差异与各支系历史发展的渊源关系,可以看出共同的民族心理结构可以表现出不同的丰富多彩、各具特色的民族体育的物态形式,这体现了民族体育文化的包容性和宽容度。这也易于协调好各民族支系间体育发展的关系,搭建交流和合作的平台,促进民族体育文化的共同发展。

（四）同一地域不同民族不同体育项目文化

民族体育的产生和发展就是一个文化选择的过程,尤其表现在同一地域内不同民族对不同体育项目文化的选择上。贵州的黔南和黔西南地区山川密布,是多民族聚居的地区之一。苗族、瑶族、彝族主要住在山上,仡佬族多住于山谷,布依族、侗族、水族大都傍水而居。由于各民族对不同地理海拔的不同选择,他们的民族体育文化呈现出惊人的"立体式"分布特点。居于山上的苗族、瑶族、彝族从事的是爬山、射弩、爬花杆、赛马、斗牛等竞争性较强的体育项目;而居于山谷的仡佬族则为打竹球、打抛儿(打毽子)、板凳拳搏击、抵杠、挡耙等活动风格短小、所需场地不大的体育项目;居于水边的布依族、侗族、水族则从事游泳、划龙舟、划竹排、打水枪、水上漂石、游水追鸭等多源于渔业劳动、游戏性较强的体育项目。对这类体育文化的比较研究可以探究出民族体育的文化品性与地理生态环境尤其是地形、气候的关系。当然他们的体育文化的地理划分也不是绝对的,比如毽球就是上述民族都喜爱和参与的传统体育活动项目,苗族等也有划龙舟活动,水族等民族也参与赛马活动。这种后来打破海拔高度的体育变化格局,则是民族体育发展进程中文化传播和交流、互动的结果,更体现了中华民族体育文化的"你中有我、我中有你"的文化特质和民族品性。

（五）同一地域不同民族同一体育项目体育文化

中国各民族分布的特点是大杂居、小聚居、相互交错居住。这种分布格局是长期历史发展过程中各民族间相互交往、流动而形成的。体育文化也是如此,"民族体育文化的起源与发展,实际上是具有独立起源与文化传播、吸收、融合的共同因素"。由于各民族长期杂居在一起,相互影响、相互交流、相互融合,他们的体育活动潜移默化中增加了共性和融合度,这是他们共同适应自然生态环境和社会人文生态环境的结果。这种趋向在民族节日的体育活动中体现得最为明显。例如,那达慕不仅是蒙古族的体育文化节日,也是东北鄂温克族、柯尔克孜族、达斡尔族等民族的节日。由于受相邻民族蒙古族的影响,他们每年也举行敖包大会,举行摔跤、赛马、狩猎、射箭、打布鲁、滑雪等体育活动。此外,古尔邦节展示的也是诸多民族(回族、维吾尔族、柯尔克孜族、哈萨克族、乌孜别克族、塔吉克族、塔塔尔族、撒拉族、东乡族、保安族等)的共性体育活动项目:叼羊、赛马、射箭、摔跤等;而斗牛、秋千、摔跤、赛马、跳乐等则是火把节上彝族、白族、哈尼族、傈僳族、佤族、纳西族、景颇族等民族都参与的体育活动;而泼水节上展示的是傣族、布朗族、阿昌族、德昂族等民族的共同体育活动:"跳摆"、赛龙舟、放高升、斗鸡、堆沙等。民族节日是民族文化的积淀和升华,是展示民族体育文化的舞台,更是促进各民族体育文化学习、交流、互动的最佳平台,它在客观上促进了同一地域不同民族间体育文化的交流与互动。

(六)迁徙民族与母体民族体育文化

民族迁移是民族文化变迁的重要影响因素之一,民族迁移过程中民族体育的流变也是民族体育文化比较研究中一个很好的选题。谭志丽在《外来迁徙民族传统体育传承、演进与发展的成因分析:以云南省通海县兴蒙乡村落调查为例》中介绍了云南省通海县兴蒙乡蒙古族在民族迁移过程中民族体育的流变和发展状况。在当地生活已有 750 年历史的云南省通海县蒙古族,不属于云南的土著民族,是忽必烈率大军南征过后遗留于云南的迁徙民族。其历史文化形态实现了从游猎民族到渔猎民族、农耕民族的巨大转变。"在迁徙中不仅保留了蒙古族的草原三项技击:摔跤、赛马和射箭,而且还在民族迁徙中吸纳了傣族、哈尼族、苗族、彝族等外民族的一些体育项目:游泳、划船、潜水、秋千、跳乐、打陀螺等。"这些非草原体育项目的加入使其从事的体育活动不断增加和丰富的同时,也使其民族体育运动文化的内在格局与北方草原上的母体民族的体育文化发生了很大的变异。同样的还有现居住在黑龙江富源乡的柯尔克孜族,他们的祖先在清乾隆年间,从新疆流迁到遥远的黑龙江乌裕尔河流域。这类迁徙民族与母体民族体育文化的不同,反映了迁移空间上地理位置的巨大跨越。

（七）民族体育传统与现代

文化在时间的流逝中不可能是一成不变的,有必然性的变化,也有偶然性的变化。文化的均衡稳定是相对的,文化的变异是永恒的。民族体育传统与现代的比较,也就是研究民族体育文化的现代变迁史。这类比较既有同一民族体育文化传统与现代的比较,也有不同民族同一体育项目传统与现代的比较。这类比较可从体育文化的变迁中探索民族体育流变的规律,探索民族体育的现代化、产业化、社会化、生态化道路。比如西双版纳的傣族依托国际泼水节,开展了龙舟竞赛、放高升、丢包、堆沙、斗鸡等民族传统体育活动的比赛和表演,取得了良好的经济效益。通过打造民族旅游品牌,提升地区形象,培育新的经济增长点,使其成为牵引地方经济社会发展的新生力军。

二、民族体育文化多样性的发生发展规律

人类文化发展史表明,人类要生存发展,就需与其周围的自然环境发生关系,并对其周围自然和生物环境做出不同的反应,最终形成特定环境下的行为和生活方式。由于地球表面自然条件差异,人类的生活和生产方式千姿百态。这种叠加在自然景观上的人类活动差异,便会反映到文化形态上具有差异性。①

（一）自然环境的不同导致不同的民族生产、生活方式

特定地域内的地理环境是一个民族繁衍生息的空间条件,也是人类赖以生存和发展的物质基础,人们在不同的自然生态环境中就会产生出不同

---

① 徐建.当代中国文化生态研究:基于文化哲学的视角[D].上海:华东师范大学,2008:5.

的生产方式与生活习俗。俗话说的"靠山吃山,靠水吃水",就是指人们对生存环境中特有的生活资源的依赖性。民族生态环境的不同,形成自然现象的千差万别,如气候差异、地貌差异、水文差异、物种差异等,而人类根据自己的需要选择、利用这些自然条件,也就形成不同的民族生产、生活方式。所以,不同的生存环境必然会带来各相异趣的生产形式和与之相应的经济模型,在此基础上又会产生各自民族不同的生活方式与社会结构。山地、游牧民族靠山吃山,从事游牧生产与刀耕火种,运输方式是人背马驮;河谷、坝区民族靠水吃水,水稻生产与捕鱼则是基本的生产、生活方式。

（二）不同的社会生产方式孕育出各异的体育文化形态

"一定的生态环境必然会产生一些相应的生产和生活技能,而这些技能又是少数民族体育文化产生的一般前提。如江南的竞渡、北方的冰嬉、大漠的赛驼、山地的竞走、丛林的射弩等,无一不是不同生产、生活的提炼。"①

民族传统体育是各民族人民在特定的自然条件、生产方式、生活方式中创造、发展与提炼出来的。辩证唯物主义告诉我们,物质资料生产方式是社会发展的决定力量。可以说,民族生产方式的不同直接决定了体育活动内容与手段的不同。山地、游牧民族的靠山吃山,孕育出的体育活动形式是赛马、斗牛、爬油杆、秋千和摔跤等;河谷、坝区民族离不开河流、沙滩与水舟的相依相伴,孕育出的体育活动形式是赛龙舟、游泳、放水灯与堆沙等。为了壮大自身、获得有利的发展空间,在刀耕火种与稻耕农作中,在猎取野兽与下水捕鱼中,在部落争斗、祭祀神灵中,产生了运动需要,这种运动需要是产生民族体育活动的源泉。可见,早期体育在产生的内在动因方面是有相通之处的,这为我们探索民族传统体育的源流提供了研究视角。

_____

① 卢兵.中华民族传统体育文化导论[M].北京:民族出版社,2005:172.

(三)民族文化观念的不同导致体育价值取向各异

人类适应和改造周边的生产生活环境,不仅表现在自身生理外貌的变化上,也反映在心理心态的变化上。不同的民族会塑造出不同的气质与个性,具有不同的民族群体心态特征,形成自己独特的文化传统和价值观念。由于各民族历史发展的不平衡和各民族主要聚居区位的不同,各民族包括宗教信仰在内的文化观念也表现出极大的差异,从而构成了多重文化观念和谐共处的局面。

体育不仅是一种活动身躯的运动,囊括其中的,更多的还是各个民族对他们社会生活的理解,是他们内心激情的再现,是他们对人类运动方式的审美心理昭示。山地、游牧民族用自己的身体动作来表现自己是如何不畏猛兽残暴、勇于拼搏的,模拟如何在荒山上刀耕火种,又如何争当部落斗争英雄。河谷、坝区民族则以天生活泼的性情,扭动着绮长的腰身,嘴里发出优美动听的音调,竭力展示生活之美,特别是当各种体育运动出现制约性规则以后,这种审美方式也就由初期的自然体态转变成为一种具有典范意义的行为:人们在规范性的准则之下,展现的是完整的人体之美,人们隐含于这种人体行为中的,也是一种升华为民族精神的价值取向。

第七章

唯自然方成大美:民族体育的生态之美

民族体育体现了大自然的造化和人为创造的完美结合。法国著名哲学家卢梭说,自然的美就在于差异、在于个性。民族体育文化追求活性精神元素的自然生命、群体氛围的社会生命、自由心态的精神生命的审美价值取向,并通过力的崇拜、节庆习俗、艺术境地体现,与现代社会发展相对应,可以说是一种体现自然、社会、人文等和谐统一为一体、时时体现生态之美的文化集合体。再者,由于各民族历史渊源不同,社会发展不同和文化传统、居住环境的差异,民族体育形成了各自不同的文化风格,民族体育植根于广袤的中华大地以及各民族的生活及心灵深处,因而具有永恒的生命力,正是这种生生不息、豁达乐观,狂放、温柔、含蓄、自强组合而成的精神力量,形成了民族体育人文景观的丰富多彩。

第一节　民族体育与自然生态和谐共融之美

人与自然的关系是人类文化发展中一个永恒的话题。民族体育文化也是如此,远古时代,人类为了生存而在恶劣环境中攀登高山、攀爬崖壁、穿越丛林、涉水激流,无时无刻不在和自然界发生着关系。建立在这种关系基础上的民族体育文化,也处处体现出与自然生态和谐共融的生态之美。

一、大山孕育出的剽悍

在我国广大的少数民族地区,山地民族以特有的大山情怀彰显着自己文化的雄壮和威严。山地民族的经济生产方式多数以农牧业为主,建立在农牧业基础的山地体育文化源于游牧、狩猎和采集等文化形态,因此具有其特有的剽悍特征:集强硬、强悍、勇猛、质朴于一身的美。

图7.1　绿色生态的荡秋千　　　　图7.2　惊险的上刀梯

生活在西南地区的彝族是典型的山地民族,其民族体育活动以雄健、粗犷、勇猛著称。传统体育项目如摔跤、挥刀、射弩、斗牛、赛马、长跑、投掷等,运动风格大多朴实粗犷,动作刚劲有力、力度大;而且攻击性极强,强调运动者的身体接触和对抗。摔跤的敏捷、勇猛、剽悍,正是彝族英雄的本色所在。彝族摔跤是讲求仪式的,尤其是在重要的祭祀仪式中。彝族摔跤是在长期的抓、驯牲畜时,推、拉、扑、抱、摔、掼等动作的模仿与实战中日积月累形成的。彝族先民笃信原始宗教,人们相信万物有灵,认为人与天、心与物同出一源、合为一体,人的行为也可以与某种神秘力量和宇宙秩序相互感应。彝族的摔跤活动就是祈福免灾的崇拜形式,据《路南县志》记载:"有所谓会跌跤者,其会无常,或因村中有瘟疫及义举行,若汉俗斋醮之俗。"弥勒在举行摔跤会之前要先请毕摩选定日子,在摔跤会当天要举行祭"火神"仪式;石林在久旱时举行女子摔跤祈求降雨,使"阴气冲阳天",她们认为天神能够理解身体扭动这种无声的语言,从而为人类带来福音。而生活在生存环境更为严酷的青藏高原地区的藏民族,则以顽强的生存意志著称,他们有强健的体魄和独特的生产、生活方式,并在这些具有鲜明民族文化特色的生产生活方式基础上,创造了绚丽多彩的藏民族传统体育文化。在藏区,人们普遍喜爱的赛牦牛这一传统体育竞技。牦牛有"高原之舟"之称,牦牛善爬山涉险,踏雪履冰,十分吃苦耐劳,但性情粗野,感觉敏锐,碰到惊吓,就昂首举尾急速奔跑,行动十分快捷。藏族同胞在闲暇时把它作为自己双腿的延伸,骑着它纵横驰骋。"赛牦牛活动是一种比速度和控制能力的竞赛,赛程一般为200~300米的短程赛。竞赛时,数十名骑手在备有骑鞍的牦牛背上,有的没有骑鞍,催牛向目标冲击。牦牛性野,群跑时拥挤不听话,容易跑散,且爱腾跃、拧脖、掀尾,有时冲入人群,摔下骑手,极易激发观众的热烈情绪,是一项趣味性很强的竞赛,也是一项很吸引旅游观光者的比赛项目。"①由于牦牛一般都生活在高寒牧区,只善于在险峻陡滑的高山或雪坡上长途跋涉,不适长跑,再加上性野,比赛中时不时拥挤争头,腾跳掀尾,有的甚至在观众的呼喊中受惊,慌不择路,掉头返回,使比赛更显精彩、热闹,观赏性强。每次比赛结束,获胜的骑手回到家乡后,都会像英雄一样受到当地群众的尊敬,在比赛中取胜的牦牛也会名扬四方,受到主人特殊的待遇。赛牦牛项目扣人心弦、惊险刺激,充分表现出运动员训练有素的高超技术和优良的心理素质,深受广大群众和游客的赞赏。

二、森林磨砺出的矫健

西南地区、东北地区是我国重要的森林覆盖地区。这一地区的狩猎活动是带有体育色彩的民俗活动,狩猎活动是一项涉及奔跑、攀爬、追赶、射击等为一体的体育民俗活动,它对体能、耐力、智慧等要求都比较高,尤其是长

---

① 才让卓玛,魏曙光.青藏高原东北边缘及毗邻地区少数民族体育文化源流探析[J].西北民族大学学报(哲学社会科学版),2007(3):90.

距离的奔跑能力,这种奔跑磨炼出他们矫健的步伐。

弩弓,用韧性极强的岩桑木或栗木制成,固定在一木托上,将弦引钩在扳机上,搭上箭,扣动扳机,箭即射出。弩弓分大、中、小三种,大弩弓旧时多为村寨间械斗的武器,中等弩弓用于狩猎或作战,小弩弓主要用于射击飞禽。射弩是苗、瑶等少数民族群众喜爱的一项传统体育活动,擅长狩猎的少数民族更是把射弩作为日常生活中不可或缺的一个内容,射弩适合山地、丛林一带的民族使用。比如喀斯特地区地形复杂、山林茂密、沟壑纵横,同时野兽鸟类密集,在这里居住的少数民族相当长一段时期以刀耕火种为生产方式,以采食野果、狩猎动物为主要食物来源。苗族、彝族、瑶族至今仍用弩狩猎,弩不仅成为男人们最重要的生产生活工具,也被用来作为饰物和定情信物。如今,射弩已经走出了深山,成为全国少数民族传统体育运动会的一个竞赛项目,参加这项竞赛的选手们使用的弩和箭,必须保持自己民族的传统,都用自制的各具特色、形态各异的弩和箭。

三、江河冲击出的无畏

西南地区是我国水能丰富的地区,大江大河密布。八百里清江,八百里画廊。清江发源于重庆万州与湖北利川交界处,流经恩施、建始、巴东、长阳等地的土家族苗族聚居区,"水色清明广大,人见其清澄,故名清江"。它孕育了一代又一代土家族苗族儿女,因此也被称为土家族苗族儿女的"母亲河"。清江不仅哺育了一个豪爽、尚武的民族,也孕育出独特的土家民族风情文化。"清江水,湾连湾,九步不离一个滩。"清江沿岸山势陡峻,河道狭窄,水流湍急,滩多流急,古有"七淤八滩兼九州,七十二滩下资丘"之说。滩水中有礁石千座,行船走排,险而又险,使木排在通行时遇到险阻。可以说,清江闯滩是真正的"与浪共舞",惊险刺激而神奇美妙。有土家族民谣云:"伏三,飞弧不算险,犀牛才是鬼门关。"

土家族是一个豪放的民族,这种豪放的气质,从"龙船调"等民歌山谣可以看出。建立在民俗风情文化上的清江闯滩，浓缩了土家人的民俗、文化、风情，到处都体现出与土家文化的神奇绝妙的凹合。山水画廊中的闯滩之行，除了"与浪共舞"的刺激以外，可以在"与浪共舞"中领略两岸峭壁之上的土家人的"船棺""洞葬"的奇妙，以及激越的船工号子，古朴的水上抢亲。

图7.3　苗族赛龙舟

四、冰雪培育出的果敢

东北大部分地区位于北纬40度以北，冬季漫长、寒冷多雪，这种特殊的气候条件，对民族体育习俗文化的生成，起到了很大的催发作用。也就是说，东北地区各民族习俗体育文化中很多带有"特质"的东西，均与"严寒""冰雪"有关。赫哲族是我国北方唯一以捕鱼为主要生产方式和使用狗拉雪橇的民族，渔猎兼营是他们的生产特点。"东北少数民族地区地域辽阔，山川壮丽，有着不同的自然环境，既有高山峻岭地带，也有海岛和平原，严冬时间长，生活在这块土地上的各族人民，便发明了狗爬犁、雪橇、冰车等交通工具，因此产生了今天的滑雪、滑冰运动。在科学技术落后的历史时期，各民族人民为适应生产和生存的需要，在劳动与战争搏杀中，使人们意识到强健的体魄和机智灵敏头脑的重要性。"①赫哲人的滑雪,又称"踏板",是冬季追击鹿和狍子的活动,当猎物被撵得疲惫不堪时,用棍棒将其擒获。"骑木马(踏板)蹿山跳涧,穿桦鞋(桦皮船)骗江过海"就是用来描绘赫哲人利用这些得力的生产工具,奔驰在林海雪原和江河纵横的大地上渔猎的壮丽情景。赛狗爬犁,即狗拉雪橇,爬犁是用柞木做架,前头翘起,每个爬犁套3~6条狗。赫哲人在生产劳动中,随时比赛,以拉物多、跑得快为胜。赫哲人重视狗、喜爱狗,家家户户都养狗,少则三五条,多则十几条。狗是赫哲人狩猎中的有力助手和护身卫士,又是运输和信息传递的工具。元代越赫哲人从松花江下游开始设置许多"狗站",用作传递与交通运输的枢纽。据《辍耕录》记载,赫哲族居住的地方最冷,海水也结冰,8月即封冻,到次年的4—5月方可解冻,人在冰上行走,如同走在平地上。

五、鲜花熏染出的浪漫

在民族地区,常常能听到一句被引以为豪的话:这里是歌与舞的海洋,这里是情与爱的世界。民族体育以其特有的原生特质和娱乐内涵,常常成为民族地区最具浪漫特征的文化符号,并为人类美好的爱情故事叙说着自己的贡献。彝族的荡秋千不只是调剂生活的一种民族体育文化活动,他们用秋千作为娱乐方式来驱逐寂寞,愉悦身心;而且还是男女相悦的重要场域。抛绣球是壮族人民喜闻乐见的传统体育项目,也是一种以绣球传情、求偶的风俗,宋人周去非在《岭外代答》中记述:"上巳日,男女聚会,各位行列,以五色结为球,歌而抛之,谓之飞砣。男女目成,则女受砣而男婚已定。"明代朱辅的《溪蛮丛笑》记载:"土俗:岁节数日,野外男女分两朋,各以五色彩囊豆粟往来抛接,名飞砣。"用古兵器"飞砣"命名的五色彩囊,便是后来的绣球。清吉庆《广西通志》曰:"上映山僻,水少土瘠,民贫,农力虽勤,岁无余

---

① 栾桂芝.东北少数民族传统体育的现状与特点[J].北京体育大学学报,2004(11):1476.

积。年节老者聚饮，少者抛球为乐，妇女衣短裙服，服饰尚青蓝，其盛况如日中天甚为时行。"清《庆远府志·诸蛮》载："溪峒……当春日戴阳，男女互歌谓之浪花歌，又谓之跳月。男吹芦笙，女抛绣笼。绣笼者，彩球也。回旋舞蹈，歌意相洽，即投之报之，返而约聘。"清代壮族文人黄敬椿的一首"风土诗"亦有描述："斜阳门巷破萧条，姐妹相从孰最娇，好把飞球空里掷，迎来送去赏花朝。"

与抛绣球类似，"丢花包"是布依族的一种民族体育活动。丢花包有比较久远的历史，清康熙年间《贵州通志·蛮僚》载"仲家……于孟春跳月，用彩布编为小圆球如瓜，谓之花球，视所欢者掷之"，说明当时已很流行。丢花包多在春节、六月六和七月半节日里进行，一般选择在村寨比较平坦的宽阔的地方，在丢花包开始之前，青年男女互相对歌，暗中寻找花包伴。片刻之后，便各站一排，相距约二三十米，这时姑娘手握提绳将花包左转右转向自己的如意郎抛去，后生接到花包后，即回掷给喜爱的姑娘，如此往返抛接、投掷，花包左右穿梭，为青年男女传情达意。过去，丢花包有不定期的惯例，一般事先规定，花包丢过肩可以不接，如没有过肩而自己没有接到，那么不管是男是女都要给对方一件礼物，如项圈、手镯、戒指等装饰物。现在，丢包作为比赛，一般不限定人数，对等进行，通常是男女混合。丢包主要靠手臂的力量，借助助跑，在腰腹力量的配合下将花包掷出，要求甩得远，掷得快，丢得准，接得稳。"花球"是布依族择婿之物，"丢花包是布依族青年男女恋爱方式之一"①。清《大定府志》云："仲家……以十二月为岁首，每岁孟春跳月，即婚姻之始也。跳月之俗，聚男女于旷野，用彩布编为小球，谓之花球。视所悦者而掷之，中则与合欢。"布依族婚恋所涉财物亦可见于竹枝词。吴仰贤《黔中苗彝风土吟》云："长裙彩绶亦风流，窈数香球着意投。若要天孙容易会，黄姑须养白头牛。"诗中点出女子窈窕柔美，掷扔花球传递情意，表

---

① 罗剑.毕节地区布依族[M].贵阳:贵州民族出版社,2004:104.

明布依族有"以姿色定聘资,多至牛三五十头"的传统。乌江流域布依族跳月时,对合意者赠以槟榔,结成夫妇;婚后三天,女子亦可与他人结合,只有生子后方可回到情郎的身边,故《黔苗竹枝词·仲苗》有云:"浅草春开跳月场,聘钱先乞紫槟榔。隔年一笑占归妹,抱得新儿认旧郎。"丢花包的方式是男女相对各站一排,中间相距10米向异性投掷,初时随意,渐改为爱慕谁就投向谁,对方也愿意多身处投掷。如果双方有意便可邀约定期幽会,互相了解,加深感情。丢花包很讲究技法,有顺丢、倒丢两种。顺丢,即右手提花包从上顺前绕一转脱手丢出去;倒丢,即右手提花包从正方向后绕一转,然后倒转顺前方脱手丢出去。丢花包有习惯规定,不准乱丢,乱接,不准抬脚,要求在自己三步以内单手接住,不能拉提花包"耍须"。丢花包人多时,可以同时看到几十个,甚至上百个花包在半空穿梭飞舞。

六、草原孕育出的粗犷

"天苍苍,野茫茫,风吹草低见牛羊"极其生动地描绘了草原壮美的自然风光和人文图景,"逐水草而居"的游牧经济富含历史的沧桑和神韵,"毛毡帐裙""食唯肉酪"的生活方式和风土人情令人神往,这些文化元素铸就了民族崇尚勇武和积极进取的民族性格和文化品性。以游牧和狩猎为主要生计的民族,长年驰骋在寒风、冰雪之中,不住的迁徙不仅磨砺了游牧民族的意志,强壮了他们的体魄,而且培养出他们吃苦耐劳、不畏困苦的精神。而湛蓝的天空、无际的草原也培养出他们直爽、开朗、乐观向上的性格。草原体育项目如摔跤、赛马、射箭、打布鲁、马术等具有增强体质,培养意志,增长知识,丰富文化生活,调节情感的作用。每年7—8月,蓝天白云下的辽阔的草原,鲜花怒放,绿草如茵,正是草美牛肥马壮的黄金时节。广大的牧民穿着节日的盛装,骑着骏马,载着毡包,从四面八方聚集一起,参加传统的盛会——那达慕。那达慕作为蒙古族整个民族意志和情趣的产物,在散居的民间也以小片的活动形式世代延传,从未间断。那达慕"男儿三艺"中的搏克运动以"一跤定胜负"的同时达到了公平竞争的最高境界。"按常规思维,搏克比赛时,双方应该十分珍视战机并抓住一切有利于自己的机会取胜,但搏克手们恪守约定俗成的'不乘人之危'的原则,即比赛中如果发现对手的装束等出现意外,妨碍对手的发挥时,往往自觉暂停,给对方调整的机会,甚至帮助对方整理装束,然后再继续,表现了搏克手坦荡的胸怀和光明磊落的个性。"①"由于历史沿革和地域的独特性,草原民族形成了独具特色的生活方式和思维模式,在这种环境中产生的草原体育文化,无论从项目、方式和价值取向都构成了与中原体育文化迥然不同的鲜明特色,呈现出豪放之神、阳刚之气、壮美之韵,呈现出多元化趋势和异彩纷呈的局面。草原体育文化中积极进取、崇尚英雄、自由开放、以苦为荣等优秀品质,融入了中华文明的精髓,成为我国传统文化的宝藏。草原体育文化是华夏体育文化的重要组成部分。"②

第二节　民族体育的人文生态和谐之美

作为一种文化形态,少数民族体育与舞蹈、宗教、民俗、军事、生产生活等密切相关,苗族的跳芦笙是舞蹈,也是体育,纳西族的东巴跳是宗教表演也是武术活动,壮族的抛绣球是民俗也是体育表演,哈萨克族的姑娘追、柯尔克孜族的追姑娘是婚俗也是体育活动,傣族的堆沙是佛事活动也是体育创意。这种融合恰恰是民族体育的魅力所在,体现了体育与舞蹈艺术、宗教、生活的生态交融。

---

① 包呼格吉乐图.论蒙古族传统体育的社会功能:兼论蒙古族那达慕的起源及今昔嬗变[J].南京体育学院学报(社会科学版),2010(6):66.

② 刘刚.论草原体育文化的传承与保护[J].赤峰学院学报(自然科学版),2009(9):156.

一、与舞蹈类艺术的同生同伴

少数民族体育是舞蹈、音乐、艺术、宗教、巫术、傩技等的结合体,有时我们很难进行区分。跳芦笙、跳竹竿、跳霸王鞭等既是舞蹈,也是体育,这是因为这些民族体育文化尚未形成单独的文化体系,而是以一种综合的交融形式呈现出来的,与舞蹈类艺术形成了"你中有我,我中有你"的格局。在广大少数民族社会中,许多原生态体育形式就是和艺术、舞蹈、音乐甚至傩戏等民俗活动结伴而生、结伴而行的,可以说,各种文化形式之间互为渗透、彼此影响。芦笙是苗族文化的象征,跳芦笙是苗族最有代表性的文体活动之一,普遍流传于除湘西之外的各地苗族中。跳芦笙的历史悠久,《宋史·蛮夷四·西南诸夷》载:"至道元年,龙光进率西南诸蛮来贡方物……上因令作本国歌舞,一人吹瓢笙如蚊蚋声,良久,数十辈连袂宛转而舞,以足顿地为节。询其曲,则名曰水曲。"清《黔书·苗俗》也载:"每岁孟春,合男女于野,谓之跳月。……男编竹为芦笙,吹之而前,女振铃继于后以为节,并肩舞蹈,回翔婉转。"跳芦笙从表现形式看,其动作特点是幅度大、力度强,主要动作靠脚、腰、头等部位的摆动来表现。跳时男子双手紧握芦笙,充分发挥脚上的扭、绕、对、靠、踩等的动作,带动上身的俯、仰、摆、转等,既有情又有趣,加之优美的芦笙旋律及跳者感情变化,更加烘托出场面的热烈壮观,充分反映出幽默、粗犷、豪迈的民族性格,流露出强烈的民族自豪感和自信心。这种项目既有民族特色又有娱乐、健身的特点和艺术欣赏价值,在其独特的运动方式中注重民族感情、民族精神,以民族风格将审美对象与审美主体自然融合,令参与者与观赏者同时获得精神上的享受,使少数民族体育更富有魅力和活力,使人的身心需要和情感愿望达到满足,人们在这些活动中直接得到心灵的沟通和情感的抒发。

二、与生产生活的不离不弃

少数民族的体育文化，处处体现发自内心的对生命的执着、对生活的热爱、对理想的追求，可以说没有粉饰与浮躁。他们跳舞是为了示爱，打歌是为了庆丰收，参与体育文化活动不是技巧，而是生命本身，是生活本身。民族体育就其内容来说，主要表现和反映的是特定地域、特定民族的历史和生产、生活，是人们劳作与生活动作的模仿和再现，从中可以找到人们真实生活的影子。在苗族寨子里，许多体育活动实际是人们生活中的一部分。在苗族寨子里，社会是乡土的，因此苗族的体育也是连着土、连着泥，沐浴在自然的和风里的。苗族人们用自己的智慧与勤劳，因地制宜、因陋就简地为我们创造性地发明和制作了各种强体、健心的土器械、土玩具。这些土器械、土玩具不仅给人们带来了健康愉快，而且启迪了人们的才智，培养了能力，使人们终身受益。

图7.4 自娱自乐的跳三弦

爬花杆、荡秋千、射弹弓等就是其中的典型代表。爬花杆是滇南、滇东北苗族在"花山节"期间所从事的一项体育竞技娱乐活动。每年农历正月初三至初七，凡设立花山场的地方都少不了这一项体育竞技活动。"先在场地上竖立一根高二至三丈的木柱，并置猪头、酒、钞票等于杆顶，以作表演最佳者的奖励。表演时,由一人双足紧缠花杆而上,头朝下吹芦笙,接着上身猛腾,翻转 180 度,头朝上吹笙。如是反复循环,直达杆顶,旋即以脚趾夹住猪头等,双足伸出杆外亮相。然后趾夹钞票等蛇行而下,至离地面数尺处,即猛跃翻筋斗着地,自始至终笙声不停。"这种体育游戏,对于朝夕相处于深山密林,习惯于爬树摘果的苗族小伙来说那简直就是"家常便饭"。

荡秋千也是一种与日常生活紧密相连的体育活动。几根木头搭成一个高高的架子,两根拴在横梁上的绳子,就能让身体飞起来。山里的木棍、草编的绳子,心到手到,天然成趣。享用的是自然的馈赠,得到的是生命最初始的情趣。在大自然里,享受空气的自由、身体的自由和心灵的自由。最简单的方式,呈现的却是最有活力的生命状态。可见,生命和物质有时并不需要一定密切相关,还是这些荡在秋千上的苗族人们最懂得生活的真谛。打弹弓是苗族人民由投掷衍生出的射击器械,树上的果子是人们追逐的仙物。但有时不能达到果实最繁茂的树端,于是便采用甩出木棍、瓦片、石块、泥块等去击打树梢的方法。尽管弹弓发射的是最粗糙、原始的石块、泥丸,但其准确度大大超过手臂的投掷。不但可以获得果实,还可以猎杀鸟、蛙、蛇等动物。即便没有射杀的对象,人们也会选择一个特定的目标进行准确度的较量。当然,不会去计较结果如何,也不会去求得什么奖赏。

民族体育的这种生活性特征,时时伴随生命的律动节奏,是在极其自然的状态下进行的。这些运动和游戏和着自然的节拍,接受自然的节制。运动本身和生活的时空重叠在一起,甚至本身就是生活。不拘形式,不拘场地,不拘人数,天然地与生活密切相连。集肢体活动、精神娱乐于一体,没有直接功利,是真正的"强身健心"的活动。

三、与生命意识的如影随形

生命意识是每一个现存的生命个体对自己生命的自觉认识,其中包括生存意识、安全意识和死亡意识等。少数民族体育作为民族文化的一个重要方面,体现着民族生命意识。牛和牛打架,这是一个建构的过程,如果是在无人的情况下,也不知道这是一种什么内容? 但有了人的出场,就增加了斗牛的内容,增加了斗牛的累赘,增加了斗牛游戏的深度和广度,使其成为一种寄托人意识的"动物性表达"。文化是人类建构的,仪式、规则是人制定了,这就是游戏的本质所在。彝族、苗族酷爱斗牛,他们把牛视为兴旺吉祥的象征,每逢节日举办斗牛比赛,附近村寨的民众就会关门闭户,男女老少,都会前往观赏。其中不少牛主更是把这看成展示养牛本领和训练斗牛技巧千载难逢的机会,他们的斗牛方式比较传统,方式古老,仪式神秘,不仅富含神秘色彩,而且具有广泛的群众性和不可替代性。斗牛场上那勇猛搏斗的精彩,魂断沙场的惊险,血战到底的气概,表现了彝族、苗族民族强悍、坚韧、不屈不挠的美学品格。生命的本质就是活着,就是生存、繁衍与进化。人作为生命形态之一,必须遵守生命的本质规律,其首要的目的也是生存。人的一切努力都在为自己的生存奋斗。一切有悖于生存的机制都被进化所淘汰,一切有利于生存的机制都被进化所保留。

四、与民族节日的朝夕相处

节日是民族文化的凝聚与升华,因为多数节日往往与祈求神灵、祭祀祖先、庆贺丰收、民族交往、民俗娱乐等有关。而民族体育的相当一部分就是在民族节日上展示的,节日为民族体育活动提供了良好的场所,而体育活动为民族节日的内容增添了喜庆的内容和跃动的色彩。可以说,二者相得益彰、互相生辉。可以说节日体育文化就是民族体育文化的浓缩和提炼。在这些节日中,体育竞赛、祭祀活动、唱歌、跳舞是节日的主角。苗族花山节日的爬花杆、斗牛;傣族泼水节上的赛龙舟、堆沙等;彝族火把节上的摔跤、斗牛等;侗族花炮节上的抢花炮;蒙古族那达慕上的赛马、射箭、摔跤等。可以说,民族体育与节日,这些活动都是以体育和其他文化形式形成的复合文化去展示悠久的历史和古老的文明。

少数民族大多居于山区、森林、草原等边远地区,自然环境的阻隔,以及历史上造成的民族问题的影响,他们长期生活在闭塞、狭窄的村寨中,只有在各种节日时才可能进行社交活动。在这些活动中,可以使他们的身心放松,具有挑战和刺激,并能烘托节日气氛的体育活动格外受宠。以壮族三月三为例,男女青年穿上节日盛装,云集山头对唱山歌,互相抛接绣球,通过绣球传递爱情,这种以体为媒的传统活动成为众多少数民族节日中的主角。在节日中展示的体育文化,常常因为富含仪式符号和象征韵味,再加上一定的规则和秩序,常常体现出一种不一般的神圣和独特的韵味。

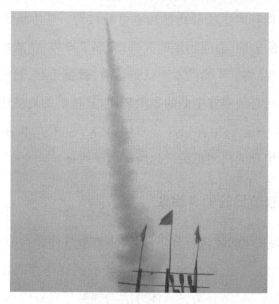

图 7.5 傣族泼水节上的放高升

五、与宗教信仰的相反相成

从人类文化的发生发展来看,任何文化的最初萌芽都是从原始宗教中发育出来的,而民族体育也常常是以宗教为前奏的。一方面体育彰显人的力量,追求一种人的本性,随着原始宗教观念的产生,体育活动就逐步远离人们的现实生活,蜕变为娱神的活动,变得扑朔迷离,带有巫术气息,这在一定程度上阻碍了向民俗性、娱人、健身的方向发展。由于宗教与传统观念的束缚，人们在进行传统体育活动的时候，对其中烦琐的仪式、秩序、规则、形式乃至习惯法等很不适应，却不敢轻易删改，更不敢冒犯祖先传下来的规矩，这对人们的思想和行动有极大的束缚。另一方面，体育也是宗教活动的产物，是在原始宗教的功利因素诱发下，在满足人们心理需要的祭祀活动中产生、形成的，伴随着宗教意识的延续而流传和发展。

宗教作为一种文化现象，它表现为人对自己创造出的神灵持有两种态度，即爱与怕的双重心理。原始人创造宗教，是因为人们希望在大自然威力面前倾诉自己力量的渺小、生命的脆弱，因而希望自己能像神灵一样强大，并在神灵的保佑下平安地生存下去。从抚慰心理需要的角度出发，便出现了祭拜等宗教仪式活动。而祭祀中的体育、舞蹈活动，就是表达希望与恐惧的宗教情感的产物。据实地调查，最初的火把节以祭神驱鬼为主，人们穿上盛装"持火照天以祈丰年"。火把节上的体育活动也承载着彝族人对和谐美好生活的心灵寄托。例如，彝族在举行摔跤会之前要先请毕摩主持祭"火神"仪式，通过祭火神实现人神沟通从而达到祈福免灾的目的。同样在泼水节上，傣族人民身穿节日盛装，欢聚在澜沧江、瑞丽江畔，举行龙舟赛。龙舟赛前，祭师将焚香杀鸡祭献龙王，祈求保佑风平浪静，竞渡获胜，保佑来年风调雨顺，获得更大丰收。再如"放高升"，高升的特定意义就是辞旧迎新、祈福禳灾。可见，虽然民族节日体育已从娱神慢慢向着娱人的方向发展，但祈福消灾的寄托功能在心灵深处还是根深蒂固的，并深深地融入了人们的生产、生活实践中。

六、与社会文化的相濡以沫

民族体育能够折射出民族的政治、经济和文化等社会发展，无论是萌发，还是流传、演变、融合、消亡，反映了社会的变迁，是社会的缩影。瑶族的打陀螺，南丹白裤瑶源于"打土司"活动，白裤瑶《土司官夺瑶王印》载"莫姓土司垂涎瑶王的权力,以结亲的形式骗取了瑶王的信任,并带兵攻打瑶寨,杀害了瑶王",瑶族人在纪念瑶王的活动中,为了泄愤发明了用石块打"土司头"的活动,逐渐发展成了打陀螺。打陀螺反映了瑶族人民以其丰富的想象力和智慧,创造了丰富多彩的体育活动,并将瑶族精神文化内涵嵌入其中,表达了自己的理想追求和意志诉求,表达了反抗压迫、反抗剥削的精神,寄托了瑶族人民战胜黑暗的强烈愿望和对幸福美好生活的向往。

苗族是最善于保留民族文化痕迹的民族,可以说用各种习俗记载历史,保持对祖先的怀念。今天湘西苗族山寨中的上刀梯,是公认的最具原汁原味特色、保持苗族民族品性的仪式性体育活动。上刀梯在《湘西文化大辞典》的注释为"苗巫师传法的盛大仪式",即苗老司在傩事司事的过程中,凡是学艺者在应届满师时,必须要进行隆重的"迁阶"活动。据实地考证,木杆上保持由36把钢刀组成的刀梯代表36道关口,象征苗族历史迁徙过程中经过的重重难关;赤脚上刀梯和在刀梯上表演"倒挂金钩""大鹏展翅""观音坐莲""古树盘根"等规定动作,表明"迁阶"规格要求的不可降低。仪式前后由苗老司主持法事,围绕木柱吟咒语,暗示其仪式活动的庄严和神秘。上刀梯衍传了苗族先裔"九黎""三苗"勇敢、智慧、富有斗争精神的民族品性,体现着不畏艰险、不怕困难、迎难而上的勇敢精神。他们通过上刀梯来表明自己民族是一个"走在刀锋上的民族",是一个具有勤劳智慧、勇于斗争、吃苦耐劳的拼搏精神和顽强意志的民族。

第三节 民族体育的社会生态伦理之美

民族体育秉承多元文化的和谐内核,承接各个民族各种宗教信仰、文化图腾、民间习俗的多元浸润,在"身、心、群""天、地、人""知、行、意"的文化交织中和谐共生,因此其和谐的生态伦理思想内涵是深邃的、多维度的。

一、认知态度上的神圣性与实用性相结合

民族体育中的很大部分源于神话传说、图腾崇拜、宗教仪式等,与民族起源、社会变迁紧密相连。许多民族体育内容就是祭祀的产物,娱人与娱神兼顾,对这些运动神圣性的认同是一个合乎历史和现实的产物,在潜移默化中形成了以"通天人之际"为最高宗旨的传统范式。这一方面构成了民族体育认知上的严肃与神圣;另一方面,就其发生机制而言,民族体育又是一种草根性文化,发源于社会底层,孕育于人类基本生存需要,广泛流传于民间,它最基本的功能就是实用性的价值体现。民族体育文化无论是在节日庆典、族群集会、宗教祭祀、建房搬迁、成人仪式乃至婚丧嫁娶等不同的场域,都会体现魅力和发挥作用。可以说,在这些场域和氛围中,体育活动能够发挥出其独特的渲染、感化、教育作用,尤其有利于教育下一代、传承民族文化传统乃至提升团队号召力和战斗力,当然有些体育活动还是男女青年选择伴侣、扩大交际的重要媒介和载体。

二、价值取向上的娱乐化与教育性相补充

从文化本质上说,体育就是一种游戏,是一种富含娱乐性和休闲性的娱乐文化。人们之所以参与体育运动,观赏体育活动,就是为了获取快乐感受和美好体验,也就是为了改善生活方式和提高生活质量。民族体育尤其是以其原生性、质朴性、生活性、本真性、娱乐性等文化特性,为人们提供一种积极、健康、向上的消遣,给人们带来无穷的乐趣。从某种意义上讲,体育的商业化、竞技性及其他的特性和作用都是建立在娱乐性的基础上的。

在娱乐大众的同时,民族体育蕴含的那种催人奋发向上的精神、那种能够折射出人性光芒的闪光点,还有它具有高尚的目标,担负着重大的使命,蕴含着深厚的文化,对国民素质、社会风尚、国家形象,发挥着特殊的不可代替的熏陶、教化、塑造作用,民族体育这种教育人的作用常常是在潜移默化

中完成的。随着人们生活水平、生活质量的提高,人们渴望传统,感受文化,作为一种形式表现既是视觉上的感受,也是民族体育发展的召唤。

三、组织形式上的自发性与集体性相对应

民族体育作为一种民俗文化,它的表演场域以野外为主,有日常劳作中个人性的游戏,有庙会期间山野河滩处群体性的竞技等。民族体育就其参与主体来说,创作、表演、传承的主体是普普通通的民众,而非专业人士,他们均来自乡间村落。清水江苗族每年农历五月二十四到二十七日龙舟节时举行的独木龙舟赛,是当地苗族人民自发组织的最盛大的节日性体育活动,享誉中外。赛龙舟活动从采木、凿舟、下水、开划、授礼、竞渡直到上岸归棚存放,都是由村寨人员自发组成;其中赛龙舟运动的最大组织者叫鼓主,一般也是由民间推选的寨老担任的。可以说,自发参与宗族活动,时时注意团结与合作,是苗族龙舟文化群体特征的充分体现。苗族是一个社会组织比较松散的民族,开辟苗疆前,阶级分化、土地私有化并不明显,保留着原始公社的痕迹,如公田、公有林地、墓地等,内部的管理全靠理老、寨老、乡规民约等来共同完成。费孝通讲:"乡土是包含在具体的中国基层传统社会里的一种特具的体系,支配着社会生活的方方面面。"赛龙舟等原生态体育文化正是依靠这种由宗族领导的乡村管理模式,以参与民众主体的广泛性,以与基层文化之间的亲切感和亲合力来维护其存活和发展,体现着原生态体育的本土性。

四、审美方式上的生活化与高雅性相呼应

体育是一个多义词,必须作多义解读,不管人们的观点如何,在探讨少数民族体育文化源流时要从多方面去考虑。民族体育文化交融于舞蹈活动之中、融汇于娱乐活动之中,并作为繁衍、教育后代的手段凝聚在祭礼习俗之中,体现在生活方式和生产方式中。民族体育是让人们学会生活,热爱生

活,创造生活,从而更好地生活、享受生活的一条捷径。民族体育的最终目标是通过各种能力的培养,学以致用,将体育知识、体验技能创造性地运用到生活中去美化生活,提高体育审美品位,引导人们主动接触生活,充分感受生活,大胆创造生活。

与此同时,民族体育同样具有高雅化的文化取向,在实践中达成了形与神的高度契合,实现着一种美的追求。尤其是民族体育能够体现人体运动文化特有的民族风格,体现各民族对生命意义的追求和文化认知,体现一种生命质量的追求。一般来讲,民族体育可以说是形神兼备、形神并茂。形是指运动中的整体外部形象或形态,可以是一个完整动作的静止状态,也可以是动作过程中人的整体运动形态,包括造型、动作与动作的组合形态等;神是民族的精神、心志、意向等内在活动,它可以是流露在外、充溢于表的,也可以是潜藏内隐、含蓄深沉的。形具而神生,形神兼备,则体现着传统体育文化的审美追求。

五、资源消费上的多样性与适度性相协调

民族体育在资源利用上具有多样性的特征,在不同的生态环境下,民族体育可以有不同的"本土化"适应,这种选择就是因地制宜、因时制宜。随地理条件、节令的改变而改变,随沙漠、草原、高原、森林、湖泊等的变化而变化。尤其是民族体育吻合四季节令的改变的规律,在自然界提供的温度、水文、植被条件而因地制宜,符合"天人合一"的整体观,而且因为这种规律决定了其在资源的利用上具有适度性的原则。

与艺术、教育、音乐等类似,体育活动尤其是民族体育是一个不需要耗费过多资源的活动,不需要大量的不可代替的资源,也不会产生重大的环境污染。这种资源禀赋符合现代发展中"从追求消费品数量的增加转向以提高生活质量为中心的适度消费"的发展趋势,这种消费并不反对随着科学进步和社会生产力发展不断提高消费水平,改善生活质量,但它倡导的是健康

合理的"生态化"消费,主张对非基本的消费需求有所节制,环境代价过大的消费还要有所减少。新的消费观注重生活质量的提高。生活质量是指人的生活舒适、便利的程度,精神上得到的享受和乐趣,强调生活的精神价值。生活质量提高的一个显著标志就是人的精神生活水平的提高,精神需要的丰富和充实。民族体育往往注重以整体的概念、直观的感受去体会人体运动过程中形态、机能、意念、精神诸方面活动的动律和存在,并注重这些状态与外部世界的联系和交流。借助于人体内部物质系统的能量流、信息流去维持与外部时空环境的有序活动,不主张事物的极限发展,强调人与自然的和谐。

第八章

两难选择:民族体育的生态危机与发展诉求

第一节　民族体育发展中的生态危机

当下的广大少数民族地区普遍处在由农业社会向工业社会,由自然经济、半自然经济向商品经济过渡的阶段,在这种社会与文化转型的大潮中,本来根基就十分脆弱的少数民族传统体育,在外来体育文化的冲击下,始终处于举步维艰的发展境地。可以说,少数民族传统体育工作的现状与民族地区发展的要求,与满足民众的精神生活需求还存在比较大的差距。尤其伴随着现代社会的转型和外来体育文化的冲击,民族体育发展中又出现了一些与民族地区经济社会发展、与小康社会构建以及民族文化弘扬和发展等不相协调的生态危机。

一、民族体育传承主体的离乡离土

任何文化传统,都会包含创造者、传承者和接受者三个基本要素,其传承与发展也离不开这三个要素的互动。民族体育文化也是如此,如果没有传承者,古老的传统就会断裂,更不会传到今天,而传承者也都是在民俗的怀抱里成长起来的。民俗能够给予传承者以才智、场所和吸引人的方法。风俗的稳定性和程序化,保障了民族体育的传承得以实现,并代代流传。尽管当下民族体育文化在形式上丰富多彩,但它的逐渐消失和失传却也是不争的事实,而且这种消失速度迅速得惊人。尤其是在少数民族地区,民族体育文化正以很快的速度在很大的范围内急剧消失。不少在舞台表演和商业展演中的民族体育艺人基本上来自村寨,有一技之长的民族体育艺人往往因此离开故土外出打工,在发挥向外界展现民族体育积极作用的同时,无形中也给村寨自身的民族体育带来了频率减少,甚至无法进行民族体育活动的尴尬境地。越来越多的中青年村民走向都市,进一步加大了村寨文化断裂的幅度、烈度和速度。对城市生活的向往,促成农村年轻人大量外流,打工成为他们试图改变原有生活方式最为便捷的途径。凡此带来的直接后果就是,年轻人的大量外流造成了大范围的传统体育技艺后继无人的局面,并演变成社会发展进程中可能阻断民族体育文化传承的一股力量。而且,大规模的人口流动使得土生土长的农民变成城里的农民工,游离在农村与城市缝隙之间,这种脱离了原来的生活环境,脱离了本乡本土的身份转换,造成传统体育创造主体的缺失,直接影响到民族体育文化的传承和发展。由于许多年轻人进城打工,以及在现代物质文化引诱下,渐渐对民族传统文化失去了兴趣,这使得掌握了民间体育技能的老艺人面临着招不到学徒的尴尬境地,许多独特技艺面临失传的危险。尤其是现在的年轻人大多钟情于现代生活方式,追求时尚,对传统体育文化产品难有往日的激情和冲动,农村传统体育文化产品的生存状况堪忧。更有一些人认为,保护传统体育文化产品尤其是非物质传统体育文化产品是"保护落后文化和封建迷信",是"时代的倒退",并且在心理上对民族体育文化形成了一定的抵触感。因此在外来文化的影响下,年轻的一代再也抵不住现代文化的诱惑,最终外出去打工挣钱,也不愿意系统地去传承自己的民间传统体育文化产品,从而造成了传统体育文化产品的传承链条发生了断裂。

据调查,在云南石林90%以上的男青年已不会弹三弦、跳三弦;在贵州台江,芦笙吹奏的方法在20世纪中期有11种之多,目前仅存五六种,即使在芦笙文化的流行地区,30岁以下的青壮年男子大约有82%已经不会吹奏芦

图 8.1　跳三弦的多为"38""99"部队

笙,能够跳芦笙的更是屈指可数,节日活动中吹奏芦笙的人多为六七十岁以上的老人,最为可怕的是他们的孩子不仅对芦笙一窍不通,而且不愿学习。[①]众多民族体育项目濒临失传的窘境,如彝族的老虎笙、大锣笙、豹子笙,傣族的男性孔雀舞等,有些体育资源如苗族的上刀梯等只掌握在少数的人员手中,只在特殊的庆典活动中才偶有表演,而他们同样面临后继乏人的困境。

二、体育旅游开发中的真实性缺失

真实性(Authenticity)是一个来自西方的概念,又被译作原真性、原生性、可靠性、本真性等,意味着与生俱有的、不掺假的或者说是"真东西"。1973 年,麦肯莱尔在《舞台的真实性》(*Staged Authenticity*)一文中首次将真实性这一概念引入旅游动机、旅游经历的社会学研究中[②]。现在真实性已经成为旅游研究中的核心概念之一,并引起了各种热烈的讨论和分析。其实,游客在旅游经历中对真实性的渴望,反映了现代社会的不真实。现代社会

---

① 范波.贵州少数民族文化资源开发的思考[J].贵州民族研究,2007(4):111.

② MacCannell D. Staged Authenticity:Arrangements of Social Space in Tourist Settings[J]. American Journal of Sociology,1973,79(3):589-603.

的异化、破碎和失落,激起人们对纯洁、质朴的"原始"生活方式的向往。"旅游的特征就是对真实性的现代追求。在文化旅游中,真实性有赖于生产或再造行为。而过去被看作原初的模型,生产、再造真实性时,必须尊重原初。这样,旅游景点、旅游形象甚至旅游场景中的人,都被定位为相对于主体社会的过去事件、过去年代、过去生活方式、他者生活方式的能指。"①从这个角度,真实性等于"原生态"或"传统"。

图8.2　跳竹竿表演

现在一些地方也以发展民族体育文化旅游为幌子,以发展为借口,为了营利而随意改变、歪曲甚至捏造所谓的"民族体育文化",甚至用民族体育的器材(如弩)来进行射气球等一些伪民俗的体育文化资源来招摇过市,这些文化资源一旦变成"产品"拿到市场上去展示,因为脱离了具体的环境和民族背景,加之因文化的不同而导致理解和阐释的差异,从客观效果上看就失去了"真实性"。其结果不仅伤害了少数民族的感情,影响了民族团结,同时也损坏了民族体育文化在市场中所应有的市场潜力,歪曲了民族体育文化的实际功能和特殊价值。

---

① Taylor,J. P. Authenticity and Sincerity in Tourism[J]. Annals of Tourism Research,2001(1):7-26.

三、民族体育文化贫困的代际传递

民族体育在发展过程中,出现了代际缺失和文化断层现象,具体表现在民族体育在青少年中难以扎根,而老的艺人又找不到传承的对象。就目前来讲,许多少数民族体育的参与人群以老年人和成年人为主,青少年少有参加。以传统武术为例,除彝拳、苗拳、苗刀、苗棍、布依拳、仡佬拳、水家拳、水家刀、水家太极拳、水家棍、水家猴拳、八步追拳、板凳拳、象步虎拳、双铜、金钱棍、打花棍等外,其他的许多拳种中不少已经失传。就从以上仅有的拳种来看,参与的人群已经不多,数量也有限,规模更是太小,不少仅局限于少数民族长辈和成年人自身保存。甚至没有任何组织形式和固定的活动时间及活动地点,只是休闲时少数民族长辈和成年人偶尔自发地在空地自娱自乐。民族山寨基本上无人组织青少年去学习民族武术,当地学校也没有开展本民族的武术活动,而地方政府和民间也少有去组织武术比赛。凡此种种,目前民族传统武术已面临严峻的失传问题,这种局面令人担忧。

民族体育作为一种文化,发展不好也会成为一种"贫困文化",成为贫困文化也同样会出现和存在这样的代际传递问题,这样就难以保障文化反贫困战略,难以保障民族体育政治权利的分享、民族体育经济机会的获得、民族体育受教育权利的保证、民族体育发展社会安全网的构建等,从而难以保障和谐社会的构建和小康社会的发展。

四、土著民族体育文化权利的式微

2007年9月13日联合国大会第107次全体会议通过的《联合国土著人民权利宣言》中规定,原住民有权维护其文化、传统、历史和愿望的尊严和多样性,他们的文化、传统、历史和愿望应在教育和公共信息中得到适当体现;原住民有权振兴、使用、发展和向后代传授其历史、语言、口述传统、思想体系、书写方式和文学作品;原住民有权展示、奉行、发展和传授其精神和宗教

图8.3　卡丁车在民族地区已不稀罕

传统、习俗和礼仪,有权保持和保护其宗教和文化场所,并在保障私隐之下进出这些场所,有权使用和掌管其礼仪用具,有权把遗骨送回原籍;原住民有权建立和掌管他们的教育制度和机构,以自己的语言和适合其文化教学方法的方式提供教育。原住民,特别是儿童,有权不受歧视地获得国家提供的所有程度和形式的教育。各国应与原住民共同采取有效措施,让原住民,特别是儿童,包括生活在原住社区外的原住民,在可能的情况下,有机会获得以自己的语言提供的有关自身文化的教育;原住民有权建立、使用自己语言的媒体,有权不受歧视地利用所有形式的非原住媒体。各国应采取有效措施,确保国有媒体恰当地反映原住文化多样性。各国应在不损害言论充分自由的情况下,鼓励私有媒体充分反映原住文化的多样性。

　　体育文化作为文化权利的一个重要组成部分,但囿于当前民族地区经济、社会发展的不够发达,以及旧的落后观念的影响,民族体育的参与权利并没有得到很好的执行,许多权利并没有"有法可依""有法必依"和"依法抗争",更难谈"以法抗争"。

五、民族体育地方性知识的扭曲

　　当前在少数民族地区,不少民族体育文化被扭曲。比如黎族、苗族的跳

图 8.4 大糯黑小学难见民族体育的踪影

竹竿会被宣传成彝族、土家族甚至蒙古族的"土特产",当地人也称是自己的原生体育文化;泼水节就被傣族外的许多民族借来使用,他们甚至不知道泼水节的宗教渊源和神圣内涵。

图 8.5 岜沙镰刀理发表演

贵州从江岜沙苗族被称为"最后的枪手部落",最近几年成为一个网上热炒的对象,其实当地开展旅游为了增加收入无可厚非,但开展的一些民俗活动(如荡秋千情人节)歪曲了民族文化的本来面目,造成了地方性知识的扭曲。荡秋千本不是当地传统习俗,更没有荡秋千情人节,这是很庸俗的编造;当地苗民有树神崇拜的习俗,但并不是现在旅游者看到的那种跪拜仪式;尤其是本在他们的民俗生活中不予示人活动的剃头成人仪式,却被渲染为用镰刀剃头,并找一些早已过了成年的人公开地表演等。而且这些现在都被宣传为岜沙民俗文化旅游的所谓亮点,更令人痛心的是这些伪民俗还被人们津津乐道并被广泛地传播。这样一来,就连当地年轻人都无法分辨究竟什么是自己的传统文化,这种对民族文化想当然的制造,是对当地文化传承的误导,也是对旅游者的误导,伪民俗显然是对传统文化地方性知识的破坏和扭曲。

科学地、准确地认识并定位民族体育文化,是民族体育文化发展的基础和前提,认识并定位民族体育文化应是慎重和负责任的,因为这不仅关系到民族体育文化本身的传承和保护问题,还关系到民族团结和社会稳定。杨庭硕认为同一民族政策在其实施过程中,由于各民族的传统文化存在差异,其社会性适应也各不相同,对同一民族文化施加影响时的作用点不同,地方性生态知识的传承完好程度也会不同。

六、社会变迁中民族体育文化的失落

就民族体育文化来说,生存和发展必须有特定的文化土壤并依托自己的文化生态,一旦失去合宜的生态环境,自身的平衡就会被打破。以竞争为宗旨的现代社会在生产生活方式上都有自己的特点,这些生产生活方式也产生了与之相适应的休闲和娱乐方式,越来越多的外来体育活动,比如高尔夫、网球、滑板等成为当下休闲和娱乐的选择。曾经被视为不同阶层和年龄阶段的人钟爱的娱乐活动,比如民族体育活动则被逼进了死胡同,或是生存环境艰难。他们在闲暇无事时大多数还是在电视机前度过,或者聚在一起玩纸牌、闲聊等;城市里的也多参与现代娱乐活动,更是少有人去参与传统的体育项目。在民族地区的学校,青少年所接受的体育技能学习多以现代体育项目为主,如篮球、足球、滑板、街舞、健美操等,各地举行的各种比赛也多以现代体育项目为主。有些少数民族地处偏远的贫穷山区,交通闭塞,经济落后,生活尚处于温饱之下,经济上、时间上、精力上更难有民族体育活动方面的投入。可以说,掌握民族体育技艺的人已经渐渐老化;通晓民族体育竞技如上刀山的民间艺人已很难找到;开展民族体育的许多场域和习俗已经过时,比如摔跤决定财物的归属,跳花、爬杆决定男女朋友的选择等;闻名省内外的节日体育活动,也已经被政府包装,换了模样;过去收集到的关于民族体育文化的神话和民俗,现在能够知晓的人已不多。

图8.6 打扑克牌的岜沙青年

图8.7 现代体育随处可见

第二节 影响民族体育生态现状的因素

一、自然灾害的侵吞

灾害指的是洪灾、泥石流、水灾、雪灾、旱灾、地震、饥荒、龙卷风、火山、海啸、瘟疫等,这些自然灾害中的一些常常会给人类带来致命乃至毁灭性的打击,而另一些则会改变人们的生活方式、习惯和社会组织等。自然灾害固然有其自身的规律,但其中的不少则是人类对自然界不合理开发和利用所致。当人们偏重效益中心论的时候,常常又会发现,高效益的背后是人类对自然的无限制索取、消耗和破坏,自然回报给我们的则是令人担心的未来。

环境的安全影响着人类的安全,环境的危机隐藏着人类的危机。只有建立在环境安全基础上的发展才是真正的发展,也只有在环境安全的基础上,人类才能实现可持续发展,追求真正美好的生活。

自然力的破坏对民族体育文化的破坏时常发生,如 2008 年汶川地震对羌寨的破坏、2010 年玉树地震对藏族文化的影响,造成某种程度上民族文化的破坏和湮灭,当然民族体育文化也难以幸免。还有 2010 年冬春季节的西南干旱,使得抗旱、防火等问题提上日程,过年不准放鞭炮、寺庙不让烧香,许多体育活动也受到了限制,尤其是泼水节缩水,这对于民族体育文化活动都带来了影响。

二、城市化的步步紧逼

民族地区曾经处于社会的变革之外,与外界的联系极少。但随着现代化进程和城市化步伐的加快,民族地区的文化生态由于受到现代文明的冲击和影响发生着巨大变化,大量通过口传心授、世代相传的非物质体育文化遗产濒临灭绝的边缘。因为城市化的推进必然会带来对乡土空间和乡土文化的冲击,这在世界现代史进程中已经成为常识性的问题,在当代社会发展中也已经得到印证,可以说具有很大的普遍性。尤其是城市化的滚滚浪潮,使得这种状况迅速加剧,传统体育文化的生存环境面临了更加严重的威胁。城市化进程带来的是一些现代体育项目的大量涌入,篮球、足球等已经成为民族地区学校开展的主要体育内容,而像滑板、街舞、健身操、瑜伽等也已经迅速占领了民族体育娱乐和健身市场。民族体育项目渐渐失去了自己的市场和立足点。

三、原始宗教的爱与恨

宗教与体育之间存在着微妙的关系。在原始宗教的活动中,展示丰富多彩的民族体育文化,这种体育文化通过娱神、祈福等仪式的场域表现出

图8.8　城市化进程势不可当

来,人们怀着对神灵的虔诚与畏惧交织一起的心理借助身体语言淋漓尽致地表达出来,这种表达就是体育的元素。从某种意义上讲,宗教活动借助体育的渲染而加重了神圣、肃穆的色调。试想一下,如果这些宗教仪式中少了体育的元素会是什么结果。正是由于在仪式中有了身体活动这种特殊的身体语言,直观、形象地延续和体现着宗教存在的文化空间。反过来讲,正是由于祭祀仪式活动的开展以及宗教文化的感知力、号召力,在宗教的倡导、组织和实施中有了体育文化的出场。其实体育文化只是一种亚文化,或说是伴生品。但正是通过仪式中的体育活动实现了心里的寄托,渡过了生活的难关;也正是宗教仪式的在场,使得人们接受了民族体育的感召和熏陶,并获得了体育参与的时间、地点、示范和教育,从而直接或间接地获得了心灵的愉悦,获得了一定的健身、健心、乐群的社会文化需求。虽然在感情上认为这种参与是以娱神为目的的,但间接上已经参与到体育活动中去,并使得体育与宗教仪式共生继续延续下去,也许就是宗教在无意识中适应了社会,服务了民生。朱熹在《楚辞集注》中说,"楚俗信鬼而好祀,其祀必使巫觋作乐,歌舞以娱神",就是讲楚地巫风盛行,巫师常常以歌舞娱乐神灵。这种歌舞娱神的习俗历代传承。人类社会的早期,在蒙昧意识的支配下,人们推己及"神",甚至还曾以各种方式讨好自然界的神灵。

总之,宗教与民族体育曾经是一个有机体。民族体育文化在宗教仪式中作为一个载体,实现着人神沟通的目标,并延续着宗教的延续和发展;而宗教又给予了民族体育文化一个实践和出场的机会,"体育搭台,宗教唱戏",为民族体育提供了一个实践的时空机会,并带来了一些意想不到的社会健康效果。二者互为依托,体现了一个生理效应和心理效应统一的结合。

四、生存土壤的流失

图8.9　锈迹斑斑的刀梯

民族体育文化有其特定的生存土壤,若其失去了适宜的生存土壤,自身的发展也将失去平衡。万物存在皆有因,生存土壤就是深刻的经济、政治和文化等动因。民族体育的产生绝非偶然,乃是民族地区经济、社会和文化发展的必然产物,曾经以战争、狩猎等为生存土壤。现在,从表面看来,民族体育的确获得了一些发展的空间,比如民运会和节日庆典,国家以及企业的出场给予民族体育发展新的空间,这种空间的提供和推动是以前从未有过的。但从根本上,民俗才是民族体育的肥沃土壤,由于民俗活动的稳定性、大众性,使民族体育的传承与发展得以继续。一般来讲,民俗是一个族群的历史文化传统,是人类历史相沿积久而形成的风尚、习俗的积淀,是社会文化最重要的组成部分之一,是由人类传承的广泛而丰富的文化事象。民俗时尚中有相当成分是关系到体育的,民俗活动紧密地与民族体育的存在和发展相联系,而民族体育以其重要地位显示着它存在于民俗的各个领域,所以民族体育是不能脱离民俗而孤立存在的。

"随着大众传媒时代的到来,现代媒介体育娱乐迅速崛起,与传统民族体育娱乐构成了并存的格局。对于现代媒介体育娱乐来说,在寻求自我确证的心理代偿中,参与者被压抑的情感获得了宣泄释放,体育影像的文化内涵被化解,奖励机制的引入刺激着人们欲望的膨胀,在虚拟的娱乐中,观众越来越疏离了对现实社会的关注。大众传播是官方的权威舆论机构,而民俗则是民间文化,它们之间的鸿沟是天然存在的。随着休闲生活方式的兴起和普及,双休日和法定节日制度的确定,一个名正言顺的大众休闲时代已经到来,大众传播媒介时代下,传统民族体育的发展和命运结局究竟如何,已成为体育学者普遍焦虑的一个问题。"①民族志纪录片《火把节》的导演嘉日姆儿这样解释其拍摄火把节纪录片的缘由(国际人类学与民族学联合会第十六届大会影展,2009 年 7 月昆明):

火把节对于彝族人来说,是融个体、家庭、亲人、社区为一体的年复一年的精神回归,这个节日始终贯穿着宗教仪式的洗礼、亲情的深化和友谊的重组;这个节日除了祭祀、祈祷、娱乐等功能外,还承担着平衡人与自然、人与社会责任;这也是彝族人用自己的方式祈祷世界和平、安宁的伟大节日。今天,火把节在旅游经济的浪潮下发生了巨大变化,大量与文化有关的仪式被缩减、被忽略。

五、现代社会的转型

随着经济的发展和社会的进步,民族地区物质文明的水平和程度有了史无前例的提高,这使得少数民族体育赖以生存的土壤发生了根本性的逆转。这表现为,经济生产方式发生了一些根本性的改变,少数民族地区的传统文化和宗教信仰正在萎缩,传统的娱乐方式已经被现代娱乐活动所取代,电视、网络以及其他现代娱乐活动成为青少年的休闲娱乐活动内容等。民

---

① 张爱玲,胡建昌.新疆草原体育文化的审美价值取向与反思[J].体育科学研究,2006(1):27.

族志纪录片《蜕变》讲述了与越南、老挝两国接壤处的云南省江城县哈尼族的一个支系阿卡人在社会转型中的情形(国际人类学与民族学联合会第十六届大会影展,2009年7月昆明):

曼蚌小寨的阿卡人世代从事游耕业,然而现在世界变化了,他们从刀耕火种到开田种水稻,从茅草干栏到住进新式瓦房,从使用"明子"照明到家家拉线用电灯。特别是通电,再加上小路通车,他们跨入了"现代文明",短短三年,新的外在生活方式对阿卡人自身的文化、信仰、观念产生了巨大的冲击。他们渴望获得新的生活,却又对快速来临的一个个新事物不知所措,寨老们困惑不已,小寨的阿卡人也充满迷茫。

图8.10　现代化的脚步

上述民族地区大环境的改变,对民族体育的发展带来了巨大的影响。因为相对封闭的社会文化环境,是保持民族传统体育文化产品的稳定性和完整性的土壤,在这样的生存环境下,民族体育文化能够代代相传、自然延续。一旦生存环境的客观条件改变了,又没有主观条件的保证,民族传统体育文化产品传承势必面临着威胁,传承链在某些环节就会出现断裂。民族体育同其他民族文化基因一样,塑造了每个民族的文化,每一种不同的民族体育都是宝贵的文化物种,在当下我们深感时代转型中的阵痛,由工业化、商业逻辑、文化离散、全球性体验所促生的无根感越来越强烈的时候,应对以民族文字为表征的文化物种倍加珍惜。

关于环境在人类文化方面所起的作用，弗思先生概括了三个方面，环境给予人类生活极大的限制；环境在一定程度上总要迫使生活在其中的人们接受一种物质生活方式；环境一方面广泛地限制人们的成就，另一方面为满足人们的需要提供物质；环境对人们的文化生活起着微妙的作用。以鄂伦春族传统狩猎文化为例，鄂伦春族传统狩猎文化是适应大小兴安岭地区地广人稀、动植物资源丰富之基础的，但狩猎文化的存在和延续，受环境的直接控制和左右。如果人口密度达到一定程度，森林资源开发达到一定水平，狩猎生产失去了回旋余地，那么，狩猎文化自然演进过程的断裂，狩猎文化的衰落，将是难以避免的。任何一种少数民族的传统文化都依托于特定的自然环境，如果少数民族不拥有其世居地的环境权，那么对其文化权利的保护就成了无源之水、无本之木。因为，每一种文化都是不同的，它们要适应特定的环境条件，包括自然条件和社会条件。与农事劳作相配合，体现农业节奏；外出打工，以计时或计件劳动领取工资，体现工业节奏。过去广西龙胜龙脊壮族地区山高林密，常有野兽出没，组织男子有限制地进行捕猎，成为当地的一种传统习俗。但后来，捕猎活动越来越缺少节制，对当地生物资源造成至今都难以弥补的损害。在草原地区也是如此，现代社会的转型使得现代生活方式改变冲击草原体育的生存环境。随着牧区经济水平的提高，定居、圈养模式的普及，使得草原体育正在被边缘化。而且现代体育项目与新式健身方法的广泛普及，人们每天被以宣传现代体育方式方法为主的各种传媒所影响，被现代体育健身方法所左右，这些使得草原体育的生存空间日趋狭小。离开了特定的生产方式和生活模式，不仅生产、生活发生了变化，而且直接造成了很多草原传统体育的器材难有用武之地。"赛马、骑射等草原体育项目，就面临马匹数量逐年萎缩，掌握骑乘技艺的人越来越少，缺乏适宜的运动场等多方面的问题，在以经济发展作为唯一重要发展指标的时候，民族文化往往成为牺牲品。即便是传统的'那达慕'大会，也增加了西方体育、现代趣味体育等内容,而传统那达慕'男儿三艺'中必不可少的射箭项目正逐渐被人们淡忘。这样的草原盛事虽然貌似更加齐全、丰富多彩,但也存在着使草原体育异化、消解的隐患。典型的草原体育项目中,马球已经失落于20世纪70年代,会打'布鲁'的蒙古族人已经不多,参与'阿日嘎'游戏的地区、人员及频次也逐年萎缩。民族体育文化已经敲起了消失的警钟。"①

第三节 发展诉求

一、主体地位的回归

人类生存境况的恶化、生存意义的消失与内心的失落使得人类自身成为当今世界最为关注的问题。吴泽霖先生在《贵阳苗族的跳花场》一文中认为:"苗族的跳花、跳场,目的也无非是在发泄社会情绪,使他们苦闷的单调生活,得着一点暂时的调剂。现在有一种主张改良苗族的汉人们,主张把这类风俗革除,其实大可不必,因为这一类的风俗,都有它生活上的背景,除非另外有了替代。废掉了它,对于民族情绪的表现上,是有害无益的。"②

独竹漂作为一项生产劳动技能与原生态体育,其最初的发展具有民间自发性,是人们在生产之余嬉戏娱乐与展示才艺的一种方式,其大多没有记载。1998年,贵州省民族事务委员会文教处发现了这个独特的尘封已久的民族传统体育项目,经过精心准备,在1999年举行的全国第六届民族传统体育运动会上贵州一举夺得该项目金牌,而独竹漂运动也从此获得了新生。

---

① 刘刚.论草原体育文化的传承与保护[J].赤峰学院学报(自然科学版),2009(9):156.
② 吴泽霖.贵阳苗族的跳花场[A].赵培中.吴泽霖执教60周年暨90寿辰纪念文集[C].武汉:湖北科学技术出版社,1988:181.

图 8.11　儿童是民族体育传承的希望

当前,随着贵州省现代化建设的不断发展,传统的独竹漂已经基本消失了,因此曾经孕育与发展该项目的劳动生产环境已经消失,取而代之的是各级相关单位有组织的培育与训练。而随着各级部门的关注与努力,独竹漂项目一定会在不远的将来焕发其特有的文化与体育的魅力,为民族事业的发展贡献出更多的价值。

"村落作为一个相对独立的实体,若能够通过自身的机制,运用自身的资源解决其面临的公共问题,而不主要地依赖于外在的国家、市场等力量,这样一种能力和状态,我们便可称其为村落自主性。"①

二、守望乡土情缘

民族体育有着广泛的群众基础和乡土情缘,形式多种多样。民族体育是从乡土社会产生,其传承与发展的根源也在乡土,守望乡土是民族体育发展的动力和源泉。每个国家、每个民族都有其独特的乡土文化传统,这些文化传统是维护民族独立、尊严,促使民族崛起、振兴的强大精神支柱和强大

---

① 刘伟.论村落自主性的形成机制与演变逻辑[J].复旦学报(社会科学版),2009(3):133.

动力,具有强大的民族向心力和凝聚力。作为民族传统历史文化重要组成部分的民族体育文化遗产,彰显民族文化的价值取向和思维方式,具有很强的民族凝聚力与亲和力,不仅是民族文化的精华,是民族精神、民族性格的鲜活体现,而且还是民族情感、民族心理的寄托。民族体育文化遗产中大量的民族文化传统,是民族共同思维习惯和生活风习的反映和表现,产生着强大的民族凝聚力,能促进民族共识、社会认同。

人类学纪录片《守望》讲述了云南省福贡县民间艺人波溢泗的事情,怒族民歌"哦得得"是男女青年谈情说爱、相互表达感情时不可缺少的曲调。民歌"哦得得"主要通过艺人口头传承,目前会演唱"哦得得"的艺人越来越少,流传在民间的曲谱、唱词也开始减少,有的已经在民间失传,亟待加以保护。

波溢泗是怒族有名的民间艺人,他们一家祖祖辈辈都生活在高黎贡山上的鲁门寨。波溢泗念过初中,去过昆明、上海等大城市表演怒族的"哦得得",他是村子里有文化并见过世面的人,他一直试图用自己的知识和见识改变家庭及其三个女儿的命运。然而由于各种条件的限制,女儿们并没能靠读书改变命运,最终只能依赖婚姻走出大山。女儿们陆续出嫁了,传授"哦得得"技艺的父亲也离开了人世,大山里只剩下了波溢泗和妻子以及年过百岁的母亲。波溢泗的内心有些孤独,但是他一直没有放弃改变生活的努力,因为他有一个最大的愿望,那就是在村子里组织一个"哦得得"表演队,他希望这门在怒族传承了千年的民间艺术形式不要失传……

民族体育有着守望乡土的文化需求和社会需要,作为民族自创的"土生土长"的健身运动形式,由于其极具民族特点,并和他们的生活、生产息息相关,一旦离开其生存的乡土社会就会成为无源之水、无本之木,失去了供给养分的根。

图 8.12　石林客车上跳三弦的宣传图片

图 8.13　摆手舞健身的广场化

三、拒绝边缘化

民族体育走到了"主流"与"边缘"的十字路口。拒绝边缘化就要有以下两个文化品质取向作为保障:一个是其社会核心价值体系不能脱离大众;二是民众幸福感受度不能降低。民族体育体现了民族文化的本质和核心,反映了社会核心价值体系,而且其生存状态与民众参与度有着重要的关系,能否体现民生利益,能否融入大众,能否保证大众文化消费的核心价值诉求是直接导致民族体育融入主流文化的关键。反之,主流文化的缺失与民众参与度有着重要的关系,主流文化没有融入大众,或者说是大众文化消费缺少核心价值诉求直接导致民众文化消费淡出主流文化,表现为主流文化的缺失。可以说,民众的幸福感是随着社会经济和科学技术的发展而发展的。尽管民众的物质经济条件已经远远高于改革开放的前三十年,但民众对幸福的追求和渴求也达到了空前高涨的程度,民众的幸福感不完全取决于物质条件的满足,更多的成分是体现在精神享受方面。

在这些方面,民族体育具有独特的文化品性,无论从内容到形式,乃至内涵等方面,民族体育以其独特的休闲品质和娱乐品性,能够为民众提供更多的精神享受和娱乐追求。经济、社会发展中会出现边缘化倾向,同样在文化领域也会出现边缘化迹象。在现代体育加速发展的过程中,一些外来的体育项目成为社会经济开发和休闲、教育的选择,逐渐成为民族地区体育发展中最具活力的板块,但自己的民族体育文化则由于各种原因下降,最终被排斥在主流体育文化之外,显现出日益边缘化的趋势,甚至差距也在扩大,正显现出边缘化的特征。

四、文化本真性的复位

随着经济社会的发展,民族体育面临着文化资本再生产的机遇和挑战,在民族地区,民族体育文化资本的开发成为当地振兴经济、改善民生的敲门砖,民族体育旅游表演、民族体育旅游产品的开发使得振兴民族传统体育文化与发展经济紧密结合起来。其实,文化资本的开发、传统的发现和利用是发展文化产业、振兴当地经济、改善民族生活、繁荣民族传统文化的正确路子,但在发展文化经济的同时往往会有两个容易出现的偏向。一是对待民族传统文化的随意性。表现为急功近利,背离民族的意愿,不尊重文化持有者、文化生产者的要求,甚至歪曲、丑化某些民族的风俗。这样做的结果,不仅伤害了民族感情、影响了民族团结，也损害了传统文化的形象，其与振兴民族传统文化的初衷是相背离的。二是将传统文化仅仅作为实现经济利益的手段。这种极端实用主义使文化成为经济的奴隶，丧失了文化的尊严，实际上是对民族本身的不尊重。在市场与民俗结成"养育"与"被养育"的关系之后，民俗往往就有了太多的无奈和诱惑，而只能在两者之间徘徊。面对着商品市场的冲击，民族民间体育发展也必须从更深的层面上考虑品格与血脉的问题。本真性是民族体育文化品性的表现和体现，是民族文化历史积淀的结果，体现了民族文化的本质和核心。

五、传统的驻留和发现

传统是世代相传的行为方式，是规范社会行为的文化迫力，是决定文化及其类型形成、延续、发展或停滞的相对稳定的内在要素。庞朴、汤一介在比较传统文化的基础上，相继提出文化传统的基本特点。庞朴认为：与传统文化相比，文化传统是活的文化。而汤一介也认为：文化传统是指活在现实中的文化，是一个动态的流向。对于文化传统而言，应是如何使之适应时代来选择的问题，因此它将总是既有民族性、特殊性而又有当代时代精神的文化流向。不管人们愿意或者不愿意，一个能延续下去的民族的文化总是在其文化传统中，而且不管如何改变它仍然是这一民族的文化传统。民族体育作为一种传统，不仅表现在各种程式化的理论方面，还广泛表现在民族的风俗习惯、生活方式、审美取向和价值观念中。民族体育就是各民族历史文化发展过程中的一种特殊积淀，是力与美的结合。文化传统是要体现在传统文化上的，比如民族体育就是文化传统的载体。庞朴认为，一个民族的传统无疑与其文化密不可分。离开了文化，无从寻觅和琢磨什么传统；没有了传统，也不成其为民族的文化。可见，传统是文化的一部分，而文化的传承发扬离不开传统，二者之间相辅相成，缺一不可。"文化传统则是指历史过程中，一个国家、民族经过历史延续积淀下来的具有一定特色和代表性的文化意识,它包含理念、伦理、思维方式、民族心理特征、社会意识等诸多方面。且文化传统一经形成,其影响几乎贯穿于一切传统文化之中,并支配着人们的主观意识和客观行为。"①

图8.14　泼水节上隆重的取圣水仪式

① 杨艺."传统文化"与"文化传统"之新视点[J].西南民族大学学报(人文社科版),2004(5):289.

第九章

和而不同：民族体育发展的生态选择

冯友兰说："任何民族或任何时代的哲学，总是有一部分只相对于那个民族或那个时代的经济条件具有价值，但是总有另一部分比这种价值更大一些，具有长远的价值。"①相信这对于中国传统的文化而言同样具有普遍的意义。民族民间体育文化也是这样，它也拥有不变的和可变的成分。在民族体育生态学的视野中，那些不变的成分将拥有长久的价值而被社会和人民选择，而随时代和环境可变的成分同样会被社会和人民不选择而自然淘汰。

对我国广阔的地域分布、庞大的民族数量、复杂的社会结构、多元的文化形态，认识不明甚或定位不对就会使得民族体育的发展偏离正常的发展轨道。"体育是社会发展和人类文明进步的重要标志，是综合国力和社会文明程度的重要体现。我们要坚持以增强人民体质、提高全民族身体素质和生活质量为目标，高度重视并充分发挥体育在促进人的全面发展、促进经济社会发展中的重要作用。"这段讲话为新时期我国各项体育事业的发展绘制了宏伟的蓝图，也为民族体育的发展指明了方向。

第一节　民族体育发展的生态之惑

"平衡，既是宇宙规律，也是社会规律，它是客观存在，不以人的意志为

---

① 冯友兰.中国哲学简史[M].北京:新世界出版社,2004:3.

转移。人类需要生存与发展,就必须认识平衡规律,适应平衡规律,运用平衡规律,这是一条万古不变的原则。"①生态选择就是良性选择,选择符合发展要求的、与经济和社会发展适应的发展道路。

一、经济效益、社会效益抑或生态效益: 发展意义取舍

经济效益、社会效益和生态效益,这是一个在当前社会发展中时常被提起的内容,也是一个充满矛盾的内容。社会效益是指最大限度地利用有限的资源满足社会上人们日益增长的物质文化需求。社会效益是民族文化发展的常态要求,因为文化是要服务于社会的,要为社会发展提供精神动力和智力支持。生态效益是指人们在生产中依据生态平衡规律,使自然界的生物系统对人类的生产、生活条件和环境条件产生的有益影响和有利效果,它关系到人类生存发展的根本利益和长远利益,生态效益是随着后工业社会的发展,伴随着生态文明的要求而日益凸显出来的,民族体育在生态效益上是要超过现代体育的,它不需要太多的场馆和设施要求,许多就是扎根乡土,活跃在民间的。所谓经济效益,是指通过商品和劳动的对外交换所取得的社会劳动节约,即以尽量少的劳动耗费取得尽量多的经营成果,或者以同等的劳动耗费取得更多的经营成果。

经济效益在目前似乎是一个要被淡化的内容,好像强调经济效益就意味着要牺牲社会效益和生态效益一样。其实,对于民族体育发展来讲,强调社会效益、生态效益没有错,尤其是在当前社会发展的主旋律下,但民族体育发展也要和民族体育文化持有者的民生结合起来,对于广大的少数民族来说,在西部地区,他们的生活还不富裕。如果能在保持生态效益的前提下,适当地改善他们的生计,那将是个不错的选择。因为改善生计,文化持有者就有发挥的积极性和主动性,那对民族体育的发展将起到很大的推动作用。

---

① 葛楚英.平衡:人类生存之路[M].武汉:湖北人民出版社,2006:4.

图9.1　凤凰的跳鼓表演

二、生存文化、享受文化抑或发展文化：发展目标定位

"生存文化是一种以生存为旨归的文化模式，是人类文化独特的空间组合，因自然空间狭小或自然资源短缺而导致族群生存危机，不得不通过流动来拓展生存空间或通过改造生存空间而形成的一种文化模式。生存文化是历史凝结成的一种生存方式，是在特定的地理环境和人文环境中、在相当长的历史时期内逐步形成的，具有一定的稳定性和传承性，且在经济、社会、人文等方面呈现鲜明的草根性特征。"①民族体育文化曾经担负生存文化的职能，尤其是在生产、生活分离不太明显的时期。对劳动者素质的提高，很大成分就需要民族体育担负起来。"体育运动是从远古人类生产活动中逐步演化和分工出来的一种体能文化。从原始人实现手脚分工之后，人类用手投掷石块以猎获动物；抡起木棒进行袭击或自卫；为躲避猛兽、强敌或自然灾害而用双腿奔逃，这些事关生存的活动都对人的体能提出了要求。生产工具越贫乏，生产力水平越低下，人类的生存就越依赖于自身的力量。因此，人类对体能的要求来源于生存的本能。而这种要求一旦成为自主提高

---

① 胡晓慧.试析生存文化的"草根性"特征[J].江西社会科学,2008,28(8):245.

体能的意识和行动,体育运动也就应运而生了。"①

随着社会、经济的发展,尤其是机器大工业的出现,人们开始转向享受和发展阶段。民族体育运动是一种既经济又便利的娱乐手段,它能锻炼身体,释放郁闷,维持良好心态,因此,体育逐步成为人们日常生活中一种重要的休闲生活方式。参与体育运动可以进行身体锻炼,体验运动带来的快乐,也可以置身其外,感受运动竞技带来的美感。民以食为天,生存是人的第一需要。要使少数民族体育在尽可能广泛的范围内真正开展起来,还需要从内因出发,真正找到民族体育对他们的生活意义,那就要考虑到生计是一种需要。因为就目前来说,少数民族更关心的是生计,如果民族体育活动能为他们带来经济效益,改善他们的生活,切实地通过体育手段享受到改善生活的成果,那才真正体现了少数民族体育发展的生活意义。在彝族阿细人聚居区——弥勒西山,每个阿细村寨都有一个跳月队,每逢村里有游客、学者参观考察,他们就出来表演助兴。如上述,2008年西三镇可邑民族生态旅游村接待来自国内外的游客13000多人次,户均收入1500元。此举既传播了民族文化,又扩大了收入的源头,对村民的生活起到了很好的改善作用。同样云南西双版纳傣族园采用"谁投资谁受益"的发展思路,采用"公司+农户"的运作模式,以划龙舟、堆沙、丢包、孔雀舞等体育活动吸引游客参与和观赏,广大农民也从中获得良好的经济效益。

改革开放以来,我国经济社会飞速发展、综合国力显著增强、国际地位不断提升,尤其是人民生活明显改善,从生存文化转向享受文化和发展文化是时代发展的必然。人民群众是先进生产力和先进文化的创造者,也是实现自身利益的拥有者。对于大量还在为生计奔波的他们来讲,最迫切的需要莫过于有更多的增收渠道来促进其收入的增长,也使自己在生活水平上获得更大的实惠。如果能通过参与民族体育的途径使其改善"生活"的努力

---

① 郝时远.体育运动的人类学启示[J].世界民族,1997(4):1.

得到一些帮助,切实地通过体育手段享受到改善生活的成果,他们主动参与体育的可能性就会增加,如此,在更广泛的意义上来发展少数民族体育就有了"主体"动力的保证。

三、竞技性抑或非竞技性：发展的文化选择

竞技在历史发展进程中扮演着重要的角色,在社会文化中主要体现出竞争的文化内涵与价值取向。从一定程度上讲,民族体育的竞技性是奉献给社会发展、人类进步最有代表性的文化符号,体现着人类进步和社会发展的主旋律之一。由于原始人类生产技能简单,既缺经验,又少知识,生存资料的获取非常有限,为生存而劳动是原始人类生活的中心内容。而生产技能的高低,直接取决于人的各种身体素质状况。因此,原始人类对强健身体的需求更迫切,就更显得以体育为手段来增强身体素质具有现实意义。同时由于原始人类的生存对自然环境的依赖性很高,为争夺肥沃土地,原始人类开始了以肉搏战为特征的原始战争,并成为人类生活中的一项重要活动。早期战争武器、作战技术方法简单,战争取胜的关键仍是人的身体素质,这种情况扩大并加剧了人类对强健身体的要求,正是这种客观的需求,使早期体育从它产生之时起就紧紧围绕健身这一主要目标。竞技性广泛存在于赛马、赛龙舟、赛牦牛、民族武术、射箭、射弩、射击、摔跤等传统体育项目之中,竞争是现代社会的特色和特征,民族体育的竞技性可以为各行各业提供一种不可缺少的激励机制,从参与和观看民族体育中获取的合理竞争信息,将能够促进社会有序发展和人潜能的挖掘,使人类在更快、更高、更强的生活理念中逐步得到完善,促进社会和谐发展。

与竞技性强调提高竞技水平相反,非竞技性强调遵循健身规律、愉悦身心、休闲取乐。当然非竞技性,即娱乐性是另一个不可忽视的因素。民族体育是生活的一部分,与舞蹈、生产等紧密相连,比如跳竹竿、跳锅庄、阿细跳月、荡秋千、打陀螺、堆沙等都是以娱乐和休闲为基本特征的,体现了民族文

化中柔美、细腻的特征。与现代竞技体育不同,娱乐性是大多数民族传统体育项目的共同特征,这也是在广大外来体育流行的时代,民族体育以其独特的娱乐特征和消遣气息吸引民众的重要原因。

民族体育的竞技性还是非竞技性是一个值得讨论的话题。竞技和游戏是民族体育运动非常重要的两大要素,如果民族体育运动缺少了竞技成分,将失去其独特的历史韵味和文化气息,也就失去了关注的资本;如果民族体育运动缺少了娱乐成分,将会背离民族体育的本真:来自生活、服务生活,也就会失去民众参与的动机。因此选择竞技性还是非竞技性,在民族体育发展中可能有两个取向,对于竞技性比较凸显的则会选择竞技性特征,而以生活性为主的则考虑其非竞技性特征。现代社会对民族体育文化具有多元化的现实需求,适应社会的发展和人的需要,充分展现竞技魅力和休闲韵味。民族体育发展模式应该是一个本土化的、多元的、多样的文化选择,强调大众的参与,价值取向上体现休闲意蕴和娱乐特征,尤其是可以依托趣味形式,达到健身目的。在此基础上使体育的竞技功能、健身功能和趣味功能得到更广泛的发展。可以说,体育的健身性、竞技性、休闲性、娱乐性在民族体育以及民族文化的整个发展历程中互为补充、和谐共生。

四、官办抑或民办:发展主体定位

政府主导是政府理所当然地履行公共事务管理的职能,是政府文化职能的具体体现。政府主导是指要确立政府在民族体育发展中的主导地位,发挥导向作用,这种导向作用主要体现在政府对少数民族体育发展的态度、对策和具体措施等给社会行为的一种指向或信号,这种指向或信号会告诉人们国家和政府在少数民族体育发展方面要发展什么,不发展什么。具体包括贯彻落实民族传统体育发展的基本政策法规,制定具有地方性特征的民族体育保护和发展的具体条例和措施,并去调控和监督等。

社会参与是相对于国家直接投入民族体育保护和发展而言的,是指社会阶层、团体、组织或个人,以不同方式,直接或间接地投入民族体育事业的发展。民族体育的发展主体在于民间,民族体育文化的生产者在农村,民族体育的土壤在乡土,而民族体育文化的主体在于广大的乡土社会。从这方面来讲,民族体育的发展主体应当在于民间社会,民族体育文化作为一种非物质文化遗产,其保护和传承、发展需要文化生产者主体作用的发挥,而民族体育的主体是在民间,在民间社会,对少数民族体育的发展要坚持主位保护和主位发展,强调主位就是要充分调动文化所有者、生产者的主体地位,文化持有者主体地位的体现,弗朗兹·博厄斯坚持认为每种文化都必须根据它自己的,而非那些外来研究者的标准和价值得到理解,这标志着对他那个时代占统治地位的世界观的一个重大突破。历史上的民族文化遗产的创造与积累是人民群众智慧和创造力的体现和物化,人民群众是文化的创造者、传承者,也是文化的保护和发展主体,在新的历史时期,民族文化的传承与发展依然要靠人民群众,倘若没有人民群众的参与,无论多么美好的蓝图,也只能是政府的一厢情愿,智慧藏于民间、力量源于社会,无论是国际话语权还是普遍参与权,无疑都需要基于全体国民的支持,而不是仅仅仰仗于政府机构和权威人士。

但就目前来讲,在社会主义初级阶段,在广大少数民族地区,经济社会还很落后,在这样的社会现实基础上,忽视政府在民族体育发展中的作用是非常错误的。实事求是地讲,政府在民族体育发展中的作用不可替代,尤其是在民族体育保护、发展的政策制定、资源调控等方面。从公共利益的角度分析,政府有理由也有责任在非物质文化遗产传承保护中发挥一定的作用,当前我们开展非物质文化遗产保护工作的原则是"政府主导,社会参与,明确职责,形成合力"。

五、师徒方式、民俗方式抑或学校方式：传承途径选择

中华人民共和国成立前,民族地区学校比较稀有,在较为发达的农村也

图 9.2　摔跤前称体重

仅有为数不多的私塾,在边远的民族地区,许多民族还处在结绳记事、刻木计数的阶段,文化的传承主要靠口耳相传。民族体育的传承方式以师徒方式,以口传身授为主,这是最为传统的传承方式。这种传承方式的优点在于随时随地,自然而有效,尤其是一些技艺性强的民族体育项目,尤其需要借助这种传承方式。过去的师傅传徒弟,师傅卖艺是为了生存,徒弟学艺也是为了将来的生存,民族体育中就包含了众多"艺"的内容,艺是为了生计而存在的,传授与表演技艺是一种职业,收徒拜师是民族体育延续和传承的一种重要方式,比如苗族、傈僳族的上刀山、下火海。当然师徒方式中也有一种家族血缘性传承,新疆维吾尔族的达瓦孜就是一种家族血缘性传承,由于对学习者的天赋有极高的要求,采用了类似中原地区武术中的太极拳的传承方式,有陈氏、孙氏、吴氏、杨氏等,而达瓦孜传承最为突出的就是新疆和田地区墨玉县阿西木·阿吉家族。对于民族传统体育文化来说,师徒方式多以单线式传承为主,基本结构就是一对一传承方式,而且一般就是传内不传外,不会把自己的独门绝技轻易传给别人,具有门派和家族行规,体现着很大的保守性和谨慎性。这种传承方式带来的一个最大的特点就是民族体育技艺的流传范围会越来越窄,最终导致掌握民族技艺的人越来越少,甚至随着传承人的相继离世,最终落下个人亡艺绝的悲剧。

民俗方式是在潜移默化中或是互相熏陶中学会的，比如阿细跳月等民族体育内容，在节日中、在休闲娱乐时，大家互相切磋、互相模仿就学会了。

学校作为一种文化传播的主战场，在现代社会早已成为文化传播的主要途径，但学校对民族文化的传承还应该担负起更为重要的时代责任。因为学生很大的生活空间是在学校、在课堂。学校对民族文化的传播有其独到的功能和效果。学校是发展民族体育文化的基层单位，也是体育文化培植的摇篮，更是民族体育走向普及化的重要场所。现代体育活动大多经历了从学校到竞技场再走向世界的过程，如篮球、体操、足球、橄榄球等都是，学校体育在培养规范化、科学化方面很有市场。学校应担负起传承民族体育文化的责任和义务，结合地方和民族实际，选择地方性、具有民族特色的项目，进学校、进课堂，在教师、场地、器材等方面落到实处，并有计划地进行训练、比赛，以及做好普及的指导、示范和提高工作。

上述传承方式各有所长，有的传承方式可能因为经济社会发展已经或快要失去作用，传承民族体育文化要审时度势，顺应社会的发展要求，在保留传统传承方式的前提下，可以重新建立一些新的传承机制，以适应经济社会发展和民族传统体育文化发展的需要。就当下来讲，加大学校对民族体育的教育力度，把一些优秀的传统体育文化引入学校教育体系，加强对学生进行民族传统体育的教育，不失为一个行之有效的保护的发展方式，这种发展方式可以使民族体育文化得以完整地、有序地传承和科学地发展。

六、同化抑或交融：文化变迁方式的取舍

现代化就是一个模具，在衡量、塑造和生产众多的文化形式，就像一个固定的手术一样，只要上了他们的"手术台"，就会被他们整出一些固定的"面容和形态"，而这些面容和形态的模板就会是现代的、外来的。这些被他们称为规范的内容，明显带有西方化的特色。按照这种发展逻辑，现代社会越来越迈向大同，未来的世界将同化为一个单一的文化，即世界大同的文

化。这种看法似乎从飞速发展的现代科技中找到了根据。计算机网络等先进的通信手段、高速便捷的交通工具还有迅速发展的国际贸易,把世界上的大部分人都联系到一起。地球正在变小,越来越像一个小村落,居住在地球上的居民彼此之间再也没有不可逾越的屏障。加拿大学者麦克卢汉 20 世纪提出的"地球村"的概念,现在正在变为现实。于是有人认为一个单一的大同文化对于人类来说将是一件好事,因为这会使人们不至于互相误解,不再因为文化的误解而发生冲突甚至战争。世界大同文化果然是可能的吗?设想一下,假如全世界都按照同一种生存方式来生存,采用西方社会的生存策略,那么都会采用同样的生产方式,结果就是资源的耗尽和环境的破坏。而"文化多样性才是人类生存最需要的,而不是什么所谓的大同文化。人类文化的多元性还是必将继续存在的。在一个社会中存在着不同思想和生活方式的人群是一个非常自然的现象。尽管许多文化的变迁会使不同人群之间的界限不那么分明,但是,作为不同文化的核心的世界观、价值观等仍然显示着不同人群在处理各种关系上的差别,从中可以看出人们是怎样顽强地坚持着自己的文化传统的核心内容的。强求同一的大同文化不仅是没有必要的,也是不可能的,和而不同、多元并存的文化格局才是世界文化发展的永恒主题"①。

"文化适应过程是在多元文化的影响下进行的。因此,少数民族的文化适应,在对自然的适应带来产业转型的同时,更多是对多元文化的适应,这种适应,改变了传统文化,也带来了民族文化的交融和文明进步。各种文化的交融适应,带来了民族文化的进步和趋同,这种民族文化的交融、适应、趋同过程,现在仍在进行中。在中国特色社会主义制度下,民族文化的适应已完全消除了民族战争的极端形式,而走向团结、平等、互助的新型关系。中国是正在走向现代化的国家,少数民族也正在从传统的自然经济走向商品

---

① 马广海.文化人类学[M].济南:山东大学出版社,2003:406-407.

经济,各民族将在更为广大的经济互助基础上,形成更为紧密的血肉联系。在充分发展本民族文化的前提下,进一步适应、进步、趋同,将逐渐汇入中华民族的更大文化体系,这是历史发展的必然趋势。[1] 徐平认为,文化适应带来的文化趋同和更大范围的文化认同,不能简单地理解为同化。同化一词有两个不够全面的出发点:其一是站在文明程度相对较高的民族文化立场上,认为先进民族理所当然地会同化后进民族,带有较强的民族主义立场;其二是片面注重文化适应的后果,表面地将趋同理解为相同,而忽视了适应的过程和各民族文化的交融。一个文明程度相对后进的民族向先进民族的靠拢,绝不是先进民族的"同化"成果,而是文明程度相对后进民族的积极适应的结果。

七、原生态抑或活生态：生存方式的抉择

原生态还是活生态,这是一个关系民族体育生存方式选择的问题。从一定意义上讲,民族体育是体育的原生态,少数民族体育是少数民族由心而发的一种表达,是一种感情交流的媒介和符号。许多少数民族的体育活动就是体育的原生态,反映了体育的根,反映了体育最本质的东西。因此不同于现代的主流体育,甚至有时候看起来不是体育,它与舞蹈类艺术常常是同根同源,有时候甚至难以辨别。例如,壮族、黎族的跳竹竿,苗族的跳芦笙,白族的霸王鞭,藏族的跳锅庄,傣族的孔雀拳,土家族的茅古斯、摆手舞等,既是舞蹈,也是体育。可以说,"少数民族体育和传统舞蹈等作为民族文化中的一部分,在其历史发展过程中是呈交缚、分化、吸纳、共生的关系向前推进的"[2],既能"以体形变化诱发身心的美感,具有审美特征和文化意蕴,又能

---

① 徐平.文化的适应和变迁:四川羌村调查[M].上海:上海人民出版社,2006:230-236.

② 白晋湘,杨斌,彭劲松.交缚、分化、吸纳、共生:论中国传统体育与民族舞蹈的历史渊源[J].北京体育大学学报,2001(2):145.

对身体进行有意识的塑造和美化"①。属于"情动于中而形于言,言之不足,故嗟叹之,嗟叹之不足,故歌咏之,歌咏之不足,不知手之舞之,足之蹈之也"的那一种。

民族民间体育又是一种活态的体育形式,"恰是一条流淌的河",伴随着乡土社会的社会文化变迁而生生不息,因为今天的原生态不代表几千、几百年前的原生态,今天的原生态也不代表未来的不发展,其中更多地体现了弹性体育文化的特征。从这个意义上讲,把握民族民间体育的属性,不可用僵化的眼光、统一的模式以及固定的方法,民族民间体育中的多数在当前还是非主流、非现代、非城市甚至非规范的体育,它只是一种根植于中国传统社会的文化土壤,与图腾崇拜、祭祀仪式、民族迁徙、节庆活动、风俗习惯等紧紧联系在一起的"文化自我表达"形式。

原生态是少数民族体育的特色,少数民族体育携带着古老传统文化的基因,具有厚重的文化积淀,是经过历史淘洗沉淀下来的文化瑰宝。但少数民族体育更是一种活态文化,与人们的日常生产生活紧密相连,继续在现代文明进程中存在和发展。因此原生态不代表没有变化,没有变化的原生态那也许就意味着"自生自灭"。其实,真正原本的或原始的生态环境早已不复存在,因此"原生态"只能是相对的。"现代化就像一列快速行进的列车,让我们可以躲闪却无法制止,现代化是一种趋势,也是一个过程,它对任何区域、任何领域原有的生态、原有的生活方式、原有的对世界的认知都会产生重要影响"②。这种面临的挑战是无法避免的,往往不是一个集团或者个人的破坏,而是时代发展进程中的自然淘汰法则,优胜劣汰,是大自然的普遍规律,也是人类社会发展和进步的一般规律,几乎没有人能够去阻止或者改变。原生态也要顺应时代需要而变,因为传统的性质要发展,传统发展之

---

① 胡小明.论体育与艺术的关系[J].体育科学,2008(10):3.

② 笑蜀.保护藏文化要防止两个极端:访全国政协外事委员会副主任韩方明[N].南方周末,2009-03-26 (31).

后又变成了新的传统,只有在发展中保存传统,并使之发展,才是最积极的做法。

萨林斯曾以非西方民族文化为例指出:"几乎所有人类学家所研究和描述的'传统的'文化,实际上都是新传统的,都已经受西方扩张影响而发生变化的文化。在一些情况下,这样的变化发生得很早,因而现在没有一个人,甚至没有一位人类学者会对这些文化是否出于正宗而提出疑问。"①文化是动态的,今天的传统也是过去的现代。随着时代的进步,传统文化必然要发展,这是不争的事实。

八、"无意识地继承"抑或"有意识地改造": 主体能动性发挥

民族体育是动态的,要保持传统,同时又需要发展。从主体能动性发挥上来说,民族体育发展需要面临"无意识地继承"抑或"有意识地改造"的问题。

"口传"是人类通过声音的方式描述民族体育的一种方式。而"身授"则是对肢体记录的民族体育方法的传习过程。在这种"口传""身授"的传承过程中,无论是"口传"还是"身授"均由于时代的需求而赋予浓厚的色彩。可以说,在口传身授的民族文化中,民族体育是一个典型代表,它和山歌、舞蹈、游戏等一样是在"无意识"状态下进行的,这种无意识需要在一个周期性、自发性、随意性、集体性的场域进行,这种无意识地继承曾经是民族体育发展史上重要的传承方式。

口传和身授很大的部分是对于民族体育艺人来说的,他们通过这些最传统、最直接的方式衍传着自己的民族体育文化,比如上刀梯等,他们有自己一整套的收徒、授徒的程式,这些程式是特定时期、特定空间文化的产物。

---

① 马歇尔·萨林斯.甜蜜的悲哀:西方宇宙观的本土人类学探讨[M].王铭铭,胡宗泽,译.北京:生活·读书·新知三联书店,2000:125-126.

文化是要有生存土壤的,对民族体育艺人的保护自然离不开对民俗环境的呵护和关注,因为民俗是民族体育生存的土壤。客观地说,任何传统无不是在不断和外来文化的接触中被生产和发明的。没有更新的传统是没有生命力的传统,而没有变异的传统也终将难逃被淘汰的命运。今天的传统是过去的时尚,而今天的时尚也是明天的传统,世界上原本就不存在绝对的时尚和传统。

"文化人类学的研究一直着眼于民族文化的研究,特别是侧重于'无意识的文化传承'的研究,而在今天,不同国家、地域和民族的文化其'无意识的传承'传统,常常转化为来自国家和民间的力量、进行着'有意识地改造',这种创造的过程,正是一种'文化的复制'与'文化的再生产'的过程,这种'复制'和'生产'的基础,并没有脱离固有的文化传统。同时,这一过程,也从单一的民族文化的领域进入到地域共同体之中。现代作为文化共同体的宗族和作为文化仪式的祖先祭祀与民间信仰,就是这种文化的"复制"和"生产中滋生、发展起来的。"①

九、要舞台抑或要民俗: 未来走向选择

要舞台抑或要民俗关系民族体育发展未来走向的选择问题。随着少数民族地区对外开放步伐的日益加快,尤其是近年来旅游业的开发以及外出表演市场中商务活动的增多,民族体育的产业化开发不断加强。民族体育在现代经济社会发展中理应有自己的市场,有自己的舞台。在张家界、凤凰等风景名胜区,都可以看到关于上刀梯、下火海以及各种各样的民族体育表演。这些表演对于传播民族体育文化、扩大民族体育文化的影响、提高民族体育的参与等方面具有重要的意义。就当下和未来来说,民族体育发展不能忽视这一重要的场所和契机,要利用好民族体育对于促进区域经济发展

① 麻国庆.永远的家:传统惯性与社会结合[M].北京:北京大学出版社,2009:121.

和社会发展的重要作用,尤其是在欠发达地区民生改善中的重要意义。

民俗是民族体育生存发展的土壤。从民俗学角度来看,民族体育作为少数民族日常生活的一种活动方式或生存方式,应该是活动主体的世俗表征。文化需要多样性,传统文化和现代文化应该并行不悖[①],比如"抢花炮"尽管被列入全国少数民族运动会比赛项目多年,实际上,作为仪式性文化的"民间"抢花炮并未离弃它生存的文化土壤而变成"现代化"抢花炮,仍然能够自行其是而得以传承,说明了活在"民间"抢花炮项目中的传统特色并不能够简单地"现代化"[②]。学者祁庆福认为,在原生态环境不断受到冲击、环境日渐多元化的现今社会,非物质文化遗产的存在方式也必然多元化。因此,既要打造一支专业化的民族体育队伍,使之在国内外舞台上亮相,以扩大影响;更要促进民间体育在群众中的普及和推广,保护其民俗文化的本色。但民族体育活动背后的民族地区独特的风俗习惯、文化基因是吸引众多游客参与的"独特"之处,但这些"独特"之处往往又是"脆弱"之处,在外来文化的压力下、在商品利益的诱惑下很容易遭到破坏。近些年来有这样一种现象,受经济利益的驱动和多种文化的吸引,少数民族地区中开发民族体育旅游的地区,其民族体育文化往往已遭到歪曲和破坏,变化速度也大大加快。"很多民俗文化面临丧失自身独特的品质,被现代主流文化所同化,甚至造成民族文化生态失衡的危险。如开发中过分商业化扭曲了民俗的原始性和真实性,主要表现在民俗文化被随意地庸俗化,以至失去了民俗的本色与乡土气息,使一些民俗旅游脱离当地的社会生活,缺乏自然朴素的真

---

① 吴仕民.原生态文化摭谈:兼谈少数民族传统文化的保护与发展[J].西南民族大学学报(人文社科版),2006(11).
② 李志清,虞重干.当代乡土生活中的抢花炮:桂北侗族地区抢花炮变化特征的实地研究[J].体育科学,2005(12):20.

情,如在一些地区存在欺、哄、骗等不良现象。"①

第二节　民族体育发展前景的理性思考

回顾民族体育的发展,不能否认新中国成立乃至改革开放以来所取得的巨大成就。但也必须承认,当下少数民族体育发展仍处在一个面临艰难选择的十字路口:一面因袭着传统,一面向往着未来;一边萌动了世界意识,一边依托着民族情感。这种基于传统和现代两种文化价值观的约束和影响,并处在新旧两种需求的重压之下,能否对少数民族体育发展的意义、目标、动力、途径和保障等方面具有清醒的认识和科学的定位,就成为当下民族体育走向可持续发展的首要任务。否则面对广阔的民族地域分布、庞大的民族数量、复杂的民族社会结构、多元的民族文化形态,认识不明甚或定位不对就会使得民族体育的发展偏离少数民族地区的实际需要,极易造成国家和社会各种投入资源的闲置和浪费。因此,关于少数民族体育发展的意义选择、目标定位、实施动力、制度保障和发展途径等的科学认识,就成为当前一个迫切要解决的首要问题。

一、生态与生计的共享

(一)生态:民族体育发展的常态意义

"生态"是当下一个比较时尚的字眼,最直观的理解就是对蓝天、碧水、绿地的呵护,并最大可能维持在自然环境下生存发展的状态。比较而言,生态特征是人们对少数民族地区的原初印象,也堪称西部文化的标志之一。前几年《云南印象》风靡大江南北,原生态是其最大的亮点。在贵州黔东南

---

① 林庆.民族文化的生态性与文化生态失衡:以西南地区民族文化为例[J].云南民族大学学报(哲学社会科学版),2010(2):34.

调研时,雷山人有一句引以自豪的话:"在我们雷山任意地方的水都是可以喝的。"少数民族文化崇尚生态、道法自然,体育也是如此。斗牛、龙舟、摔跤、秋千、跳月、跳虎等在起源时都与自然力崇拜有着密不可分的关系,体现着对自然的关怀、对生态的尊重。堆沙、打陀螺、跳竹竿、独竹漂等则是连着土、连着泥,沐浴在自然的和风里的。而且与艺术、教育、音乐等类似,民族体育活动是一个不需要耗费过多资源的活动,不需要大量的不可代替的资源,或不产生重大环境污染。因此,选择生态作为少数民族体育的发展要义,就是抓住了少数民族体育的灵魂,抓住了发展的本质。

（二）生计:意义的新发现

民以食为天,生存是人的第一需要。肯定少数民族体育的生态价值,对于少数民族来说,更近似一种抽象的意义。要使少数民族体育在尽可能广泛的范围内真正开展起来,我们还需要从内因出发,真正找到民族体育对他们的生活意义。

图9.3　摔跤比赛奖金

研究过少数民族斗牛的人都知道,近年来出现了一种新现象:牛主参与斗牛很大的动因就是斗牛奖励的吸引,也就是基于奖金的驱使。无论是彝族的,还是苗族的,参加斗牛如果能拿到好名次,多则可以获得几千元乃至上万元的奖励,这对改善生活具有不小的促进作用;而且可以连续转换场子参加斗牛比赛,等于是参加几站的黄金联赛一样。这也告诉我们为什么在民族节日中,斗牛常常会成为主角,而同时举行的打陀螺、荡秋千比赛参加人数则大打折扣。这也就不难回答为什么有些人在农作之余,会把很大的时间和精力用于训练专门参加比赛的公牛。在这里我们不能贬低牛主的想法,更不能打压他们的做法。因为就目前来说,如果民族体育活动能为他们带来经济效益,改善他们的生活,那才真正体现了少数民族体育发展的生活意义。对于大量还在为生计奔波的他们来说,最迫切的需要莫过于有更多的增收渠道来促进其收入的增长,也使自己在生活水平上获得更大的实惠。斗牛比赛的新现象提示我们,如果能通过参与民族体育的途径使其改善"生活"的努力得到一些帮助,他们主动参与体育的可能性就会增加,如此,在更广泛的意义上来发展少数民族体育就有了"主体"动力的保证。同样云南西双版纳傣族园采用"谁投资谁受益"的发展思路,采用"公司+农户"的运作模式,以斗鸡、堆沙、丢包、孔雀舞等体育活动吸引游客参与和观赏,广大农民从中获得了良好的经济效益。

在石林风景区,有三弦队在定点表演跳三弦,长湖镇蓑衣山村的毕友德(彝族)说道:

我们寨子的三弦队定期到风景区表演,在整个长湖镇的彝族寨子进行轮换。一般是两个月轮到一次,一次三天,一天每人40元劳务费。风景区不管吃,自己可以在风景区买盒饭,每份5元。主要服务内容是早晨8点在风景区参加迎宾,其余时间在景区内定点表演,时间大体是从上午9点到下午5点。

可以说,生态是发展西部地区民族体育的常态意义,而少数民族人们更关心的是生计。因此要把二者有机地结合起来,使少数民族的体育活动既符合生态意义的要求,又能切实地通过体育手段享受到改善生活的成果。

二、乡土与现代的共荣

所谓传统,是指"历史沿传下来的思想、文化道德、风俗、艺术、制度以及行为方式等"①。

(一)乡土:留住民族体育的根

费孝通先生在《乡土中国》中说"乡土不仅仅是一个具体社会的描写,更是从具体社会里提炼出的一些概念,是包含在中国基层传统社会里的一种特具的体系,支配着社会生活的各个方面"②。我们的理解是乡土不仅包括地域、社会制度与结构,更是一种观念,即所谓"乡土观念""乡土气息"。许多在中国台湾的大陆老兵几十年为什么天天遥望大海,思乡不止,因为根在大陆。民族体育的发展同样也必须立足乡土、扎根乡土,扎根乡土才有传统,有传统才能传承。因为"本民族体育文化既是历史文化之本,也是未来文化之根,这是我们与世界体育文化对话交流的基础"③。可见,传统是民族的"根",是"活"在人们现实中、头脑中的东西,是深入一个民族灵魂深处的东西,是一个民族进行新的文化创造的根基。

(二)现代:繁荣民族体育的叶

传统是民族体育文化的根,吸收现代文明成果则是壮大民族体育文化的叶。现代文明的进步势不可当,闭门造车的做法已成为笑柄。鲁迅先生讲"拿来主义",就是要学习其他文化的优秀成果,作为对自己所需养料的补充。对于人类文明的发展而言,现代化既是一种历史必然,也是一种世界潮流,代表了人类文明前进的方向。就民族体育而言,武术早已成为广泛开展

---

① 辞海编辑委员会.辞海(缩印本)[Z].上海:上海辞书出版社,2000:258.
② 费孝通.乡土中国[M].南京:江苏文艺出版社,2007:2.
③ 倪依克.当代中华民族传统体育发展的思考:论中国龙舟运动的现代化[J].体育科学,2004(4):75.

的世界性体育运动项目,社会化、产业化、国际化水平都已达到较高的水准。龙舟赛也已"走出国门",在美国、法国、俄罗斯、日本、新加坡、印度、意大利、瑞典、德国、芬兰等国都举行过各种各样的龙舟比赛,龙舟正逐步成为世界关注的体育运动之一。放风筝、舞龙、舞狮、抖空竹等民族体育活动也在社会大众中间开展得风风火火,其中每年的潍坊风筝节吸引着数十个国家和地区的风筝队参加,展示了民族体育文化的风采。赛马、摔跤、秋千、抢花炮、陀螺、射弩等不仅是少数民族运动会的正式比赛项目,还是那达慕、三月街、花炮节、泼水节、火把节、古尔邦节等民族节日上"文化搭台,经济唱戏"活动的主角,成为新时期促进人们身体健康、弘扬民族文化、繁荣民族经济和促进民族团结的重要载体。

可见,在世界体育一体化趋势明显加速的今天,现代体育对民族体育的冲击是一个不争的事实。以产生于农业社会的传统体育去抵制现代体育也是不科学和不现实的。我们要留住民族体育文化的根,在吸收自身精华和借鉴现代体育优秀成果的基础上进行新一轮整合创新,促使民族体育实现与时代相适应的现代转型,使之不失传统特色,又能跟上时代步伐。

三、乡村与城市的互动

"城乡融合,是要从本质上消灭城乡对立,而不是消灭城市和乡村的具体形态"①。同时,城乡一体化协调发展是指把城市和乡村放在一个系统中加以考虑,全面规划城乡的协调发展②。

(一)村落:发展的根基

在我们这样一个农业大国里,村落是现实农村的主体。由于村落体育具有形式的灵活性、内容的民俗性、参与对象的广泛性、功效的积极性等特

---

① 郑杭生.社会学概论新修[M].3 版.北京:中国人民大学出版社,2003:284.
② 郑杭生.社会学概论新修[M].3 版.北京:中国人民大学出版社,2003:285.

征,因此在满足农民日益增长的精神文化生活需求的同时,还有利于村落社区的整合,可以传承民间文化、促进文明乡风的形成、规避社会秩序的失范和推进新农村建设。因此村落体育是农村体育发展的根基。其实村落体育在少数民族地区的作用更为突出,因为少数民族地区的城市化水平更低,而且村落更为分散。村落体育也就成为少数民族体育发展中最具活力的生长点,是实实在在发生在"身边"的体育活动。随着我国经济社会的发展与和谐社会的构建,特别是社会主义新农村建设进程的不断推进,要基于村落体育之现实,谋划少数民族村落体育之发展。

图9.4 村角的阿细跳月

(二)城市:新的增长点

城市已经成为少数民族体育发展新的增长点。比如在昆明、贵阳等城市的公园和广场,几乎每天早晨都可以看到不少的人群,尤其是老年人,在从事诸如跳烟盒舞、打陀螺等体育健身活动。《国家体育总局 国家民委关于印发〈关于进一步加强少数民族传统体育工作的指导意见〉的通知》中强调:"结合实施全民健身'六个身边'工程,推进少数民族传统体育文化传承发展,丰富少数民族传统体育活动,促进全民健身和全民健康深度融合,在民族地区广泛开展以少数民族传统体育项目为主的体育健身活动,支持民族传统体育健身项目进入城乡社区,并在经费、场地、设施等方面给予必要的支持。鼓励和支持民族传统体育进入健身中心,使民族传统体育在更大范围为各族人民服务。"

发展少数民族体育的重心在村落,而城市在场地设施、经费投入、政策宣传、人员指导、比赛活动、人群锻炼意识和余暇时间等方面也有自己的优势。"文化设施是开展文化活动的载体,是文化事业发展的重要标志",我们不难发现四年一届的全国少数民族传统体育运动会都是在省会大城市举行的,其他各种级别的民运会也都是在当地的州府、县府等城市举行的;尤其是民族节日的庆典,比如凉山、楚雄、石林的彝族火把节,贵阳的苗族四八节,大理的白族三月街,凯里的苗族龙船节和屏边苗族花山节等都是在城市举行的。

村落是发展民族体育的根基,而城市又是发展民族体育新的增长点。因此,完全可以整合二者的特点和功能,使民族体育的多彩魅力成为当地城市宣传自己发展的新名片,既能吸引外来资金的注入,又能促进城市居民的健身活动;而城市又以其经济、文化等优势带动村落体育活动的开展,而且当前我国经济社会已总体进入"以工促农、以城带乡"的发展阶段,通过工业、城市的优先发展成果对农村和村落进行"反哺"已成为国家支农惠农行动的政策要求,从而形成城乡体育互动的良好局面。

四、民间与政府的共谋

(一)民间:主体力量的发挥

在传统的中国乡土社会,人们的行为并不是完全由国家力量直接控制或支配的,而血缘和地缘关系往往决定着其他一切关系,民众对"国家"概念之外的习惯、民俗、伦理、道德等民间法则更感兴趣。同一家族、同一村落的生产方式、生活方式、行为模式、风俗习惯相同,他们生活在一个被鲁迅先生称为"彼此连心肝都了然"的熟人社会,往往会"低头不见抬头见"。人们的行为更多的是被牢固地限定在人情、礼俗、宗法、习惯的规范秩序内,甚至内化在乡民内心深处。因此,在相当程度上,成为比国家力量还管用的指令模式。

有些少数民族体育文化活动就是依靠这种由精英人士领导的乡村管理模式,以参与民众主体的广泛性,与基层文化之间的亲切感和亲合力来维护其存活和发展,体现着本土性的文化特质。贵州清水江苗族每年农历五月二十四至二十七龙舟节时举行的独木龙舟赛,是当地苗族人民自发组织的最盛大的节日性体育活动,享誉中外。赛龙舟活动从采木、凿舟、下水、开划、授礼、竞渡直到上岸归棚存放,都是由村寨人员自发组织完成。这种由民间自发组织的体育活动,充分尊重了"文化持有者"的主体地位,能充分调动他们的积极性和主动性,更有利于创造力的发挥。

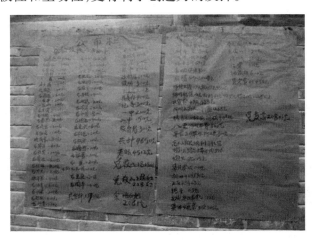

图9.5　赛龙舟账目公布

(二)政府:导向作用的体现

在现代市场经济体制下,政府在少数民族体育的发展中要实现职能的转变和角色转变:从"办体育"向"管体育"的方向发展。这符合现代"小政府、大社会"的发展模式要求,其要义就是明确政府职能定位,把不属于政府的职能分离出去,扩大社会自治的功能。政府的导向作用主要体现在政府对少数民族体育发展的态度、对策和具体措施等给社会行为的一种指向或信号,这种指向或信号会告诉人们国家和政府在少数民族体育发展方面要发展什么,不发展什么。饶远教授以少数民族体育发展的政策与社会环境为例,论述了政府在少数民族体育发展中的三大导向作用:政策导向、规划导向和资金导向。他认为"通过政府的三大导向作用来调节少数民族体育发展的方向、速度和规模,并将民族体育带到经济、社会发展和休闲健身生活当中"①。目前在少数民族体育组织还没有完全健全、社会自主能力还很薄弱的情况下,少数民族体育的发展,从实践层面来说许多还是靠政府组织和实施的。"体育搭台,经济唱戏",少数民族体育作为仪式表演的、成为旅游品牌与旅游消费内容的表演和娱乐项目,为经济建设开路搭台,因此许多地方的民俗节庆都成了政府办的活动。对于这种现象,应当这样看待:政府今天的有为就是为了明天的无为,今天的干预就是为了明天的放手,目的都是有效保护少数民族体育和保证其有序、平稳、全面、可持续的发展。

关于少数民族体育的组织,历史上民间社会与国家政府曾经存在长期的博弈过程。李志清教授以侗族抢花炮为例,用国家—社会的框架理论深刻分析了这一博弈发展历程的特征和规律。研究认为:"这种博弈从主观到行为都是在追求一种非零和博弈,目的是为自己争取有限的生存空间。民间组织会采用主动与政府沟通的方式,表述自己的活动对政府与社会的意义;而政府方面也希望通过民族体育这种文化活动手段达到搞好民族团结、繁荣经济、促进社会和谐的关系。"②从这个角度来讲,民间与国家的共谋则是一个双赢的选择。

---

① 饶远,张云钢.发展少数民族体育产业的政策与社会环境分析[J].北京体育大学学报,2003(4):44.
② 李志清.乡土中国的仪式性少数民族体育[M].北京:中国社会科学出版社,2008:267.

五、保护与发展的互补

（一）保护：源于脆弱性的尊重

当人类社会迈入 21 世纪门槛，"全球化"与"现代化"已成为风靡各地的时髦话语。西方文化强势冲击着世界其他民族的文化，各民族正逐步被纳入西方发达国家以及跨国公司所主宰的那种"世界体系"之中。不可再生的各民族传统文化资源正随着全球化进程的不断深入而逐渐减少甚至消失。在这种局面下，处于弱势文化境地的诸多民族文化的保护与发展，便成为相当严峻的问题。"一切民族文化无一不具有明显的区域性，它们仅分别适应于所处的自然生态系统，而无法同时适应于其他的自然生态系统。试图将一种民族文化强加于其他民族，注定会导致对生物资源利用效益的下降。"①

少数非物质体育文化遗产的确面临着比较残酷的现实。一方面，它们是宝贵的精神财富，是民族文化的基因，是草根文化的精粹；另一方面，在现代化的冲击之下，它们又那样脆弱，自我保护能力不强，无论是传人的去世，还是青年一代的漠然，对它们的打击都是致命的。中国民族学学会名誉会长、中央民族大学终身教授宋蜀华先生在《从民族学视角论抢救中国少数民族文化艺术遗产在抢救和保护中的地位》中指出："今天，在世界经济一体化的浪潮中，保护民族文化（包括口头和非物质文化）尤其是人数少的群体的文化，这是十分紧迫的工作。行将消亡的更需要抢救。保护一个民族的文化，就是保护该民族自身。保护和抢救工作既是该民族，同时也是人类的共同任务。"改革开放以来，民族地区加大了对少数民族文化的保护力度，比如2000 年 5 月《云南省民族民间传统文化保护条例》颁布，这是中国第一个民

---

① 罗康隆.论文化多样性与生态维护[J].吉首大学学报（社会科学版），2007（2）：80.

族民间传统文化保护方面的地方性法规。

(二)发展:为了最好的保护

保护与发展,是一个永恒的话题,也是一个必须面对、必须解决的棘手课题。关于这个问题,文艺界人士有不同的做法。有的人致力于民族传统舞蹈的抢救和保护,在自己的传习馆里,按照"原汁原味,求真禁变"的原则办学,为了再现传统的真实,甚至禁止学生看电影,不准他们与外界接触。有的人却主张舞蹈要顺应时代需要而变,因为传统的性质是要发展的,传统发展之后又变成了新的传统,只有在发展中保存传统,并使之发展,才是最积极的做法。从对历史真实性负责的角度来说,前者采取强制性措施是可以理解的。但其错在不理解传统既包含着历史的内容,又承载着时代的价值。因此,从一开始就注定了失败。

可见,对于少数民族体育的发展,从发展方式上来看,应当坚持保护和发展互补的方式。保护是为了以后的发展,发展是最好的保护。过于强调保护而忽视发展,或过于强调发展而忘记传统的做法都是错误的。丽江古城的保护和纳西文化的发展采用了"传承民间化、产业市场化和学术国际化"的传承理念,在民族文化的保护和传承方面提供了有益的经验。

六、经济与社会的并举

(一)经济:文化资源的潜力

少数民族体育是一种文化,又是一种资源。如果文化以资源的形式进入市场、进入产业,文化中就会渗透经济的、商品的要素,使文化成为社会生产力中的一个重要组成部分,那么文化的商品性被解放出来,其本身的造血功能也就得到了增强,就可能使民族体育的发展进入良性循环的发展机制。随着我国市场经济体制的建立以及旅游业的快速发展,少数民族地区将既有民族风格,又有娱乐性、观赏性的体育活动作为重要的旅游资源加以开发和利用，充分发挥其在现代社会中的经济功能，促进地方经济的发展。比如"西双版纳的傣族依托国际泼水节，开展了龙舟竞赛、放高升、丢包、堆沙、斗鸡等民族传统体育活动的比赛和表演，取得了良好的经济效益。如此打造民族旅游品牌，提升地区形象，培育新的经济增长点，使其成为牵引地方经济社会发展的新生力军"。再者，"民以食为天"，许多民族体育项目如傈僳族的上刀梯、下火海，维吾尔族的达瓦孜，苗族的芦笙舞，壮族和黎族的跳竹竿等，因为本身就是珍贵的表演艺术，若能通过市场经济运作，使传承人能够靠本身的技艺养家糊口，那么不仅能够解决他们的生活问题，而且关于这些珍贵民族文化遗产的抢救、保护和传承的棘手问题自然也就迎刃而解了。

图9.6 度假村的跳木鼓表演

（二）社会：科学发展的要求

科学发展观的基本要求是促进经济、社会和文化各领域的全面、协调和可持续发展，因为发展是一个综合的概念，不仅有深度，而且有广度。因此衡量少数民族体育发展的效益，不仅要关注经济效益，更要关注社会效益和生态效益。从社会效益来看，发展少数民族体育，能够促进少数民族地区各民族的团结进步与社会的稳定繁荣。

"文化是密切人与人之间的关系以及他们之间进行交流和了解的要素，

它的社会作用是不可估量的。"(《保护非物质文化遗产公约》)作为一种文化,民族体育文化具有凝聚人心、集合力量的社会价值。黔东南、滇南的苗族群众将赛龙舟、斗牛、爬花杆等作为本民族最重要的文化,使大家从四面八方聚集在一起,通过体育这种形式加强了交际,促进了交流和沟通,从而对本民族文化产生了认同感、自豪感和归属感,增加了凝聚力。在苗族村寨中,偷、盗、杀人放火的事件比较少,村与村之间、寨与寨之间发生了不愉快,他们也不会蛮横,他们会用赛龙舟、跳芦笙等方式来解决两村之间的历史矛盾,重归旧好。这无形之中形成了社会安定、人与人之间友爱相处的和谐欢乐局面,这与我国构建和谐社会的题中之义是相符合的。

衡量少数民族体育发展的效益,一方面要看挖掘少数民族体育这一文化资源所蕴含的经济价值,另一方面又要看其具有的社会综合价值,二者可以实现有机的结合。

七、体育与文化的认同

(一)体育:本真的反映

许多少数民族的体育活动就是体育的原生态,反映了体育的根,反映体育最本质的东西。因此不同于现代的主流体育,甚至有时候看起来不是体育,它与舞蹈类艺术常常是同根同源,有时候甚至难以辨别,如壮族和黎族的跳竹竿、苗族的跳芦笙、白族的霸王鞭、彝族的阿细跳月、藏族的跳锅庄等,既是舞蹈,也是体育,"既能以体形变化诱发身心的美感,具有审美特征和文化意蕴,又能对身体进行有意识的塑造和美化"[①],无疑具有现代体育的元素和特征,而这些恰恰反映了少数民族体育特征的本真,从生活中来,又反映生活。

---

① 胡小明.论体育与艺术的关系[J].体育科学,2008(10):3.

（二）文化：内涵的挖掘

"文化是个综合体"，民族体育文化也是如此。研究民族体育的"体育"特征时一定不能淡化其文化基础和内涵，更不能脱离滋养它的社会文化环境。民族体育根植于传统社会的文化土壤，与他们的历史渊源、社会发展、生产生活、风俗习惯、祭祀信仰等紧紧联系在一起，成为人们"自我表达"的一种形式，也是"身份认同"的主要标志。这正如说到西班牙，就会让人想起那惊险刺激、令人窒息的斗牛；说到巴西，就会让人想起华丽无比的桑巴足球；说到日本，就会让人想起那充满怪异特质的大相扑等。

因此，民族体育作为一种特殊的存在，是民族文化共同体中剥离和凸显出来的文化存在，能够充分地反映出一定民族的审美观、价值观和文化观[①]，是一个具有身份象征和民族象征的标志文化。因此，我们要深刻挖掘少数民族体育的文化内涵，使少数民族体育的发展得到更多的民族认同。

民族体育是少数民族由心而发的一种表达，是一种感情交流的媒介和符号。因此，少数民族体育的发展要尊重各民族文化的内在特点和发展规律，尤其要充分尊重文化持有者的主体地位。我们重要的义务之一就是唤起文化持有者的文化自觉，为自己的民族文化感到自豪，倍加珍惜并主动参与民族文化的发展与繁荣。同时还要拓宽其他社会或群体的文化视野，吸纳更多的社会力量加入到民族文化发展的洪流之中。在全球化和多样性并行的今天，民族文化的发展完全有更多的资金可以融入，更多的人可以参与，更多的方式可以借鉴。少数民族体育是我国体育事业的重要组成部分，新时期提升我国体育事业的整体发展水平，实现由"体育大国"向"体育强国"发展的战略目标，真正使亿万少数民族"共享改革开放在体育领域的成

---

① 白晋湘.弘扬中华民族传统体育　丰富世界现代体育宝库：民族传统体育研究述评[J].北京体育大学学报,2001(3):23.

果",都需要加强关于少数民族体育发展的意义选择、目标定位、实施动力、制度保障和发展途径等的科学认识。

第三节　发展走势

一、作为一种非物质文化遗产

非物质文化遗产是指各族人民世代相承的、与群众生活密切相关的各种传统文化表现形式,如民俗活动、表演艺术、传统知识和技能以及与之相关的器具、实物和手工制品和文化空间等。非物质文化遗产既不是物也不是人,而是和物、和人紧密相连的文化事象或行为方式。它必须通过事物作为载体来呈现,还必须由人用集体或个人的智慧、劳作、技巧、艺术对它进行精美的创造和传承。

民族体育作为一种文化事象,以其浓郁的生产气息、鲜明的生活风格和生动的身体语言,充分地反映出一定的民族审美观、价值观和文化观,成为"对生产、生活方式众多描述"中最精彩的部分之一。它不脱离少数民族特殊的生活和生产方式,依托于少数民族自身而存在,以技艺、游戏、形体等表现手段,并以口传身授作为文化链而得以延续。与物质文化遗产的相对静止和固定的物质不同,非物质文化遗产具有相对的活态性和非物质性,民族体育同样是人类的生命记忆,是人类创造力的表现之一,是文化多样性的生动展示,也是人类永恒的精神家园。作为一种文化体系,它能让我们从永恒的体育世界中汲取最深沉、博大的精神力量,领受崇高、壮美的情感陶冶,在与自然的对话中体味人的勇敢、细腻、优雅、敏感、从容,这是民族体育留给我们的一丝古典的血脉和传统的灵气。套用美学大师宗白华先生的话说:"(晋人)向外发现了自然,向内发现了自己的深情。"苗族是一个"永远在走动的民族",其粗犷、强悍的民族性格就是在一次次与外族和自然的抗争中逐渐形成的。苗族原生态体育文化大都夹带厚重的神话色彩,体现了苗民对未来美好生活的向往和寄托,并已沉潜、转化为支撑苗民生存、发展、兴旺的社会信念。湘西苗族"上刀梯",上梯者在高高的刀梯上表演倒挂金钩、大鹏展翅、观音坐莲、古树盘根等动作,其惊险、勇猛无疑是对强悍、勇敢、智慧民族性格的展示与强化。值得一提的是,原生态民族体育本身就是文化,不仅具有认识价值和欣赏价值,而且还是与生活很接近的文化,处在文化上游的形态,具有文化矿藏的品格,可为今天文化的发展提供素材和启发灵感。大家都还记得北京奥运会闭幕式上 396 人徒手攀登"记忆之塔"的精彩一幕,而这一幕的创作灵感就来自"上刀梯"。闭幕式执行总导演陈维亚在接受专访的时候明确表示:"2006 年 11 月 11 日闭幕式团队刚刚成立的时候,创意中就有这么一个'塔',这是从苗族的踩刀梯表演中获得的灵感……"

民族体育作为一种非物质文化遗产,才能得到其应得的尊重和保护。民俗学家陶立璠认为:"原生态是一种民俗,而民俗具有历史与教育的双重功能。"民族体育不仅记录和表征着体育文化的发展历程,也富含人类发展进程中的丰富信息。一种文化的形态、内容、流变,很多时候和一个民族的起源、特征、变迁、心理有着密切的联系。川黔滇苗族寨子中流传着的一种跳芦笙"阿作",记录了苗族先民自远古涿鹿战败后,南迁长江流域,再迁西南的艰辛悲壮的长途迁徙历程。其中的《打鼓调》反映了作战中擂鼓齐鸣,壮士们勇猛杀敌的情景;《开辟道路》《搭桥过江》反映了苗族先民们战败后向南方迁徙的路途上,在崇山峻岭中开路、架桥的情景;《欢腾调》表达了他们冲破包围圈,来到南方后,终于得到自由、欢庆胜利的情景。这套跳芦笙具有深厚的历史积淀,是苗族对其先民艰辛悲壮的长途迁徙苦难历程的艺术再现,是最珍贵的苗族非物质文化遗产之一。还有黔东南清水江苗族的赛龙舟,也是苗族传统文化的历史积淀,龙舟上的每个符号都蕴涵着深刻的文化含义。船首安装了以水柳木雕刻的硕大高昂的牛龙头,头和颈长 7 尺,上涂金、红、绿、白各色。为什么装水牛角,而不是传统龙舟上的鹿角,这缘于苗族的牛龙崇拜遗风。在苗族人的意识中,龙、牛相通,龙主雨水,牛耕田地,都关系农作物收成,亦即关系主人衣食,当然可化为一体。典籍《苗族古歌》里也载"蝴蝶妈妈生下 12 个蛋,孵化出姜央、雷公、牛、枫树等诸神及动植物"。姜央、雷公等是苗族的始祖,他们与牛为同母兄弟,有着血缘关系。这些重要历史文化信息就积淀在苗族的赛龙舟运动中,几百年都没有改变过。因此可以说,民族体育具有重要的历史传承价值,是体育发展史上一个重要的形态和环节,由此可以发掘并认识人类文化发展的历史轨迹和某个特定时代的文化特点及走向。

二、作为一种文化软实力

人是文化的产物,文化深刻影响人类的各种行为,成为人类行为的标准,甚至吃什么和怎样吃都受到文化的影响,至于说人们所具有的素质和人格,就更是文化养成的。就一个民族和国家来说,文化是一种实力,文化是民族的灵魂。美国哈佛大学教授约瑟夫·奈在 2004 年出版的《软实力——国际政治的制胜之道》一书中,首次提出软实力的概念:"文化软实力是指一个国家维护和实现国家利益的决策和行动的能力,其力量源泉是基于该国在国际社会的文化认同感而产生的亲和力、吸引力、影响力和凝聚力。""硬实力比如经济、军事等通常依靠'施压'迫使他国非自愿接受,是直接的、即时的、集中的、显性的;软实力则依靠'吸引'得到他国自愿认同,是间接的、历时的、弥散的、隐性的。文化蕴藏巨大的力,这种力并不同于物理学上的力,物理学上的力是用来'化'自然界的;而文化的力,是用来化自身的。文化这种软实力,越来越为世界各国所认识、所重视。"[①]民族体育是一种文化软实力,它同样是人类文明的体现和符号,反映民族的核心价值,凝聚着民族精神,能够促进科学发展,创造和谐社会,满足精神需要。文化力渗透于

---

① 高占祥. 文化力[M]. 北京:北京大学出版社,2007:2.

社会各个方面,其功效和作用是无形的,也是无限的。其对于经济建设具有反哺作用,对于民族思想具有感化作用,对于环境建设具有辐射作用,对于人才培养具有催化作用。

图9.7　酉阳万人同跳摆手舞

《保护非物质文化遗产公约》指出:"文化是密切人与人之间的关系以及他们之间进行交流和了解的要素,它的作用是不可估量的。"作为一种文化,苗族原生态体育具有凝聚人心、集合力量的社会价值。苗族群众将赛龙舟、斗牛、爬花杆等作为本民族最重要的文化,使大家从四面八方聚集在一起,通过体育这种形式加强了交际,促进了交流和沟通,从而对本民族文化产生了认同感、自豪感和归属感,对本民族同胞产生了亲近感,增加了凝聚力。苗族是一个古老而悠久的民族,长期以来,他们在同自然界的斗争中、在抵御外族侵略时,靠的就是民族的凝聚力和向心力,靠的就是集体的力量,这在赛龙舟活动中充分得到了体现。施秉、台江两县交界地区的清水江沿岸,基本上寨寨都有一至二只龙船,甚至个别大寨有三只,几十个寨子加起来共有四十多只龙船。他们以村寨或家族为单位,划船时,每个男子都有参加的权利和义务,妇女们做好服务工作,齐心协力,充分显示了团结的力量。在苗族村寨中,偷、盗、杀人放火的事件比较少,村与村之间、寨与寨之间发生了不愉快,他们也不会蛮横,他们会用赛龙舟、跳芦笙等方式来解决两村之间的历史矛盾,重归旧好。这无形之中形成了社会安定、人与人之间友爱相处的和谐欢乐局面,这与我国构建和谐社会的题中之义是相符合的。

三、作为一种生活方式

生活方式是指人们在生活上和活动上的较稳定的习惯、形式。生活方式受传统习惯的强烈影响,而且在很大程度上取决于人们的价值取向、嗜好和追求。有什么样的价值观,就会选择什么样的生活方式。生活方式就像一面镜子,它能反映人们的世界观、人生观和价值观。美国人类学家 R. 林顿说:文化指的是任何社会的全部生活方式,如果我们把文化理解为人类活动方式、思维方式和能力的总和,那么文化的实质就是生活方式。

民族体育是乡土社会的一种生活方式。作为一种综合文化载体,来自民间,生存的土壤是农村,因此保留了一些特定的"尚真"传统,富含生活符号。体育来源于生活,体育也必然服务于生活。体育能够成为生活的部分内容,促成健康生活方式的养成。因为人们不仅能在体育运动中学到知识、技术或技能,而且还能通过体育活动过程中的体验,最终形成相对稳定的主体意识并转化为行为方式,这种具有良好行为取向、富含积极向上元素的行为方式就是健康的生活方式。陶行知说"没有生活做中心的教育是死教育,没有生活做中心的学校是死学校,没有生活做中心的书本是死书本",说的就是这个道理。生命在于运动,快乐源于体育,生活方式决定生活质量,决定了人的个性发展、情感体验、创造性的培养。对于中年以上的人来说,自己的孩提时代几乎都有如下美好的运动回忆,如爬山、跑步、划船、游泳、爬树、放风筝、摸瞎、跳房子、斗鸡、滚铁环、丢沙包、打宝等体育活动应有尽有。无论是校内的、野外的,还是街道旁的、胡同里的,甚至大人安排的一些生产活动,如放牛羊、打猪草、采树种等时刻都离不开运动的元素。可以说,那时的日常生活基本都是在民族体育中度过的,是真正的"健康第一、学习第二"。

体育越来越成为生活的一项重要内容，无论城市还是乡村，人们在许多重要的政治、经济、文化以及传统庆典中，不断增加体育内容。从某种意义上讲，民族体育的乡土韵味和田园气息让我们懂得"生活"，生活与发展是人类社会的永恒命题，让生活更美好是人类共同的追求，是社会发展的终极目标，也是科学发展观的题中之义。

四、作为一种文化资本

布迪厄提出了"文化是资本"的理论和命题，这对于新时期民族体育文化价值的发现和开发具有重要意义。随着体育文化的价值被人们以新的视角去观察，并以新的行为准则去判断。民族体育是一种文化资本，作为文化资本的民族体育文化，除了具有其他民族文化资本的价值之外，还以直观的、动感的身体语言诠释人们对生态的解读、对生活的热爱以及对理想的追求等。当然文化资本还要有一个再生产的过程，在现在的民族地区，许多民族体育项目，比如跳竹竿、荡秋千、射弩、划龙舟、上刀山、下火海以及各式各样的民族舞蹈，已经成为民族文化度假区、风情园乃至民族村中的重要内容之一。尤其是在民族节日的活动中，有些民族体育已经渐渐成为活动的主角之一。

图9.8　火把节上的商贸活动

第十章

和谐共生：民族体育生态与发展的辩证

生态与发展问题是一个关系人类生存与发展的重大问题,并超越国家、民族、社会制度和意识形态等的界限,成为一个全球性的问题。在民族地区,生态与发展的关系就是在建立平等、团结、互助、和谐的社会主义民族关系的基础上,促进民族地区的经济社会发展,实现人与自然的和谐发展,多样性文化的和睦共处。可以说,没有发展的生态是没有根基和活力的生态,没有生态的发展是不可持续的发展。生态环境是文化产生、存在和发展的必要基础,体现人类生存方式的文化,无论是内容还是形式,只有与环境的状况相适应,才具有存在的条件和价值,才能为人类群体所传承。因此,"环境多样性是文化多样性形成的基础,而文化多样性所反映的,实际上也正是多样性的环境状况"[1]。

第一节 生态：民族体育发展的根基

生态是一个特具的体系。"生态"并非仅是自然科学意义上的"生态",还包括人文学科层面意义上的"生态",主要指一种关系性存在,以这种关系性存在为其本质特征的"自然生态、社会生态、精神生态"三者之间虽然隶属于不同的表现层次,但是其各构成部分的本质联系却是类似的,生态关系是

---

[1] 王东昕.透过文化本质看文化多样性与环境多样性之内在关系[J].云南民族大学学报(哲学社会科学版),2008(4):24.

人类生存活动的基础性、系统性关系存在。文化的生态造就了生态的文化，生态的文化维系着文化的生态，两者不离不弃，相互支撑，保持着动态机制系统的平衡。就生态来讲，生态是公平、正义，生存是发展的前提，发展是为了更好地生存。

就民族体育发展而言，生态是根基，就是维护这种关系性存在，具体来说维护生态就是要保持乡土空间、维护乡土特质、保持乡土观念和实现乡土与现代的共生。民族体育非常脆弱，再生能力差，一旦失去，很难恢复。

一、生态环境：民族体育发展的乡土空间

生态环境是由自然环境、社会环境和文化环境组成的，这种生态环境是多元的。就当下的我国来说，就民族体育来讲，生态环境就是指乡土空间。乡土实指一个人出生或生长，与其生活息息相关，对之具有特殊情感和认同意识的土地和地方。乡土空间是由多元生态环境构成，比如有草原、山地、雪原、森林等，还有山地文化、农牧区文化以及其他各种社会关系、文化传统等。

民族体育产生于乡土空间，乡土空间是孕育民族体育的地方。民族体育与乡土空间紧密不分，民族体育的发展同样离不开乡土空间，只有扎根乡土，民族体育才有发展的空间和养分。余秋雨曾用一个生动的比喻来说明乡土与乡土艺术间的这种渊源关系：我们脚踩的土地可以给我们美，给我们鲜花，这鲜花不必从荷兰购进，因为这土地上的鲜花每天都可以成片成片地收获，所以说更真实，这是文化经过一个总循环圈后的自我回归。可见，乡土是自然因素与人文因素的天缘之合，是由众多文化要素构成的有机整体，每个民族的体育文化活动都是不能脱离其乡土的。也就是说，乡土如民族体育文化的母体，既是民族体育的根之所系，又是民族体育的体之所依。

二、民族体育发展的文化生态之根：乡土特质

民族体育绝不只是一种单纯的体育,更是作为民族传统文化的一部分,早已深深融入民族的血液之中,并形成了深层的心理积淀。它蕴含和积淀着深厚的民族文化,凝聚了民族社会经济、文化、宗教、情感、意愿等,具有浓郁的民俗色彩。历史的车轮已驶入以信息化、全球一体化为特征的现代社会,植根于农耕文化的民族体育由传统向现代转变,对民族体育文化的改造,不能只注重运动形式的移植,因为民族体育离不开民族文化的根基——乡土,若离开则是无源之水、无本之木。

民族体育要保持这种民族特色,实际就是要体现乡土特质。创新源自传统,民族体育发展要保持民族文化的个性。"乡土知识是一种地方性知识。乡土知识不去阐释普适性的规律,也不必然具有全球、世界的意义,它以对地方性的自然与社会认知为指归。"[①]保持民族体育文化之根,就是要确认民族体育文化的法律地位和内在价值。

三、守望乡土：民族体育发展的动力之源

民族体育发展一定要保持民族文化内涵,发展时要守望民族文化之根。民族体育存在的根本意义在于关注现实,面向生活。作为体现本民族生态要求、生命追求、生活体验以及心灵体验与美好愿望的竞技与游戏,其文化情结自然而然、真真切切地从本原意义上联接着自己的乡土,联接着自己的乡土情缘。民族体育的发展现状是传统与现代并存,传统体育的根依然很深,群众基础依旧广泛,各少数民族不只是把它看成一种生活用品,更看成本民族优秀文化传统最生动、最美的体现,不仅是老人,就连年轻人也不愿放弃,很多人还是以从事民族体育活动为荣的。

---

① 柏贵喜.乡土知识及其利用与保护[J].中南民族大学学报(人文社会科学版),2006(1):21.

民族体育所具有的那种与土地息息相关且永不枯萎的人本精神是当今社会所缺乏并亟须补充的。随着人们厌倦都市、厌倦流行文化，渴望回归田园、回归纯真年代的文化心态越来越强烈，民族体育将有更大的发展空间和生命活力，它仍将带给我们来自土地本身的生命激情。

四、乡土共生：现代化发展中的民族体育文化

现代化的脚步不可阻挡，民族体育的发展要处理好传统与现代，民族体育与外来体育的关系。这就需要民族体育处理好一个文化共生的问题。民族体育要处理好与社会发展的关系，民族体育要处理好与政治、民族团结、祖国统一的关系，民族体育要处理好与经济发展的关系，民族体育要发挥教育功能。现代化发展中的民族体育要适应社会发展的要求，同时又不能离开生存发展的根基，因此要扎根乡土、接轨时代。

民族体育文化生成的地理环境复杂，生存条件各有差异，并与外来文化不断碰撞、融合，具有丰富性、多样性，是独特的认识自然并适应自然的文化生态系统。保护民族文化遗产，不能片面单一保护，割裂与其所赖以生存的生态系统之间的关系。遵循文化生态系统整体利益本位的规律，改变以人类利益为本位的保护模式。文化一般是有使用性的，即文化是一种对自然和社会环境的适应方式。如果某些习俗在特定的环境中更为适应，那么，在相似的条件下一般都能发现类似的文化现象。对自然和社会的良好适应功能也是一种文化得以存在和延续的重要原因。假如一种文化不具有适应性，甚至有害于人们对自然和社会的适应，一般来说这种文化是难以被人们长期接受和认可的。由于文化的适应性价值，可能会出现这样的情况：某种从道德上要受到谴责的行为方式，由于它增加了某些人的生存机会，所以就能成为人们事实上遵循的原则或规则。例如，竞争、智慧、随机应变等之所以成了很多人的行为准则或价值取向，就是因为在很多时候它们比谦让、虔诚、按部就班等更容易成功，更容易成为幸存者。所以，由此而衍生出来的

文化规则也就被社会成员所接受。归根结底,一个社会不过是各个人的联合,所有个人都有他们自己的特殊需要和利益。如果社会要存在下去,它必须成功地使其成员的自身利益与社会整体的要求相平衡。要实现这个平衡,社会应对遵守其文化准则的成员给予奖励。在大多数情况下,这种奖励采取社会承认的形式。当在社会中需要占据优势时,人们就体验到过分的压力。① 格尔兹认为,就社会相互作用发生的角度来说,文化是一个意义和象征的有序系统,而社会系统就是一个社会相互作用本身的模式。就个人对其世界的界定、情感的表达、判断的决定等角度而言,在"文化"的层面有个信仰和表现性象征的框架,在"社会"的层面有个相互作用行为的进行过程,其固定的形式叫作社会结构。也就是说,社会或社会结构是指社会关系真正存在的网络,而文化是一个意义构造,指涉的是观念的体系。格尔兹对文化和社会关系的理解为我们把握二者提供了思路。一方面,文化与社会是水乳交融、不可分割的,没有无文化的社会,也没有无社会的文化。一个没有文化的社会肯定是不存在的,除非是动物世界;反之,一个没有社会的文化也是根本不可想象的,文化一定要融会于某个社会之内,不能脱离社会而存在。另一方面,文化指涉的是观念系统,而社会主要指一种意义结构或社会结构系统。② 就云南弥勒地区的阿细跳月而言,有些老人或许对于阿细跳月今天的发展也持有异议。他们认为传统是不能改变的,老祖宗留下的东西更是改变不得,但让其回到老祖宗最初的"跳乐",他们又不乐意。传统是民族的"根"不假,但如果固守绝对的"原生态",那最初的"原生态"是什么样子大家都未必知道,其实只要保持浓郁的民族特色、体现乡土特质、表现传统意义上的审美情怀,从而迥异于其他文化就可以了,更重要的是让其"活"在人们现实中、头脑中的东西,扎根到一个民族灵魂的深处,为新的文

---

① 威廉·A.哈维兰,瞿铁鹏,张钰.文化人类学[M].上海:上海社会科学院出版社,2006:54.
② 马广海.文化人类学[M].济南:山东大学出版社,2003:397.

化创造提供根基。

"各美其美、美人之美、美美与共、和而不同"，文化多样性是一个主旋律，这种共生关系的存在是民族体育现代化发展中的一个主旋律。可持续发展观是人类反思文明危机的新发展观。民族体育文化保护和发展，应建立可持续发展观，克服盲目开发、过度开发的行为，建立合理开发的理念，不超过文化的承载力、净化力，保护文化遗产开发与社会、经济生态系统可持续发展，建立循环性经济模式。

第二节 发展：民族体育生态维护的保障

民族体育需要自我造血，需要阳光，需要发展，没有发展的生态是死态。生态是民族体育发展的根基，而发展则是民族体育生态维护的保障。就当前来说，要想保障民族体育生态的良性和协调，必须依靠民族体育的发展。民族地区是一个前现代、现代、后现代因素并存的社会，在这样一种长期的动态变迁中，只有保障民族体育的发展才能在民族经济、社会、文化的变迁中保持生态的协调和平衡。

一、发展是最好的保护

发展是根本，艰巨的任务赋予发展特殊而重要的意义。民族地区目前经济、社会发展还比较落后，与东部发达地区相比还有很大的差距，生态良性、协调的基础条件还很脆弱。如果本身没有得到发展，或发展的路子不符合当地的实际和民族的特点，即便有足够的资金、物力养息，这个民族仍然无法摆脱落后。这不仅是一个重大的经济问题，也是一个重大的政治问题。

通过对众多民族地区少数民族体育的实地调研发现，少数民族体育的发展现状堪忧。众多民族体育项目濒临失传的窘境，如彝族的老虎笙、大锣笙、豹子笙，傣族的雄性孔雀舞等，有些体育资源如苗族的上刀山、下火海等只掌握在少数的人员手中，只在特殊的庆典活动中才偶有表演，而他们同样面临后继乏人的困境。在这样的情况下，民族体育文化基础设施条件相对落后，公共文化服务体系比较薄弱，文化机构不够健全，人才相对缺乏，文化产品和服务供给能力不强，文化遗产损毁、流失、失传等现象比较突出等。因此，必须从贯彻落实科学发展观、巩固民族团结、兴起社会主义文化建设新高潮、推动社会主义文化大发展大繁荣的高度，深刻认识繁荣发展少数民族体育文化事业的特殊性、重要性和紧迫性，把繁荣发展少数民族体育文化事业作为一项重大的战略任务，采取更加切实、更加有效的政策措施，着力加以推进。

针对当前民族体育文化生态存在的一些问题，尤其是民族文化遗产流失的现状，对民族体育进行开发性保护是较好的解决办法。其实，对民族文化的开发利用，本身就是民族文化保护的重要途径。许多文化资源之所以流失、丢弃，与长期闲置、利用不足有很大关系。对民族文化的开发，是指将民族文化转化为民族文化资本并使之产业化、商品化，使之在市场交换中体现价值。因为保护源于脆弱性的尊重，而开发能为民族体育文化增加活力，增加其自我生存和自我发展的能力。只有在开发中保存传统，并使之发展，才是最积极的做法。自我循环，自我造血，在保持良好造血功能的前提下对外开放、吸引资金，扩大交流。开发性保护模式最大的优势在于，其保护的最终结果实现了民族文化的进步和发展，培养了民族文化自我繁荣和发展的造血功能。它抓住文化开放性的特点，既发扬了民族文化的优秀部分，又汲取了其他优秀文化成果，极大地增强了民族文化的适应能力，真正使民族文化"活"了起来。人们可以利用不同的文化传统来促进自由的发展，在发展的过程中，人们可以选择保留自己传统的生产和生活方式，可以选择保留自己传统的社会结构，可以选择保留自己传统文化中值得珍视的东西，这时，发展就成为民族文化生态保护的平台。民族体育发展是文化和环境持续调适的过程，文化适应论认为，不断适应变化着的文化生存的自然和社会环境，是文化的基本特性和重要功能。"杨丽萍模式"是民族文化保护中很有创意的新模式，其伟大创举在于其率先实现将民族文化引入舞台和影视产业，这不失为很好的思路，杨丽萍汲取了田丰传习馆的深刻教训，以市场为导向，以丰厚历史文化艺术为依托，并自觉将先进文化和传统文化结合起来，既宣传了民族文化，同时对民族文化发展起到了促进作用。为真正树立民族文化品牌，迈出了成功的一步，随着多媒体技术的广泛运用，这种开发的模式会呈现更多的成果。

云南文化传习馆的宗旨是本着"原汁原味、求真禁变"的原则抢救、挖掘云南各民族濒于失传的舞蹈艺术精品和传承、研习原汁原味的民族舞蹈，反对商业气息和过重的表演痕迹。田丰以其独特的艺术感悟，发现云南各民族舞蹈和音乐融为一体的文化资源。这种独特的文化资源恰恰是各民族文化传承的大胆尝试。该馆以各民族的老艺人通过口传身授，传授给本族青年，本族青年以脱产方式进行系统的学习，表演传授。该馆的规模曾经一度扩大，而且通过电视、广播和报刊等媒体的宣传造势，一时声名鹊起。但是好景不长，由于缺少经费支持，以及坚持不切实际的"原汁原味、求真禁变"的原则，使受众对原汁原味的民俗文化表演的热忱不足而被迫关闭。不容否认，该模式在保护历史文化上最大的优势是，能够保持当地自然和人文的原生态和历史文化的厚重感和韵味感。这对于文物建筑保护尤为重要，但问题是，这种修缮和改造由于文物、建筑的极度分散，造成资源浪费和管理不善等问题。这的确是我国民族文化保护面临的困境之一。当然就非物质文化来说，更容易陷入窘境，田丰的失败就是例证。传习馆是一种很好的设想，但是"原汁原味、求真禁变"的原则却是违背文化运行和变迁规律的。比如不允许对民族传统做任何加工，甚至不允许学员看电视，担心他们受到异文化的侵蚀而放弃民族风格。这种做法实在是走了极端，甚至是呆板，典型地犯了形而上学的错误。事实上，民族文化本身也在不断地发展、变迁，为了追求古朴和传统而阻碍了民族文化发展。

图 10.1 "治穷先治愚"的宣传

变迁是在全球化和现代化加速进程中不可避免的事件,这种变迁不仅仅是人们生产生活方式的简单改变,在更高层次的意义上也是整个社区发展模式、价值体系的重大转变。其所产生的影响无疑是广泛、深刻和多重的。对于生态与环境健康这两方面产生的影响也是如此,既有有利的影响,也有不利的影响;既有已经产生影响结果的方面,也有影响后果仍未显现的方面①。

二、发展为了最大可能的传承

保护和传承是民族体育生态维护的要求和保障,与保护相比较,传承更为具体、可行和具有活力。因为民族体育本身就是一种活态文化,与人们的生产、生活紧密相连,而且继续在现代社会进程中存在和发挥作用。民族体育文化只有在活态的传承中,在文化持有者、文化生产者的主体参与下,通过活态的传承,才有更大、更广阔的生存空间。就传承来讲,发展是最好的选择。民族体育文化只有在发展中,人们才能发现民族体育文化的真正魅

---

① 徐晓勇,雷冬梅,罗淳.民族村寨生产和生活方式变迁的生态影响研究:以西双版纳勐腊县为例[J].生态经济,2011(1):172.

力和价值,从而人们会充分发挥自己的主动性和创造力,人们可以利用不同的文化传统来促进自由的发展,在发展的过程中,人们可以选择保留或改革自己传统的生活方式,可以选择保留或改革自己传统的社会结构,可以选择保留或改革自己传统文化中值得珍视的东西,这时,发展就成为少数民族文化传承的平台。

西双版纳傣族园在充分尊重生态的基础上,采用"谁投资谁受益"的发展思路,创造了"公司+农户"的运作模式,以赛龙舟、斗鸡、堆沙、放水灯、放高升、跳竹竿、丢包、跳舞、泼水等民俗体育活动吸引游客参与和观赏,为民族文化的传承提供了一条切实可行的传承之路。

三、发展是文化的自觉：向内求深度，向外求广度

对发展正确的理解应是重在良好发展,具有自我循环、自我造血,并吸引外界,吸引资金的开放系统,即具有良好的造血功能,并具有自己的特色。具体来讲,就是要提高文化持有者的文化自觉意识:向内求深度,向外求广度。在传承和发展的质与量上面来讲,有无文化主体的参与是非常重要的,如果只是依靠政府的宏观政策和一些有限的资金,无异于杯水车薪。

民族体育发展是一个文化自觉的过程。文化自觉意识是在全球发展和现代化浪潮冲击下原住民族和少数民族文化面临生存危机的情况下觉醒的。因此,文化自觉首先表现为不发达国家和民族要求在全球化世界体系中获得自己的地位和空间,从而成为推动本土化发展或现代性本土化的强大动力。同时,文化自觉还表现为世界上所有的国家、民族,都必须对自己的文化有自知之明,对别人的文化有所了解,在"各美其美,美人之美"的基础上,方能实现"美美与共,天下大同",开创出一个世界性和全球化的人与自然和谐,不同国家、不同民族、不同文化和平共处,从而成为世界和谐发展的强大动力。以理性争取发展,以自由看待发展,趋利避害提炼民族体育文化,与时俱进调适民族体育文化,促进民族体育的文化再生产。民族体育的

现代化发展也是一个必须面对的课题,向内求深度是指要保持自身的文化特质,寻求文化自觉,向外求发展是指保持开放的视野,学习和吸收先进的内容。中国改革开放的实践告诉我们,唯有开放才会有活力,开放的心态是求得发展的心理基础。我国的民族民间体育是有传统、有发展、有突破的文化存在。民族民间体育不是一成不变的,是一个动态的概念。其生存、发展、壮大,总是处在一定的环境之中,这就要求与时俱进,根据社会发展的变化,自觉地审视社会现有的民族民间体育与社会发展趋势之间的协调程度,适时地采用新的价值标准去充实和改造自己的文化内容,找出与时代需求和社会特点相适宜的民族民间体育发展之路。

民族体育的发展,要依托民族地区丰富的自然、人文资源优势,发展特色民族体育产业,培育和壮大民族体育旅游等支柱产业,带来和促进民族地区民族体育文化的发展。当下正处在建设小康生活、构建和谐社会的新时期,不仅要保护和传承少数民族体育文化,更要将优秀的少数民族体育文化发扬光大,将这些文化资源与时代相结合,与时俱进,不断创新,使之与整个中国特色社会主义先进文化建设融为一体。正确处理少数民族体育文化的继承、改革、发展的关系,关键是让现代化内容体现民族体育文化特色,让民族体育文化再现时代特征,成为适应先进文化前进方向的、具有本民族特色的现代体育文化,而打造少数民族体育文化品牌,就是发扬光大和创新发展少数民族体育文化的重要途径。少数民族体育是珍贵的民族文化遗产,是民族文化的标志之一。在文化潮流涌动、文化资本活跃,文化事业和文化产业迅速崛起的当今,少数民族体育如何适应全球化、现代化的发展要求,如何在强手如林的文化竞争中实现自身突破和率先发展,从而实现经济效益、社会效益和生态效益的良性互动和协调发展,政府、社会以及民间力量如何实现互利共赢,文化持有者以及社会精英们在民族体育文化发展中扮演什么样的角色,阿细跳月的文化品牌发展之路或许能给我们提供一些有益的借鉴和启示。打造民族体育文化品牌,实现民族体育文化资源的有效保护、合理开发,必须突出它的差别优势,突出各地民族体育文化的民族内涵,然后根据文化内涵为之量身定做一套唯一的、最优的文化包装,确立它的文化符号,以区别于其他地域的文化。这种文化内涵的确立和文化符号的选择,是民族地区文化自觉的表现,也是制定各地文化发展战略和文化安全措施必需的前提。"打铁还需自身硬","创新是民族文化发展不竭的动力"。传统体育文化的生产和创造是民族体育文化发展回应世界全球化挑战的必然应答,这就要求文化持有者加强对传统文化的自我调适,在坚定传统特色和借鉴现代体育优秀成果基础上进行大胆创新,力争打造民族文化精品,探索出适合自身发展的民族体育文化品牌建设之路。

第十一章

结 论

　　喀斯特区域民族体育的生态环境是多元的,民族体育文化与喀斯特环境之间存在耦合关系。一方面,喀斯特生态环境是民族体育产生和发展的摇篮和根基,喀斯特环境塑造了民族体育文化品性;另一方面,民族体育文化对喀斯特环境具有互动关系。民族体育文化中蕴涵着对喀斯特环境的敬畏,民族体育文化象征着人类对喀斯特的征服和民族体育对喀斯特文化的丰富。民族体育与喀斯特环境的互动经历了依生—竞生—共生的生态历程。多元生态形成了民族体育文化的多样性。

　　喀斯特区域的民族体育归属一种山地体育文化和岩石载体文化,具有宗教取向和生命主题归属的文化属性。喀斯特区域的民族体育具有勇猛剽悍而又机智灵活、与生产生活紧密结合、原始基因与原汁原味、多元源流与文化多样、水平分异和垂直分布、地上地下皆有活动等基本特点。喀斯特区域的民族体育具有一种特定区域人们开放而又闭塞、顺应天命而又怨天尤人、安逸守成而又创新不足等文化心理。

　　喀斯特区域民族体育的产生是一个长时期社会历史发展和选择的过程,选择、适应与创造是人与生态环境共生关系中的民族体育发展规律。民族文化是喀斯特区域民族体育形成的本底,喀斯特区域民族的孕育是生产实践、战争、宗教、迁徙、民俗、休闲等活动的产物,喀斯特区域民族体育在社会生产方式变迁、战争、宗教民俗、健身娱乐、商品社会、休闲社会、政治生活中发生流变,其流变的取向是多元的,民族体育在历史选择中具有以下规律:选择源于自我民族利益发展的需要,民族体育成为一种解决利益冲突和实现交流的手段,通过民族体育选择认知了自身的发展能力和文化品位,选择是在经济、社会等多种因素的文化差异下进行的。

民族体育的生态环境是多元的,多元生态环境决定了民族体育文化的多样性,民族体育的多样性形成民族体育文化的经济类型。民族体育文化多样性的发生发展规律:自然环境的不同导致不同的民族生产、生活方式,不同的社会生产方式孕育出各异的体育文化形态,民族文化观念的不同导致体育价值取向各异。

民族体育具有生态之美。富含多样性特征的民族体育具有与自然生态和谐共融之美,表现为大山孕育出的剽悍、森林磨砺出的矫健、江河冲击出的无畏、冰雪培育出的果敢、鲜花熏染出的浪漫、沙漠打造出的刚强、草原孕育出的粗犷等;具有人文生态和谐之美表现为与舞蹈类艺术的同生同伴、与生产生活的不离不弃、与生命意识的如影随形、与民族节日的朝夕相处、与宗教信仰的相生相克、与社会文化的相濡以沫;具有社会生态伦理之美体现为认知态度上的神圣性与实用性相结合、价值取向上的娱乐化与教育性相补充、组织形式上的自发性与集体性相对应、审美方式上的生活化与高雅性相呼应、资源消费上的多样性与适度性相协调等。

当前民族体育存在生态危机与发展诉求的两难选择:一方面由于经济社会的发展使得民族体育出现了存在的社会文化基础变迁、主体地位缺失等生态困境;另一方面,民族体育又有适应时代、适应社会、适应将来的发展诉求。当前的民族体育面临着生态与生计、现代与传统、城市还是乡村、政府还是社会、经济效益还是社会效益等生态选择。未来的民族体育应该是一种作为生活方式的体育,具有文化资本、文化权利、非物质文化遗产、文化软实力的特点和功能。

民族体育发展中的生态危机有民族体育传承主体的离乡离土、体育旅游开发中的真实性缺失、民族体育贫困的代际传递与文化断层、土著民族体育文化权利的式微、民族体育地方性知识的扭曲和社会变迁中民族体育文化的失落等;影响民族体育生态现状的因素有自然灾害的侵吞、城市化的步步紧逼、原始宗教的爱与恨、生存土壤的流失、现代社会的转型;发展诉求有主体地位的回归、守望乡土情缘、拒绝边缘化、文化本真性的回归和传统的驻留和发现等。

当前民族体育发展存在以下生态之惑。发展意义上的经济效益、社会效益抑或生态效益的取舍,发展目标上的生存文化、享受文化抑或发展文化的定位,发展的文化选择是竞技性抑或非竞技性,发展主体定位是官办抑或民办,传承途径是师徒方式、民俗方式抑或学校方式,文化变迁方式的取舍是同化抑或交融,生存方式的抉择是原生态抑或活生态,主体能动性发挥上是"无意识地继承"抑或"有意识地改造",未来走向选择是要舞台抑或要民俗。针对以上问题,当前民族体育的发展在意义选择上应坚持生态与生计的共享,目标定位上要遵守乡土与现代的共荣,发展地域上要体现城乡间的协调和互动,实施动力上要充分发挥民间和政府的共谋力量,方式途径上要采用保护与发展的互补,效益评价中要体现经济效益与社会效益的并举,以及发展取向归属上要遵守体育与文化的认同原则。民族体育未来的趋势是作为一种非物质文化遗产、一种文化软实力、一种生活方式和一种文化资本。

民族体育生态和发展存在如下辩证关系。一方面,生态是民族体育发展的根基,具体为生态环境是民族体育发展的乡土空间,乡土特质是民族体育发展的文化生态之根,守望乡土是民族体育发展的动力之源,乡土共生是现代化发展中的民族体育文化;另一方面,发展是民族体育生态维护的保障,具体为发展是最好的保护,发展为了最大可能的传承,发展是文化的自觉:向内求深度,向外求广度,发展是文化多样性下的发展,民族体育的发展道路是多元化的。生态与发展最好的理解是民族体育重在良好发展,具有自我循环、自我造血,并吸引外界,吸引资金的开放系统,即具有良好的造血功能,并具有自己的特色。

南方喀斯特区域的民族体育项目简介

摔跤

摔跤运动发轫于原始社会的人们与野兽的徒手搏斗,作为一种兼有强身、习武、自娱和观赏等多种功能的活动,自古以来摔跤就一直深受人们的喜爱。在彝族所有传统体育运动中,摔跤是一项最重要,也是最普遍的体育活动。特别是在火把节、密枝节、祭火节、春节和彝年期间,以及重要的庆典活动中,摔跤不可或缺。

附图1 彝族摔跤图

彝族摔跤在熟练的技艺中要体现出勇猛顽强的民族品质,它不是不讲技巧,但首先要猛过于巧。这在喀斯特地貌所在地区如云南路南、弥勒等地最为典型,气氛也最为火爆,被誉为"摔跤之乡"。《中华文化通志》载:"摔跤是彝族传统的体育项目,在欢乐的火把节日里,摔跤是不可缺少的重要内容之一,撒尼村寨附近低凹的圆形平地是最好的赛场。比赛不分体重、不限时间,只要脱掉上衣蹲在场边,赤脚裸胸,腰系红布带,就是请求参赛的表示。"史料记载摔跤时"躬头相向,手前后盈如钟摆坠,然足越趄行如斗鸡作然,久久交手,有如鹤舞,有如龙骧,有如泥鳅,有如狮搏,时上时下,时复时翻"。这几地的摔跤比赛往往不分年龄,不分级别,同一场地,捉对厮杀。一时间,红土飞扬,群虎争斗,震撼天宇,响彻四方。获胜者则被披上红布带绕场一周接受观众的欢呼与拥戴。彝族摔跤是讲求仪式的,尤其是在重要的祭祀仪式中。彝族摔跤是在长期的抓、驯牲畜时,推、拉、扑、抱、摔、掼等动作的模仿与实战中日积月累形成的。彝族先民笃信原始宗教,人们相信万物有灵,认为人与天、心与物同出一源、合为一体,人的行为也可以与某种神秘力量和宇宙秩序相互感应。彝族的摔跤活动就是祈福免灾的崇拜形式,据《路南县志》记载:"有所谓会跌跤者,其会无常,或因村中有瘟疫及义举行,若汉俗斋醮之俗。"弥勒在举行摔跤会之前要先请毕摩选定日子,在摔跤会当天要举行祭"火神"仪式;石林在久旱时举行女子摔跤祈求降雨,使"阴气冲阳天",她们认为天神能够理解身体扭动这种无声的语言,从而为人类带来福音。

斗牛

斗牛俗称"牛打架""牛摔跤",在彝族地区普遍流行。斗牛场一般设在四周有茂密森林的平坦草地上,比赛时参赛的公牛被牵到一起进行定力和耐力较量,以淘汰的方式决出"冠军"。彝族群众通过此项活动来展示养牛水平,增进村寨间的团结。它是一项牛与牛之间的抵角斗力活动,它融进了牛主人的智慧与胆识,双方的相斗实为牛和主人一起的较量。动物界普遍存在着雄性争霸的习性,有角类以角相抵,无角类以嘴撕咬,所以,两牛相斗是天性使然。可是,将其转变为娱乐和审美活动,则属于人类的文化行为了。史料《岭表纪蛮》载："……两牛骤见,怒不可遏,由是交角决斗威猛奋发。观众鼓掌呐喊,声震陵谷。移而胜负分,有败逃者,有战死者,亦有两皆阵亡者。胜者兴高采烈,取红毡披牛身,取银角套牛角,以红鬃为彩,红绫结球,系于牛之项尾两部,炮声震天,以前仪送牛回寨。欢歌会饮,庆贺大捷……败者气色沮丧,牛不战死,亦必杀以泄急。"彝族人欣赏斗牛,体现的是彝族人对雄性力量的崇拜。如果说摔跤仅是人力的竞争,彝族人对牛力的欣赏则要有超越人力的内涵。石林、弥勒绝大多数居住在山区半山区,耕地广,要适时耕种土地非耕牛不可。人们常说,养牛不吃亏,斗牛为他们扬了名,赢了利。改革开放四十多年来,经济得到了迅速发展,人民生活水平有了较大提高,彝族人由此获得了较之过去更好的生活。农业机械的不断增加,在一定程度上减轻了牛力、人力的劳动强度,人与牛都有更多的时间进行休闲娱乐活动。当地政府看到了斗牛潜藏着商机和文化品牌效应,每年都要举办规模盛大的斗牛比赛活动,以此吸引来了众多的国内外游客和商家。

附图2　彝族斗牛(1)

附图3　彝族斗牛(2)

跳三弦

　　跳三弦,一种在彝族地区广为流传、随处可见的自娱性体育活动形式。动作简单,基本步法为跳跃三步,然后在原地跺两下脚。这种运动形式强调跳跃、跺脚时的铿锵有力、豪迈勇武,体现了彝族踏足挺身、顶天立地的民族风格。基本活动形式注重脚步的踏踢和身体的前俯后仰,突出运动风格上的踏地挺胸、豪迈有力。跳三弦有着悠久的文化传统,每逢彝族火把节、插花节和三月会等传统节日,人们都要身着盛装,欢聚在一起载歌载舞。跳大三弦时人数不限。男女两排对舞,男的拨弦引笛,女的击掌拍迎,队形变化复杂,以圆圈和方队为主。速度有快有慢,蹬脚有韧劲,收脚有弹力,蹬脚快,收脚慢,干净稳健,一进一退,错落有致,节拍鲜明,节奏感强。随着音乐的快慢和哨音的长短,可变化不同的脚步。主要特点是沉、稳、颤、顿、朴实、矫健、豪放。彝族跳三弦在当地流传广,不拘形式,不限时间,不分民族,深受当地人民的喜爱,民族特点浓郁,有一定的艺术性和观赏性,适合广场大型文娱活动,也适合舞台演出。双方的动作皆三步一踢脚,女的三步后一般都自然边跳边转身360度,队形变化有前进、后退和交错。如此循环反复,情绪热烈。

附图4　彝族跳三弦　　　　　　　　附图5　石林风景区里的跳三弦

在全国各少数民族地区以"旅游搭台,文化唱戏"为主的发展趋势下,在文化功能发生改变的同时,跳三弦所产生的价值也越来越受到当地人民的重视,现在的跳三弦已经是当地文化资本开发的重要资源之一。

舞龙

云南省红河哈尼族彝族自治州石屏县北部山区的哨冲乡居住着彝族尼

附图6　阿细跳月

苏支系,人们称之为花腰彝,拥有"彝龙之乡"的美称。他们崇拜龙图腾,其祭龙、舞龙的仪式神秘而别具特色。这里的龙有雌雄之分,女子舞青龙即雌龙,男子舞黄龙即雄龙。舞龙姑娘年龄都在15～18岁,年轻力壮。也正因为如此,姑娘们舞起龙来得心应手。一条七彩长龙由12个姑娘共舞,代表12生肖,也代表12年。花腰姑娘舞龙有独到之处,龙头一动,虎虎生风,才见姑娘倒地平舞,翻起千层浪花,又见长龙破空而出,荡起万朵祥云。七彩长龙在她们手里时而上下翻滚,时而蜿蜒漫游,时而冲天而起,时而盘旋长啸。村民们眼随龙跃,情随龙腾。

　　花腰彝族舞龙真正为人们所熟悉是在1994年11月28日的首届"中国云南·石屏豆腐节"开幕式上,花腰姑娘们以其精湛的舞龙技艺吸引了观众的眼光,使各方来宾眼界大开。她们把中华传统舞龙套路与地方民族特色的传统套路相结合,创作出龙出宫、龙戏尾、摇船舞龙、靠背舞龙、龙翻身、凤乐舞龙、龙回宫等上百个套路,并多次参加全国、省、州、县的重大节日及大型庆典活动,北京、宁夏、昆明等省区市都留下了她们舞龙的英姿。近年来,彝族花腰女子舞龙队本着弘扬民族文化的宗旨,先后参加了各种社会性公益活动和专业比赛。目前,石屏县"凤舞龙"进一步发展壮大,已经有包括娃娃舞龙在内的龙17条,她们精湛的舞龙技艺,吸引了美国、日本等国的艺术家、游客纷至沓来,带动了当地旅游事业的发展。现在,哨冲共有 12 条龙,其中,凤舞龙飞的花腰女子舞龙队享誉海内外。

附图 7　花腰彝族女子舞龙

彝族武术

在众多少数民族武术中,彝族武术独树一帜,多出现在民族的祭祖仪式和丧葬仪式中。在滇东和滇南,人们在葬礼上普遍要表演武术、舞狮子、跳"乐作舞"等。出殡时,要有庞大的武术队在送葬队伍前"开山辟路",这是彝族古代祭祀体育的现存形式。人们看来,武术最能体现家支的强盛和族员的武勇。彝族人们酷爱武术,元代李京《云南志略》载:"……男子椎髻,摘取须髯,或鬌其发,左右佩刀,喜斗好杀……多养义士,遇战斗,视死如归。"明万历《云南志略》载:"罗罗……藏匿山林,惟事剽掠……言不合,拔刀仇杀。"除了佩刀之外,强弩、梭镖、火药枪、火雷等也是彝族的"常备武器",《易门县志》载"爨蛮……常带尖刀于左右,又有劲弩镖枪,置毒矢末,沾血立死"。于是,武术也因而成为愉悦和告慰祖先亡灵的最佳形式。有的彝族在长辈去世数年后,要对其亡灵举行特殊的超度仪式。仪式中人们要历数祖先的业绩,并与前来祭祀的家支亲朋作象征性的"厮杀""格斗",以展现死者子孙和家支的强盛、武勇。囿于彝族社会的这种传统观念和武术运动特殊的表现形式,使它成为彝族祭祖、葬式中最为普遍的崇拜手段,一招一式,一扑一跃,折射出一个民族强悍尚武、恃强逞武、威猛无比的风俗情性。

赛马

水族分布在贵州省的都柳江上游,苗岭山脉以南,主要聚居于三都水族自治县。赛马是都柳江两岸水族端节的一种喜庆活动,轮流在各村寨举行。水族的赛马形式非常独特,叫作"挤马"。赛马的场地叫"端坡",马道不像其他民族赛马场那样宽广平坦,而是像一条山间小路。马道的起点一般比较平直,路面也较宽,到一定距离就窄了起来,崎岖不平,有时仅能容两匹马并行。有的马道是从坡脚修到坡顶,也有的从半坡修至坡顶,坡度达四五十度。在这高坡陡岭、密林荆棘、道路崎岖的山地上,这对骑手们的技艺和素质是一个考验。竞赛者必须勇敢、沉着、敏捷并具备高超的骑术,才能在这山峦起伏、林木交错的复杂环境中驰骋夺魁。

民间传统的赛马方式是不取名次的。参加比赛的骑手自由结合。陆续起跑,也不是只跑一个来回,而是从下而上,从上到下,循环往复地跑好几个来回。马弱、骑手体力不支、骑术欠佳的,往往一两个回合就败下阵来。而那些马强、耐力好,骑艺精湛的,总是多次跑完全程,甚至在狭窄的马道上也能挤开对手,直奔终点。这种赛马,实际上是比韧劲。其距离依地形而定,有长有短,一般为两三百米。端坡是公用地,一直保留,不能别用,每年端节以前,都要清理马道,以防赛马时发生危险。

抢花炮

抢花炮是桂、黔、湘边界各族人民十分喜爱的一种大型民族民间体育活动,流行于侗、壮等少数民族的传统节日。以低山和丘陵地貌为主的三江县,属云贵高原的雪峰山、越城岭和苗岭山脉的延伸地带,县境内山岭叠翠,蜿蜒起伏;在这里生活的主体民族是侗族,巍巍青山云烟缭绕,潾潾江水清澈见底。

抢花炮被誉为"东方橄榄球",花炮分为头炮、二炮、三炮,各炮都有其特殊意义:头炮象征"吉祥如意";二炮象征"风调雨顺";三炮象征"五谷丰登"等。它象征着吉祥如意、民族团结,具有悠久的历史和民族特色,流传"侗乡三月好风光,天结良缘抢花炮;要得侗家姑娘爱,花炮场上逞英豪"的绝句。这是一项由村寨为单位轮流主持的活动。凡轮值的村寨,事先会请编织高手用青细竹篾或藤条编织 3~5 个茶杯口大的圆圈,外缠红布,再以红、绿丝线扎牢。当宣布开始时,红炮圈被放在铁炮的炮筒口上点燃火药放炮,红炮圈被射上高空,各个村寨的选手便争相抢夺,全场顿时欢声雷动。与现代在正规赛场上比赛不同的是:那时那地的红炮圈有时落地,但有时也可能落到水塘里或悬崖上、屋顶上、树上。精彩的是选手们不会畏惧任何一个危险的地方,他们会跳进塘里,爬上悬崖、登上屋顶、树上,个个奋不顾身,人人勇往直前。抢到了花炮还远不算完结。花炮须在同一村寨的选手们手中巧妙传递到庙里的裁判台上才算获胜。这一路的争抢更加激烈。当选手终于把红炮圈送到裁判台后,庙里会响起钟声鼓声,并鸣铁炮三响,表示头炮结束。接着进行二炮、三炮。

现在的年轻人喜欢这项运动的挑战性、刺激性。抢花炮以寨为单位报名,参赛队数不限,每队人数相等,可以采用挤、扳、钻、传、拦等手法,但不准打、踢和带利器。抢到花炮跑进"得胜门"即为胜者。当时的情形很混乱,都搞不清楚是怎么赢的,反正一个小伙子跑进得胜门,站在桌子上,高举花炮,然后就宣布他是第一炮的获胜者,他的队友把他高高抛起以示庆祝。在侗乡,抢到花炮的青年是人们心目中的英雄,也是寨子里的荣耀,作为奖品的红猪抬回去与寨子里的老人及队友共同聚餐庆贺,奖金也是买了烟酒请客。抢到花炮除得到一定的物质奖励,还意味着幸福吉祥。下次花炮节由头炮获得者组织,称为还炮。

赛龙舟

赛龙舟,苗语称"恰仰翁",意译为"划龙舟",流行于以贵州台江县施洞镇为中心的600多平方千米的清水江流域。它是一个集苗族竞技体育、宗教信仰、民族服饰、民族饮食、民族歌舞为一体的、具有浓烈的原生态苗族风情的传统文化活动,也是苗族传统的节日集会,施洞苗族"独木龙舟节"的赛龙舟活动从采木、凿舟、下水、开划、授礼、竞渡直到上岸归棚存放,都是由村寨人员自发组成。清水江苗族的独木龙舟文化活动,充满了古老而神秘的仪式和规程。从活动开始到活动结束,都是由大量的古老仪规串缀起来的。首先是"下水",之后才有龙船节上正式划龙船,进行龙舟比赛。仅此就有不少原始神秘仪式,如"请龙""下水""取水"等过程。此外,在独木龙舟过险滩、独木龙舟上岸等过程中,也都要举行特别内涵的相应仪式。从下水到竞渡,其程序都有相关的仪规、禁忌和传说,无不表现出一种古老而神秘的苗族文化气息。作为"嘎牛"(鼓头)的寨老,一般是这个寨子德高望重或者家族中推选出来的受人尊敬的老人,有很强的号召力,负责接待亲戚朋友,加强联络,增进感情。那么"嘎牛"的亲友们来观龙舟之时,都准备好礼物送到划龙舟的河边,为他们的"嘎牛"庆贺,把猪、鸭、鹅等挂在龙舟上,在仪式的举行下,在燃放的鞭炮声中,使得龙舟格外异彩缤纷,更显蓬勃生机。龙舟收到礼物愈多,愈显得鼓头受人尊敬,同时以礼物回赠,双方礼尚往来。因此,江上的龙船是一条多情的纽带,通过龙舟文化活动增进了人民群众的互相了解和感情交流,长此以往若有误解,通过船头一杯米酒、一首酒歌,过去的误解就烟消云散了。

跳芦笙

芦笙是苗族文化的象征,跳芦笙(又名芦笙舞)是苗族最有代表性的文体活动之一,普遍流传于除湘西之外的各地苗族中。跳芦笙的历史悠久,

《宋史·蛮夷四·西南诸夷》载:"至道元年,龙光进率西南诸蛮来贡方物……上因令作本国歌舞,一人吹瓢笙如蚊蚋声,良久,数十辈连袂宛转而舞,以足顿地为节。询其曲,则名曰水曲。"清《黔书·苗俗》也载:"每岁孟春,合男女于野,谓之跳月。……男编竹为芦笙,吹之而前,女振铃继于后以为节,并肩舞蹈,回翔婉转。"清陆次云《峒溪纤志》载:"(男)执芦笙,笙六管,作二尺。……笙节参差,吹且歌,手则翔矣,睐转肢回,旋神荡矣。初则欲接还离,少则酣飞扬舞,交驰迅速逐矣。"对芦笙的形制和跳月时演奏芦笙的情景做了具体的描绘。

附图8　苗族跳芦笙集体表演　　　　　附图9　苗族芦笙表演

　　跳芦笙从表现形式看,其动作特点是幅度大、力度强,主要动作靠脚、腰、头等部位的摆动来表现。跳芦笙时男子双手紧握芦笙,充分发挥脚上的扭、绕、对、靠、跺等动作,带动上身的俯、仰、摆、转等,更惊险的是做出倒立、滚翻、吊挂、倒背、叠罗汉等高难动作。既有情、有趣又有难度,加之优美的芦笙旋律及跳者感情变化,充分反映出粗犷、豪迈的民族性格,更加烘托出场面的热烈壮观,从中流露出强烈的民族自豪感和自信心。最有特色的是滇南和滇东北的苗族,把跳芦笙搬到花杆上进行,人慢慢地倒立在花杆脚下,用两只脚夹住花杆,用一只手绕抱着花杆,手掌还握住芦笙,用嘴紧紧地咬住芦笙嘴,让芦笙的响声不断,另一只手则握抱紧花杆,脚手并用,倒着一点点地向上爬,一直爬到花杆顶端,又慢慢地从上面移到地面,整套动作都做到随时保持芦笙的响声不间断。这种项目既有民族特色,又有娱乐、健身的特点和艺术欣赏价值,在其独特的运动方式中注重民族感情、民族精神,以民族风格将审美对象与审美主体自然融合,令参与者与观赏者同时获得精神上的享受,使少数民族体育更富有魅力和活力,使人的身心需要和情感愿望达到满足,人们在这些活动中直接得到情感的抒发。刘锡蕃著《岭表纪蛮》一书记载:"……其号称特有者,唯芦笙与铜鼓两件,芦笙一扬,在蛮疆风行甚远,创之者,为诸葛武侯。"宋代陆游《老学庵笔记》记载:"农隙时,一二百人为曹,手相握而歌,数人吹笙在前导之,贮缸酒于树荫,饥不复吃,惟就缸取酒恣饮,夜疲则野宿,至二日未厌,则五日或七日,方散归……"

跳硐

喀斯特区域独特的溶洞文化产生了独特的体育文化活动。许多体育活动中特有的围圈而转的风韵,有些就是源自溶洞有限的环境,苗族的许多节日庆典活动,至今仍在溶洞中或洞边空地进行,称作"跳硐""跳花洞"……贵阳市花溪区高坡是一个民族风情浓郁、名胜古迹独特、田园和自然风光秀丽的文化之乡,占其独特的民风民俗更是一朵奇葩,跳硐便是其一。作为苗家特有的盛大传统活动,跳硐是在万古溶洞中进行。跳硐是从农历正月初场,其中,规模最大人数最多影响最深者,初四到初九6天内,依次在高坡乡的6个村寨举行,一天当推贵阳市南22千米的桐木岭跳场,这里的一个占一寨,年年如此。跳硐时,待各寨老小自四面八方到地百余顷的宽大草坪便是跳场的中心点。跳场仪式齐后,主持跳硐当地寨老一声令下,苗家儿女载歌载舞,喜气洋洋。观者若幡旗,燃放鞭炮,敲响铜锣木鼓,浩浩荡荡进入,场面壮大。溶洞之中,一队队男青年轮番吹响芦笙,一队队身着民族盛装的姑娘轮番跳起欢快的民族舞蹈,老人们则敲响铜鼓助兴。入夜,远道至此者就在亲友家借宿,翌日晨,又赴下一个跳硐场地。

打长鼓

瑶族是我国的少数民族之一,主要分布在广西和湖南、云南、贵州等地。瑶族的名称最早见于唐初姚思廉的《梁书·张绩传》:"零陵、衡阳等郡有莫徭蛮者,依山险为居,历政不宾服";主要从事山地农业,瑶族分布的特点是大分散、小聚居,主要居住在山区。瑶族是一个古老的民族,他们在努力创造物质文化的同时,进一步发展丰富了民族传统体育文化,打长鼓就是瑶族历史文化的代表。

附图 10　瑶族打长鼓

"瑶不离鼓",长鼓瑶语称"播公",是一种木制的鼓,形似喇叭,按规格分小、中、大三种。长鼓瑶语叫"汪嘟",两头大,中间小,呈喇叭形。鼓身用沙桐木制成。两端蒙上牛皮或羊皮,作为鼓面。跳时横挂在腰间,右手五指并拢,以掌拍鼓,打长鼓的特点是自击长鼓,鼓点伴舞。下肢稍曲或半蹲,上身直立,转身敏捷,颤动、勾脚、击鼓花样多。笙、鼓、脚的动作多而美,特点鲜明,快慢自如,其主要套路有头拜上四拜、美女梳妆、座堂七、竹鸡爬泥、竹边七、五脚尖、堂堂上和迎接鼓、敬马楼、敬圣人、收了鼓等。每当婚嫁喜庆、新建房屋、欢庆丰收、迎送宾客、祭祀盘王始祖或举办庆典活动时,都要用打长鼓进行表演。可见,打长鼓在瑶族文化中的重要作用和影响,蕴含着丰富而深厚的瑶族历史文化内涵。瑶族打长鼓的基本动作由走、跑、跳跃、蹲、挫、旋转、俯冲,以及顶、斗、周旋、厮杀、斗鸡、大蹦子等动作组合而成,多为模仿上山越岭、过溪穿谷、伐木运木、斗龙伏虎等劳动或斗争场面,古朴独特,粗犷豪放,节奏强烈,跳到高潮时常结合有跳跃、旋转和极大幅度的摆动。跳至低潮时,稳健轻巧,韵律和谐,柔婉舒展,表现出动静相融的艺术特色。打长鼓是全身性运动,肌肉、关节、韧带都能得到良好的锻炼,可提高跳者的速度、力量、耐力、柔韧性及协调性,在适宜的运动负荷下能达到理想的锻炼效果,能够促进人的体能发展和体质增强,具有很强的健身价值。

抛绣球、丢花包

抛绣球是壮族人民喜闻乐见的传统体育项目,抛绣球又称"飞砣",壮语则将其称为打段,是壮族人民在春节、"三月三"等传统节日的歌好集会上所开展的一项传统男女连情方式。它的历史可追溯到 2000 多年前。据广西《宁明山临摹》花山壁画资料考证,壮族群众抛绣球活动要追溯到 2000 多年前,绣球的前身是一种用青铜铸造的兵器,谓之曰"飞砣",用于甩投,多在作战和狩猎中使用,随着农业、手工业和商业的发展,各民族间的融合,人们为了互相抛接娱乐,便对"飞砣"进行改进,换成了绣花布囊的式样,既不伤人又能尽情欢娱,这时的绣球只是一个五彩布囊,里面装有豆粟一类的谷物。但当时用以甩投的是青铜铸制的古兵器"飞砣",并且多在作战和狩猎中应用。后来,人们将飞砣改制成绣花布囊,绣球是姑娘们用手工做成的彩球,以圆形最为常见,也有椭圆形、方形、菱形等。绣球大如拳头,内装棉花籽、谷粟、谷壳等,上下两端分别系有彩带和红坠,互相抛接娱乐。关于壮族以绣球传情、求偶的风俗,宋人周去非在《岭外代答》中记述:"上巳日,男女聚会,各位行列,以五色结为球,歌而抛之,谓之飞砣。男女目成,则女受砣而男婚已定。"明代朱辅的《溪蛮丛笑》记载:"土俗岁节数日,野外男女分两朋,各以五色彩囊豆粟,往来抛接,名曰飞砣。"用古兵器"飞砣"命名的五色彩囊,便是后来的绣球了,其盛况如日中天甚为时行。清《庆远府志·诸蛮》载:"溪峒……当春日戴阳,男女互歌谓之浪花歌,又谓之跳月。男吹芦笙,女抛绣笼。绣笼者,彩球也。回旋舞蹈,歌意相洽,即投之报之,返而约聘。"清代壮族文人黄敬椿的一首"风土诗"亦有描述:"斜阳门巷破萧条,姐妹相从执最娇,好把飞球空里掷,迎来送去赏花朝。"《镇安府志》载,上映土州"年节老者聚饮,少者抛绣球为乐"。这里分别描写了岭南的婚礼和越南北部与广西交界一带的抛绣球习俗,特别提到了"静江"(今广西桂林)、"钦"(今广西钦州、合浦一带)、交趾的歌唱习俗。其中,"皆临机自撰,不肯蹈袭"一句道出了对歌的基本特点。从这里可以看出,对歌作为一种交际、娱乐手段,贯穿于婚前两性交往和婚礼过程中。宋人周去非在《岭外代答》中的记述更为明显,"男女目成,则女爱砣而男婚已定"。每年春节、三月三、中秋节等传统佳节,壮族人民都要举行歌圩。在歌圩中,男女青年相邀聚集在地头、河畔,他们分成男女两方,拉开适当距离,互相引吭高歌,用歌声来表达问候和增进了解,内容涉及理想、情操、农事等。对歌有问有答,丝丝入扣,声音此起彼落,娓娓动听,姑娘们情不自禁地拿起手中精致的绣球,向意中人抛去,小伙子眼疾手快,准确无误地接住绣球,将它欣赏一番后,又向姑娘抛回去。经过数次往返抛接,如果小伙子看上哪一位姑娘,就在绣球上系上自己的小礼物(如银首饰或钱袋),抛回馈赠女方,馈赠愈重说明小伙子对姑娘情意愈深。姑娘接住小伙子的礼物时,若收下,就说明她接受了小伙子的追求。这时,两人或继续对歌表达情意,或相约到僻静处聚会。

与抛绣球类似,丢花包是布依族的一种民族体育活动。丢花包又名掷花球、甩糠包,是青年男女表达爱情,选择配偶的一种体育活动方式。花包用各色彩布缝制,呈菱形,约有20平方厘米,内装米糠、小豆、棉籽等。每只角用五彩丝线做成"耍须"。又用布条缝制成长约2尺的带子,抛掷时手拿带子,往前或往后绕几圈即抛出。接时也须接住带子。赛场上男女分成两队,相距7~8米远,相互掷接。规则是不准横撤,不准抬脚,谁接不着对方

附图11　壮族抛绣球

的花包,要送给对方一件礼物。在甩花包过程中,开始是随意丢掷,后阶段多投向自己爱慕的人。丢花包有比较久远的历史,清康熙年间《贵州通志·蛮僚》载"仲家……于孟春跳月,用彩布编为小圆球如瓜,谓之花球,视所欢者掷之",说明当时已很流行。丢花包多在春节、六月六和七月半节日里进行,一般选择在村寨比较平坦宽阔的地方,在丢花包开始之前,青年男女互相对歌,暗中寻找花包伴。片刻之后,便各站一排,相距约二三十米,这时姑娘手握提绳将花包左转右转,向自己的如意郎抛去,后生接到花包后,即回掷给喜爱的姑娘,如此往返抛接、投掷,花包左右穿梭,为青年男女传情达意。过去,丢花包有不定期的惯例,一般事先规定,花包丢过肩可以不接,如没有过肩而自己没有接到,那么不管是男是女都要给对方一件礼物,如项圈、手镯、戒指等装饰物。现在,丢花包作为比赛,一般不限定人数,对等进行,通常是男女混合。丢花包主要靠手臂的力量,借助助跑,在腰腹力量的配合下将花包掷出,要求甩得远,掷得快,丢得准,接得稳。花包是布依族择婿之物，"丢花包是布依族青年男女恋爱方式之一"。清《大定府志》云："仲家……以十二月为岁首，每岁孟春跳月，即婚姻之始也。跳月之俗，聚男女于旷野，用彩布编为小球，谓之花球。视所悦者而掷之，中则与合欢。"布依族婚恋所涉财物亦可见于竹枝词。吴仰贤《黔中苗彝风土吟》云："长裙彩绥亦风流，窈数香球着意投。若要天孙容易会，黄姑须养白头牛。"诗中点出女子窈窕柔美，掷扔花包传递情意，表明布依族有"以姿色定聘资，多至牛三五十头"的传统。乌江流域布依族跳月时，对合意者赠以槟榔，结成夫妇；婚后三天，女子亦可与他人结合，只有生子后方可回到情郎的身边，故《黔苗竹枝词·仲苗》有云："浅草春开跳月场，聘钱先乞紫槟榔。隔年一笑占归妹，抱得新儿认旧郎。"丢花包的方式是男女相对各站一排，中间相距 10 米向异性投掷，初时随意，渐改为爱慕谁就投向谁，对方也愿意被多人投掷。如果双方有意便可邀约定期约会，互相了解，加深感情。丢花包很讲究技法，有顺丢、倒丢两种。顺丢，即右手提花包从上顺前绕一圈脱手丢出去；倒丢，即右手提花包从正方向后绕一圈，然后倒转顺前方脱手丢出去。丢花包有习惯规定，不准乱丢、乱接，不准抬脚，要求在自己三步以内单手接住，不能拉提花包"要须"。丢花包人多时，可以同时看到几十个，甚至上百个花包在半空穿梭飞舞。

陀螺

陀螺活动历史悠久，有木、石、陶、竹制多种，其玩法多种多样，各地玩法也不同。陀螺是我国少数民族如彝族、壮族、瑶族等喜爱的民族传统体育运动，在云南、贵州、湖南等地区开展较广泛。陀螺是瑶族人喜爱的一种体育文化活动，不仅有木质陀螺，还有石陀，用石头凿刻而成，既是一种玩具，也是狩猎工具。瑶族先民使用石块猎取动物，为了提高捕猎的成功率，农闲时节，就在房前屋后的空地上埋一截桩陀，手持陀螺向桩陀击出，练习击准。黔南地处云贵高原东南斜坡、贵州的南部。这里的地貌特征是"八山一水一分地",山高坡陡,沟谷纵横,气候温和,雨量充沛,林木繁茂,梯田、平坝、村落点缀其间。瑶山白裤瑶大年最喜欢、最热闹的娱乐活动是赛陀螺。因而,瑶山人把春节也叫陀螺节。瑶族小伙子人人都有陀螺,同汉族的陀螺大致一样,不同的是,白裤瑶人的陀螺比汉族陀螺几乎要大一两倍,重一两斤。大头上还沿周边抠出一道槽,以绕缠"启动绳",小伙子们还在陀螺上漆上自己喜欢的各种颜色。比赛由瑶族德高望重的长者当裁判。陀螺手们听到一声"定根"令下,便各自将陀螺脚尖着地,用手按着,再听见"开打"令下,便像发动柴油机一样,扯动手中的绳子,并顺势将陀螺甩出去。谁的陀螺转到最后,谁便是优胜者,或以陀螺互击,谁的先倒地谁为输家。围观的人群里三层外三层,将比赛场围得水泄不通。人们不住地鼓掌喝彩,为陀螺手们鼓劲加油。得胜的小伙子,甚得姑娘们的青睐。

附图 12　白裤瑶的陀螺比赛

　　1985 年,在云南昆明举行的第五届全国少数民族传统体育运动会上,陀螺首次被列为全国民族运动会的比赛项目。从此,陀螺运动从民间活动形态走向了竞技体育形态的发展道路。陀螺运动集娱乐、健身、宗教信仰、民风民俗等于一体,具有较高的参与、观赏、健身、休闲娱乐等价值,是我国一项重要的非物质文化遗产。

射弩

弩弓,用韧性极强的岩桑木或栗木制成,固定在一木托上,将弦引钩在扳机上,搭上箭,扣动扳机,箭即射出。弩弓分大、中、小三种,大弩弓旧时多为村寨间械斗的武器,中等弩弓用于狩猎或作战,小弩弓主要用于射击飞禽。

射弩是苗、瑶等少数民族群众喜爱的一项传统体育活动,擅长狩猎的少数民族更是把射弩作为日常生活中不可缺少的一个内容,射弩适合山地、丛林一带的民族使用。喀斯特地区地形复杂,山林茂密、沟壑纵横,在这里居住的少数民族相当长一段时期以"刀耕火种"为生产方式,以采食野果、狩猎动物为主要食物来源。苗族、彝族、瑶族至今仍用弩狩猎。弩不仅成为男人们最重要的生产生活工具,也被用来作为饰物和定情信物。如今,射弩已经走出了深山,成为全国少数民族传统体育运动会的一个竞赛项目,参加这项竞赛的选手们使用的弩和箭,必须保持自己民族的传统,都用自制的各具特色、形态各异的弩和箭。

闯滩

"八百里清江,八百里画廊。"清江发源于重庆万州与湖北利川交界处,流经恩施、建始、巴东、长阳等地的土家族苗族聚居区,"水色清明广大,人见其清澄,故名清江"。它孕育了一代又一代土家族苗族儿女,又称为土家族苗族儿女的"母亲河"。清江,它不仅哺育了一个豪爽、尚武的民族,也孕育出独特的土家民族风情文化。"清江水,湾连湾,九步不离一个滩。"清江沿岸山势陡峻,河道狭窄,水流湍急,滩多流急,古有"七淤八滩兼九州,七十二滩下资丘"之说。滩水中有礁石千座,行船走排,险而又险,使木排在通行时遇到险阻。可以说,清江闯滩是真正的"与浪共舞",惊险刺激而神奇美妙。有土家民谣云:"伏三,飞弧不算险,犀牛才是鬼门关。"

土家族是一个豪放的民族,这种豪放的气质,从"龙船调"等民歌山谣可以看出。建立在民俗风情文化上的清江闯滩,浓缩了土家人的民俗、文化、风情,到处都体现出与土家文化的神奇绝妙的凹合。山水画廊中的闯滩之行,除了"与浪共舞"的刺激以外,还可以让你在"与浪共舞"中领略两岸峭壁之上的土家人的"船棺""洞葬"的奇妙。自2000年以来,此地每年都举办清江国际闯滩节,激越的船工号子,古朴的水上抢亲,还有土家族姑娘那纯朴的笑容,常常让远道而来的人们流连忘返,被誉为"中华第一漂",入选"中国特色旅游三十佳"。

独竹漂

独竹漂俗称划竹竿,是发源于赤水河流域的一种独特的黔北民间绝技,指脚踏漂流在水面上的单棵南竹,依靠小竹竿划动实现水上漂行的一项民族传统体育项目,表演者赤足站立于一根南竹上,手拿一根小竹竿当桨,左右交替,在水上划行,或驾舟乘风破浪搏击激流险滩,或轻拈竹竿稳立舟上悠闲荡舟水面。还表演"乘风破浪"、倒退、转身、绕弯、换竿等绝技,颇有"一苇渡江"之妙。赤水市河流众多,盛产南竹,素有"竹海"之称。由于山高水险交通不便,人们的出行是个大问题。但是,勤劳勇敢的赤水河畔的贵州人就地取材,"以竹代步,以水为路",站上南竹漂过大河、漂出大山。今天,贵州遵义赤水河畔的人们出行时已经不再需要独竹漂这种古老的方式了,但是独竹漂却作为一个兼具健身娱乐的体育运动流传了下来,并给这种活动起了一个形象的名字——独竹漂。

追溯赤水独竹漂的历史发展源头,距今已有上千年的时间。1998年,赤水复兴马鞍山发掘的汉晋时期的古崖墓群中,有一座墓穴的石棺壁上,就有一幅一人双手持竹立于一竹舟上的石刻图案。赤水独竹漂经过千年的沉积,逐渐转化形成每年端午节与龙舟赛齐名的表演项目。1935年,红军四渡赤水时,就曾以独竹为舟渡过赤水河。直到20世纪70年代,独竹漂渐渐发

附图 13　赤水河上的独竹漂

展为纪念"毛泽东畅游长江"和红军长征"四渡赤水"的群众性水上体育活动必须参加的表演项目。20 世纪末,具有赤水地域特点的独竹漂走出贵州,走向全国民运会,并得到专家推崇,在全国民运会上赢得了金牌。从此,赤水独竹漂名噪一时,知名全国,并在 1998 年以来多次荣获表演奖。1999 年,在全国第六届少数民族传统体育运动会上,赤水独竹漂荣获团体表演金奖,常被各种媒体誉为"中华一绝"。此后,在 2002 年省民运会、2007 年全国民运会上再次取得表演金奖。2007 年贵州省把此项目定为少数民族传统体育竞技项目在红花岗区举办了贵州省首届独竹漂大赛。2011 年,该项目被列为在贵州省举办的第九届全国民运会的竞技项目。

摆手舞

摆手舞,土家语名曰"舍巴日",意思是甩手或玩摆手,是土家族的一种历史悠久的传统体育活动,流传在鄂、湘、渝、黔四省市交界的沅水、酉水流域一带,尤以酉水流域为甚。清乾隆《永顺府志》载:"各寨有摆手堂,又名鬼堂,谓是已故土官阴署。每岁正月初三至十七日止,夜间鸣锣击鼓,男女聚集,跳舞长歌。"又据清嘉庆《龙山县志》载:"土民设摆手堂,谓鬼堂,谓是已故土官阴署,共以牌位。黄昏鸣击鼓,男女聚集,跳舞长歌,名曰摆手。"清同治《保靖县志》载："正月初间,男女聚集歌舞,被除不祥,名说'摆手',又谓'调年'。"又据清光绪《龙山县志·风俗》载："土民赛故土司神,旧有堂,名曰摆手堂,供土司某神位,陈牲醴至期,既夕群男女并入酬毕……故谓之摆手。"

摆手舞的基本摆法是双膝微屈,左脚上前一步,双手顺势向前一摆,当双手轻轻摆向后时,右脚即跟着上前半步;再反方向做一次;然后左脚上前一步,右脚上前半步,双手前后轻轻连摆两次;两脚停住,双手前后重摆一次,这就叫"单摆"。如向相反方向再摆一次,就叫"双摆"。舞蹈动作多是土家生产、生活、征战场面的再现:有表现打猎生活的"赶野猪""拖野鸡尾巴""岩鹰展翅"等;有表现农活的"挖土""撒种""种苞谷"等;有表现日常生活的"打蚊子""打粑粑""擦背"等;有表现出征打仗的"开弓射箭""骑马挥刀"等。现在摆手舞分布在重庆市酉阳、黔江,在湖北来凤、宣恩、鹤峰,在湘西龙山、永顺等区域,形成了以酉水河为纽带的土家摆手舞文化圈。而且发生了三大变化:一是舞蹈上的变化,以往摆手舞的舞蹈动作比较单一,主要是以农民薅秧打谷的动作居多,而今,在动作上讲求多样化、现代化。在原有的9个基本舞蹈动作上加入5个新动作,以土家生产、生活、征战场面的再现,有表现打猎生活的"赶野猪""拖野鸡尾巴""岩鹰展翅"等。其次是服饰上的变化,以前传统服饰的颜色主要以单调的白色和蓝色为主,如今加上了红、黄、绿等色彩,更有现代感。最后是音乐方面,在原有的基础上,加入了山歌、盘歌、劳动号子等独特的情歌,展现出摆手舞不同的魅力。在酉阳、来凤等地,摆手舞已作为一种健身活动被推广到城里广场、社区、高校。

跳鼓

跳鼓,苗语称为"粟娜",是苗家最普遍最富有民族特色的传统体育活动。此项活动历史悠久,形式多样,内容丰富,深为苗家所喜爱,在湘西苗区尤为盛行。跳鼓表演脚跳手击腰旋体转,多用内功,讲究气质,体力消耗颇大,且其要求套路准确,技术熟练,气质刚毅,功夫精深。苗家跳鼓套路动作内容有武术动作、生产模仿动作和生活模仿动作等,动作优美而豪放,以单脚跳为主,讲究鼓点节奏和步法。步法有左右梭步、垫步、莲花交叉步、踩三角、滚动步、半圆步等,手法有掌背击、肘击和棒击等。身法有腰旋、体转、小燕侧翻等,其步法有走三步、走三步踩三角和滚步翻身等。动作讲究鼓点节

附图14　苗族跳鼓

奏和步法,其鼓点节奏有单点鼓、双点鼓和三点鼓、五点鼓、九点鼓以及行步鼓、转身鼓等,其步法有走三步、走三步踩三角和滚步翻身等。四月八、牛王节时,方圆百十里的人们都会从不同的村寨赶到聚会地点,进行极富体育文化的活动,如玩狮、舞龙、赛马、跳鼓及武术比赛等。特别是跳鼓更富苗族的民族特色,且历史悠久。苗族的跳鼓多种多样,有花鼓、四人鼓、团圆鼓、筒子鼓、跳年鼓、单人鼓、双人鼓、猴儿鼓等。跳鼓时的打法有男女单打、对打、混合双打、多人打。由生产和生活中的动作组合成不同的套路,通过不同的鼓点加以配合,既可宣泄情感,又能展示技巧与技能。苗族跳鼓不分男女老少,不分本地人外地人,人人可以击鼓。打鼓的人多了,就很自然地形成了赛鼓。赛鼓又使各寨之间增进了友谊,交流了经验。苗族跳鼓活动历史悠久,《保靖概要》中写道"……其始也,集男女于庭,伐鼓鸣锣,通宵达旦,名'打猴儿鼓'","通宵达旦"而不肯罢休一语,足见当时的跳鼓热况。不过古

时候的跳鼓活动多是伴随隆重公祀活动进行的。《永绥厅志·苗峒》记载，民国时期已演变为两种形式：一种是古代歌舞式，即志书中记载的那种形式沿袭下来；另一种是民间体育式。此两种形式并存，然体育式活动面更广，参加的人更普遍，多在现在苗家的传统节日，如"跳年会""四月八""六月六""赶秋""鼓礼节"等。苗家跳鼓的种类有湘西凤凰的"花鼓"，吉首的"四人鼓"，古丈、保靖、花垣等地的"团圆鼓""简子鼓""跳年鼓""单人鼓""双人鼓"，以及鄂西和贵州等地的"猴儿鼓"等，虽都是跳鼓，但跳法各异。现在的苗鼓不仅是民运会的表演内容，而且在节日庆典、民族聚会等场合多有演出。今天演变成古代歌舞式和民间体育式两类，后者在湖南省已列入省民运会比赛项目，并制订了竞赛规则。

高脚马

高脚马是湘、鄂、渝、黔四省边境各县市广大土家、苗寨盛行的一项民间传统的体育活动。高脚马是现在的名称，以前叫作"竹马"或"骑竹马"，截竹为马，苗语叫"吉磨列"，意思是腿很长的马，"马"实为两根长及肩部的竹子或杂木做成，起初取材于有权的小树干，底端以自然生成的短树权供脚踏，因而又叫"自生马"，经过加工制成的叫"再生马"。双手各持一杆，脚踩踏杆。后来高脚马用木质、竹质、铁质或其他制成，高脚马踏镫可用绑马卦或用绳索系成。它与我国北方的踩高跷有其近似之处，但不是踩高跷。两脚分别踏在两个竹马的脚蹬上，一步一步地前进、后退。

高脚马已有悠久的历史，原本是湖南土家族、苗族人雨天代步、涉水过河的工具，土家族原来居住的地方水多，泥多，就有了雨天踏竹竿出行的情况，逐渐形成了特有的高脚马运动项目。但随着乡村基础设施的改善，踩高脚马早已淡出了当地人的生活。高脚马在健身功能方面可以提高人的力量、速度、耐力、灵敏、协调以及平衡等身体素质，全面增强体质、增进健康。后来发展为一个民族体育项目，在第7届全国少数民族传统体育运动会上

附图 15　高脚运动

首次被列为正式比赛项目。现在有高脚马竞速、高脚马角斗、高脚马花样、高脚马障碍赛等多种。

上刀山、下火海

上刀梯是苗族传统体育活动,集气功、轻技和柔艺于一体,以古朴、刚健、惊险著称。凡喜庆节日和重要祭祀,苗家人都要举办上刀梯活动,"有节必有刀梯"。其中规模最宏大、场面最热烈的每年有三次,分别在农历正月、"四月八"和"赶秋节"举行。并且各次都有其特定的含义。正月十五元宵节前后举行,是为送旧迎新,求得来年大吉大利;"四月八",这是苗家人祭祀英雄、激励斗志;"赶秋节"是为欢度丰收,表达内心的喜悦。上刀梯在《湘西文化大辞典》的注释为"苗巫师传法的盛大仪式",即苗老司在傩事司事的过程中,凡是学艺者在应届满师时,必须要进行隆重的"迁阶"活动。据实地考证,木杆上保持由 36 把钢刀组成的刀梯代表 36 道关口,象征苗族历史迁徙过程中经过的重重难关;赤脚上刀梯和在刀梯上表演倒挂金钩、大鹏展翅、观音坐莲、古树盘根等规定动作,表明"迁阶"规格的要求不可降低。从第一把刀开始,一节一节往上爬,一直上到最顶端,然后在上面表演一些绝技功夫,并吹动三番牛角号。表示法事成功,考验结束,主持人员承认上刀梯的技术过关。上刀梯是苗族苗民的高超技艺,表现了苗族人民不畏艰险,不怕困难,迎难而上的勇敢精神。仪式前后由苗老司主持法事,围绕木柱吟咒语,暗示其仪式活动的庄严和神秘。

"下火海"是驱逐鬼神的一种特技方式,在主家屋外空地上举行。掘一长方形土坑,内置硬木柴或木炭并点烧,巫师一边祭祀,一边赤着脚在火中跳起驱鬼舞蹈,还不时用脚掌挑起通红的炭火。下火海表演时,表演者要踩过经火烧一个半小时、热度高达 800 度左右的几块铁板。烧得通红的铁板被放在长长的木板上,由于温度过高,铁板一放上去,木板立刻燃起火来。表演者要轮番用脚踩过滚热的铁板。当脚踩在火红的铁板上时,表演者脚下会冒出一股股青烟,而他们的脚上却没有起泡。表演完后他们不仅要抬腿向人们展示毫无损伤的光脚,而且还要把滚热的铁板放到一个盛满青水的大盆中,大盆里的水立刻沸腾起来,冒起滚滚的水泡,白色的雾气也随之升腾而起。供奉神灵后,大家把准备好的栗柴搬到刀杆场上,堆成两尺长、一尺宽、一尺高的柴堆,然后点燃柴堆,熊熊的烈火越烧越旺。这时,由勇士中的"戛头"(活动的头领)领头,一排身着蓝色节日盛装的男子跟着合唱一支祝福歌,边唱边踩着整齐的步子跳跃。待柴禾烧成通红的炭火("火海"),一位勇士就炸响一长串鞭炮,几个身着红衣的勇士随之鱼贯出场。他们头上和腰间扎有彩纸,手中舞动两面小红旗,围着火塘跑上几圈后,开始"下火海"。勇士的光脚板直接踩在通红的火炭上,火花飞溅;接着用双手捧起火炭洗脸,这真是名副其实的"火的洗礼";最后将一段粗铁链丢入火中,烧得半红,然后用手挽住翻动玩耍,表现一种藐视尘世间各种约束的勇敢精神。火光把他们的脸和全身映得通红,犹如威武的"火神"下界。在进行"跳火海"的各项活动中,旁人要不断地将有驱邪除魔之效的艾香末撒入火塘,火星飞溅,十分壮观。这项活动作为一项民俗传统文化,在民俗表演活动中是最精彩的保留节目。

附图 16　下火海

打竹球

打篾鸡蛋又称"打篾球""打竹球",是仡佬族独有的一种传统民族集体体育竞技游戏。常在山间和田野举行,融体育和娱乐为一体,集庆礼与竞技于一身。竹球是用南竹或金竹细篾编织成一个鸭蛋大的球,球内塞满稻草或碎布旧棉做成,在平坦的地上划出分界线,参赛两队各自进入自己的半场。比赛开始,甲方用手把"蛋"拍击到乙方场地,乙方再打过来,或用脚踢过来,蛋被打出界外,或没有接到,或触到手足之外的身体部位,对方便可得分,以得分多少分胜负。

在务川这片古老而神奇的土地上,打篾鸡蛋已经成为仡佬族人民庆祝节日和丰收时必不可少的一项特色的文体游戏。同时,相关保护部门将这一游戏系统地整理加工并推广普及,打篾鸡蛋已作为全国民族体育运动会的表演竞赛项目,以现代的方式走到了世人面前。在当地村村寨寨都随处可见,成为小朋友、青少年经常组织开展的一项业余娱乐项目和各中小学校运动会的主打项目。

附图17　打竹球

苗族与土家族武术

苗族武术产生于上古时代,《述异记·卷上》载:"轩辕之初立也,有蚩尤兄弟七十二人,铜头铁额,……蚩尤氏耳鬓如剑戟,头有角,与轩辕斗,以角抵人,人不能向。"湘西苗族的蚩尤拳,就保留了当时的装束和技击特点。头戴铜角帽,身穿棕片甲,手腕套虎爪,这种穿戴保持了蚩尤拳的勇猛特征的表征和符号,并有口诀为证:"双钩压双拳,铜头猛触面,拳拳纵击身,护体不致伤,挂拳势凌厉,爪去如刀劈。"蚩尤拳是苗族最古老的武术套路之一。它是把从战场搏斗中的单兵动作串连起来而形成的套路,易于操练。在实战中能够有效地保护自己、打击敌人,在训练中能锻炼意志和体魄,激发民族意识和精神。苗族武术传承全靠言传身教,现在已有比较完整的拳术套路和器械套路。舞吉保中的徒手套路有粘功、策手、点穴、花拳、礼示等;器械套路有棍术、铜、刀术、流星锤、尺、剑、斧、矛、钩、鞭等。

土家族是一个崇虎的民族,《后汉书·南蛮传》载"廪君死,魂魄世为白虎,巴人以虎饮人血,遂以之祠之"。所以土家族武术动作与虎有关,动作名

附图18 "四月八"上的苗族武术表演

词有白虎跳岗、白虎拳、白虎掏心等;武术套路有《双虎凳》《白虎赶宝》等;棍法口诀有"白虎堂堂坐中央,他棍打来不用忙,回棍就是鸡啄米,一棍三响九落皮";武术器械的把柄上嵌上虎头形,刀身上刻上虎皮纹。值得一提的是武术器械套路《双虎凳》,讲究步法,有弓步、马步、虚步、歇步、跪步等,挥凳以抡、砸、挡、架、戳、拧为主,动作敏捷,攻防兼备。清同治《长阳县志》载:"昔日反清组织白莲教土家族武士覃佳跃,在一次战斗中被清兵包围,他抓住一条长凳左冲右挡,杀出重围。土家人以此认为是廪君保佑的结果。于是就在长凳的两端各安了一个虎头,以得祖先神灵保佑。"土家族跳"茅谷斯"时,老、小茅谷斯身穿用草和藤条编织的衣裤,讲着土家语,手持棍棒、羊角叉等武器,从"整队出发"开始做"爬山涉水,过桥",然后"寻找野兽行踪""埋伏堵卡""放狗逐兽"到"发现猎物""围猎追捕""猛兽搏斗",直至打死猎物而"欢呼倒仗",整个表演充分体现了原始狩猎、庆祝胜利的盛大场面,其动作时隐时现,时起时落,刀叉并举,翻转腾越,挥拳对抗,与其说是跳舞,倒不如说是围猎者跟射击者学习围猎技能的过程。这也难怪现代武术家同样公认"茅谷斯"是土家族武术的"活化石"。现今流传于土家山寨的"十二埋伏拳"就是由"茅谷斯"演变而来的。可见三峡库区少数民族酷爱武术,溯其根源,源远流长,在秀山、酉阳、彭水、石柱等地方,人们在悬棺中收集到青铜剑、黄铜剑、铜带钩、铜斧等兵器,这是武术历史悠久的见证。而今,此地少数民族武术历经千百年的传承演变,已形成有一定结构、层次的武术体系,具有许多拳种器械,套路丰富多样,是我国民族武术中宝贵的文化遗产。

参考文献

图书

[1] 李振基,陈小麟,郑海雷.生态学[M].3 版.北京:科学出版社,2007:1-2.

[2] 鲁枢元.生态批评的空间[M].上海:华东师范大学出版社,2006:20.

[3] 胡锦涛.高举中国特色社会主义伟大旗帜为夺取全面建设小康社会新胜利而奋斗:在中国共产党第十七次全国代表大会上的报告[M].北京:人民出版社,2007:15.

[4] 郭家骥.发展的反思:澜沧江流域少数民族变迁的人类学研究[M].昆明:云南人民出版社,2008:34-74.

[5] 张涛.中国少数民族传统体育文化生态学研究[M].北京:中央民族大学出版社,2008:112-246.

[6] 刘燕华,李秀彬.脆弱生态环境与可持续发展[M].北京:商务印书馆,2007:6.

[7] 徐新建.西南研究论[M].昆明:云南教育出版社,1992:108.

[8] 史继忠.贵州文化[M].呼和浩特:内蒙古教育出版社,2006:91.

[9] 林耀华.民族学通论[M].2 版(修订本).北京:中央民族大学出版社,1997:88-96,289.

[10] 杨圣敏.中国民族志[M].北京:中央民族大学出版社,2003:2-3.

［11］夏建中.文化人类学理论学派:文化研究的历史［M］.北京:中国人民大学出版社,1997:227.

［12］列维-斯特劳斯.野性的思维［M］.李幼蒸,译.北京:商务印书馆,1987:109.

［13］恩格斯.家庭、私有制和国家的起源［M］.北京:人民出版社,1972:19.

［14］黄秉生,袁鼎生.民族生态审美学［M］.北京:民族出版社,2004:3.

［15］马广海.文化人类学［M］.济南:山东大学出版社,2003:397.

［16］郑杭生.社会学概论新修［M］.3版.北京:中国人民大学出版社,2003:548.

［17］李英,杨爱华.三峡库区民族传统体育研究［M］.成都:四川大学出版社,2008:138.

［18］饶远,刘竹.中国少数民族体育文化通论［M］.北京:人民出版社,2009:42.

［19］威廉·A.哈维兰.文化人类学［M］.瞿铁鹏,张钰,译.上海:上海社会科学院出版社,2006:42-43.

［20］张原.在文明与乡野之间:贵州屯堡礼俗生活与历史感的人类学考察［M］.北京:民族出版社,2008:64.

［21］马克思.资本论·马克思恩格斯全集:第1卷［M］.北京:人民出版社,1956:82.

［22］马歇尔·萨林斯.甜蜜的悲哀:西方宇宙观的本土人类学探讨［M］.王铭铭,胡宗泽,译.北京:生活·读书·新知三联书店,2000:125-126.

［23］泰戈尔.民族主义［M］.谭仁侠,译.北京:商务印书馆,1982:1.

［24］卢兵.中华民族传统体育文化导论［M］.北京:民族出版社,2005:172.

［25］冯友兰.中国哲学简史［M］.北京:新世界出版社,2004:3.

［26］葛楚英.平衡:人类生存之路［M］.武汉:湖北人民出版社,2006:4.

［27］李志清.乡土中国的仪式性少数民族体育［M］.北京:中国社会科学出

版社,2008:267.

[28] 马广海. 文化人类学[M]. 济南:山东大学出版社,2003:406-407.

[29] 徐平. 文化的适应和变迁:四川羌村调查[M]. 上海:上海人民出版社,
2006:230-236.

[30] 麻国庆. 永远的家:传统惯性与社会结合[M]. 北京:北京大学出版社,
2009:121.

[31] 费孝通. 乡土中国[M]. 南京:江苏文艺出版社,2007:2.

[32] 高占祥. 文化力[M]. 北京:北京大学出版社,2007:2.

[33] 威廉·A. 哈维兰. 文化人类学[M]. 瞿铁鹏,张钰,译. 上海:上海社会
科学院出版社,2006:54.

期刊

[1] 方李莉. 文化生态失衡问题的提出[J]. 北京大学学报(哲学社会科学
版),2001(3):105.

[2] 王长乐. 论"文化生态"[J]. 哈尔滨师专学报,1999(1):47.

[3] 叶峻. 自然生态、社会生态与社会生态学:兼议"生态系人"的特点和品
质[J]. 贵州社会科学,1998(4):25-31.

[4] 叶峻. 社会生态学的基本概念和基本范畴[J]. 烟台大学学报(哲学社会
科学版),2001(3):251-252.

[5] 徐崇温. 科学发展观推进了人类发展理论的创新发展[J]. 毛泽东邓小
平理论研究,2010(1):13.

[6] 郭芳丽. 浅析科学发展观的精神实质[J]. 辽宁行政学院学报,2010
(1):66.

[7] 邹永凡,吴德勒. 论科学发展观的人权意蕴[J]. 社科纵横,2010
(12):15.

[8] 胡晓慧. 试析生存文化的"草根性"特征[J]. 江西社会科学,2008,28

（8）:245.

［9］ 陆岷峰,张惠."包容性增长"的内涵辨析及实现要点［J］.江南论坛,
2010(11):15-16.

［10］ 张涛.高质量发展的理论阐释及测度方法研究［J］.数量经济技术经济
研究,2020(5):25.

［11］ Abramovitz M. Resource and Output Trends in the United States Since
1870［J］. The American Economic Review,1956,46（2）:5-23.

［12］ 田秋生.高质量发展的理论内涵和实践要求［J］.山东大学学报(哲学
社会科学版),2018(6):1.

［13］ 陈昆亭,周炎.绿色、健康、可持续:高质量发展的必由之路［J］.山东财
经大学学报,2020(1):5-15.

［14］ 赵敏,高露,王鹏.高质量发展:践行社会主义发展逻辑的中国道路
［J］.当代经济研究,2020(5):93.

［15］ 谢燕妮,陈光玫,马强.地理环境与羌族传统体育的形成［J］.体育文化
导刊,2006(10):92-94.

［16］ 温佐惠,陈振勇.西部民族传统体育发展的地域体育文化理论探微
［J］.成都体育学院学报,2008(2):14-18.

［17］ 方桢,黄光伟.云南少数民族传统体育的地域文化特征［J］.体育文化
导刊,2006(5):91-93.

［18］ 史兵.体育地理学理论体系构建研究［J］.体育科学,2007(8):20.

［19］ 李延超,饶远.水与火洗礼中的民族传统体育:傣族体育与彝族体育的
比较研究［J］.体育科学,2006(11):41-48.

［20］ 王国栋.喀斯特环境与民族文化的耦合关系研究:以贵州省为例［J］.
贵州民族学院学报(哲学社会科学版),2008(2):69.

［21］ 陈娜,田述军."中国南方喀斯特"贵州荔波世界自然遗产地保护与管
理［J］.贵州师范大学学报(自然科学版),2007(4).

［22］郭纯青."中国南方喀斯特"世界自然遗产申报战略研究［J］.地球与环境,2007(1):16.

［23］苏维词.浅论喀斯特区域生态系统多样性［J］.贵州环保科技,1996(1):43.

［24］雷家驹.贵州喀斯特地区旅游资源开发利用与生态环境建设［J］.贵州财经学院学报,2000(2):40-44.

［25］肖虹.喀斯特地区的可持续发展试验［J］.毕节师范高等专科学校学报(综合版),2004(3):23-25.

［26］徐瑶.贵州喀斯特地区生态经济可持续发展评价研究［J］.四川师范学院学报(自然科学版),2002(1):79.

［27］彭贤伟.贵州喀斯特少数民族地区区域贫困机制研究［J］.贵州民族研究,2003(4):96-97.

［28］杨明.充分发挥喀斯特文化在贵州旅游上的优势［J］.西南民族大学学报(人文社科版),2004(7):468-470.

［29］殷红梅.贵州喀斯特地区旅游资源的变异与可持续利用［J］.中国人口·资源与环境,1999(2):68-72.

［30］杨明.充分发挥喀斯特文化在贵州旅游上的优势［J］.西南民族大学学报(人文社科版),2004(7):468.

［31］李浪林.什么是文化堆积(Midden ≠ Cultural Deposit):《考古学-理论、方法与实践》几个词汇等的翻译商讨［J］.考古与文物,2007(4):101.

［32］王结华.镇江城地下文化堆积类型分析［J］.南方文物,1995(4):60.

［33］蒋东升,莫再美,何卫东,等.瑶族体育文化研究［J］.体育文化导刊,2011(2):95-96.

［34］陈廷亮,李蕾.土家族舞蹈与山地耕猎文化关系初探:土家族民族民间舞蹈文化系列研究之七［J］.湖北民族学院学报(哲学社会科学版),2007(4):1.

［35］陈廷亮,安静锋.土家族舞蹈的分类及其艺术特征:土家族民族民间舞蹈文化系列研究之一［J］.中南民族大学学报(人文社会科学版),2004(4):66.

［36］彭曲.土家族民间遗存舞蹈巫文化研究:土家族民间遗存舞蹈形象调查与研究之二［J］.中南民族大学学报(人文社会科学版),2009(1):70-71.

［37］徐烨,刘礼国.苗族鸡毛毽的演变［J］.体育文化导刊,2011(2):90.

［38］蒋浩.浅谈巫文化对湘西土家族舞蹈的影响［J］.北京舞蹈学院学报,2007(3):30.

［39］周兴茂.巴人、巴国与巴文化［J］.徐州师范大学学报(哲学社会科学版),2007(4):60.

［40］屈杰,刘景慧."摆手舞"与土家族生命本体力量的展示［J］.怀化学院学报,2005(3):20.

［41］罗树杰.民族利益:民族问题产生的根本原因［J］.黑龙江民族丛刊,2006(3):26.

［42］栾桂芝.东北少数民族传统体育的形成与发展探究［J］.中南民族大学学报(人文社会科学版),2004(5):69.

［43］郝时远.体育运动的人类学启示［J］.世界民族,1997(4):5.

［44］才让卓玛,魏曙光.青藏高原东北边缘及毗邻地区少数民族体育文化源流探析［J］.西北民族大学学报(哲学社会科学版),2007(3):90.

［45］栾桂芝.东北少数民族传统体育的现状与特点［J］.北京体育大学学报,2004(11):1476.

［46］包呼格吉乐图.论蒙古族传统体育的社会功能:兼论蒙古族那达慕的起源及今昔嬗变［J］.南京体育学院学报(社会科学版),2010(6):66.

［47］刘刚.论草原体育文化的传承与保护［J］.赤峰学院学报(自然科学版),2009(9):156.

[48] 范波.贵州少数民族文化资源开发的思考[J].贵州民族研究,2007(4):111.

[49] MacCannell D. Staged Authenticity: Arrangements of Social Space in Tourist Settings [J]. American Journal of Sociology, 1973, 79 (3): 589-603.

[50] Taylor, J. P. Authenticity and Sincerity in Tourism[J]. Annals of Tourism Research,2001(1):7-26.

[51] 张爱玲,胡建昌.新疆草原体育文化的审美价值取向与反思[J].体育科学研究,2006(1):27.

[52] 刘伟.论村落自主性的形成机制与演变逻辑[J].复旦学报(社会科学版),2009(3):133.

[53] 杨艺."传统文化"与"文化传统"之新视点[J].西南民族大学学报(人文社科版),2004(5):289.

[54] 白晋湘,杨斌,彭劲松.交缚、分化、吸纳、共生:论中国传统体育与民族舞蹈的历史渊源[J].北京体育大学学报,2001(2):145.

[55] 胡小明.论体育与艺术的关系[J].体育科学,2008(10):3.

[56] 吴仕民.原生态文化摭谈:兼谈少数民族传统文化的保护与发展[J].西南民族大学学报(人文社科版),2006(11).

[57] 李志清,虞重干.当代乡土生活中的抢花炮:桂北侗族地区枪花炮变化特征的实地研究[J].体育科学,2005(12):20.

[58] 林庆.民族文化的生态性与文化生态失衡:以西南地区民族文化为例[J].云南民族大学学报(哲学社会科学版),2010(2):34.

[59] 倪依克.当代中华民族传统体育发展的思考:论中国龙舟运动的现代化[J].体育科学,2004(4):75.

[60] 饶远,张云钢.发展少数民族体育产业的政策与社会环境分析[J].北京体育大学学报,2003(4):44.

［61］罗康隆.论文化多样性与生态维护［J］.吉首大学学报（社会科学版），2007（2）:80.

［62］胡小明.论体育与艺术的关系［J］.体育科学,2008（10）:3.

［63］白晋湘.弘扬中华民族传统体育　丰富世界现代体育宝库:民族传统体育研究述评［J］.北京体育大学学报,2001（3）:23.

［64］王东昕.透过文化本质看文化多样性与环境多样性之内在关系［J］.云南民族大学学报（哲学社会科学版）,2008（4）:24.

［65］柏贵喜.乡土知识及其利用与保护［J］.中南民族大学学报（人文社会科学版）,2006（1）:21.

［66］徐晓勇,雷冬梅,罗淳.民族村寨生产和生活方式变迁的生态影响研究:以西双版纳勐腊县为例［J］.生态经济,2011（1）:172.

其他

［1］徐建.当代中国文化生态研究:基于文化哲学的视角［D］.上海:华东师范大学,2008:5,39.

［2］杨建设.我国传统节日体育现状与发展研究［D］.上海:上海体育学院,2007:51-76.

［3］罗平.喀斯特地区农业可持续发展研究［D］.南宁:广西大学,2008:1,3.

［4］吕世勇.喀斯特地区现代农业发展路径研究:以毕节地区为例［D］.贵阳:贵州师范大学,2008:2.

［5］吴泽霖.贵阳苗族的跳花场［A］.赵培中.吴泽霖执教60周年暨90寿辰纪念文集［C］.武汉:湖北科学技术出版社,1988:181.

［6］笑蜀.保护藏文化要防止两个极端:访全国政协外事委员会副主任韩方明［N］.南方周末,2009-03-26（31）.

［7］王久高.“包容性增长”的源流与实质［N］.中国社会报,2010-11-23（3）.

后 记

探讨民族体育的生态与发展是一个永恒的研究主题。本研究旨在讨论脆弱生态地区(喀斯特地貌)民族体育文化生态维护与发展之间的辩证关系,力求完成以下突破。首先,以南方喀斯特区域民族体育的调查为基础,以生态与民族体育发展的矛盾、交互、共生为研究主线,直面民族体育的生态困惑和发展诉求,厘清民族体育的发展走势,揭示出与生态环境共生、发展关系中的民族传统体育的发生、发展规律:生态是发展的根基,发展是生态维护的保障。其次,走进喀斯特区域民族体育的生态环境,探究喀斯特民族体育的文化空间,揭示喀斯特区域民族体育地域印迹和文化内涵,归纳喀斯特区域民族体育反映出的民族品性、生活空间和生命主题。最后,跳出喀斯特区域,揭示民族体育的生态环境,多元生态造成民族体育文化的多样,在民族体育文化的发展中要像保护生物多样性一样保护文化多样性。

为了完成上述要求,本研究主要采用了以下研究方法。首先,查询中国知网等网络资源,利用图书馆、文化馆查阅博硕士论文、县志,阅读大量有关苗族、彝族、水族、侗族、壮族、瑶族和土家族等民族的文献资料,内容涉及民族学、人类学、社会学、文化学、历史学和地理学等多门学科。其次,采用"多点式"调查方法,对南方喀斯特世界遗产所在地(贵州、云南、重庆、广西、湖南等)民族体育文化进行参与性观察和深度访谈,较为深入地了解各民族体育的生态背景、生存状态、生命主题和发展状态、发展诉求、发展路径。最后,访谈喀斯特文化研究、生态人类学、文化地理学、体育人类学等领域的专家,对本研究的研究思路、内容框架以及可行性、具体操作性等进行论证。

本研究的完成得益于新时期文化大发展大繁荣时代背景下的文化自觉意识,得益于前人研究成果的积淀和启发,尤其得益于西南地区民族体育建设与发展的实践。感谢上海体育学院对我博士阶段的培养,尤其感谢虞重干教授对我学术研究的引导、提携与照顾;同时感谢云南师范大学对我硕士阶段的培养,感谢饶远教授的指导与关心,硕士论文就是从文化生态的视角,采用跨文化比较的方法讨论不同生态环境(山区与坝区)孕育不同体育文化模式(傣族与彝族体育)这一命题。

本研究在撰写过程中参考了一些书籍与资料,注释文中当页标出,参考文献附于书后,并向作者表示敬意,同时对重庆大学出版社给予的支持表示衷心感谢。本研究尽可能在全面掌握生态与发展理论的前提下,结合田野工作,以求对民族体育生态与发展有一个科学的把握,虽然我一直从事民族体育文化方面的研究,对我国民族体育研究的现状和趋势也有较为清晰的认识和把握,并有多年深入民族地区实地调研的田野经历,但限于自己的时间、经验及能力,在此只能陈述自己认知范围内的一些观点。因此书中的内容、观点和文字仍然会有很多值得推敲、斟酌之处,错误、疏漏在所难免,恳请读者和有关专家批评、指正。